戦後政治の証言者たち

戦後政治の証言者たち

オーラル・ヒストリーを往く

原　彬久
Hara Yoshihisa

岩波書店

はじめに

私はこの数十年、戦後日本の政治外交史を研究してきました。戦後日本の外交案件をめぐって国内政治と国際政治(対外行動)がどのように絡み合いながら政治過程を造形していったのか、これを歴史的に再構築するのが私の主たる関心事でした。

これまでの研究の一例を挙げれば、戦後日本最大の外交テーマの一つであった「安保改定」に関連して国内政治と対米交渉が一個の巨大な政治過程へと溶解していくそのサマを戦後史の文脈のなかで実証的に把捉するという作業がそれでした(これに関連する拙著に『戦後日本と国際政治――安保改定の政治力学』中央公論社、一九八八年、などがある)。この作業で重要なのは、いうまでもなくまずは文書資料の収集ですが、それと並行して安保改定過程の当事者にオーラル・ヒストリーを行なうことでした。

オーラル・ヒストリーを始めたのは一九八〇年の秋です。安保改定に関する藤山愛一郎氏(岸信介内閣外相)へのインタビューがきっかけでした。その後間もなく(一九八〇年一二月)安保改定時の首相岸信介氏へのインタビューが始まり、以後それは一年半にわたって二十数回行なわれました。さらにインタビューの対象は、最高意思決定者岸信介を支えた側近たちや、政権与党内の派閥領袖およびその側近たち、安保改定交渉の第一線に立った官僚群、そして岸内閣の安保改定に反対した社会党・共産党・院外大衆闘争等の指導者たちへと及んでいきました。

以上、安保改定の政治過程に参入したアクター(行動主体)へのインタビューは、数十名を越えました。他の研究テーマのために行なった戦後史関連のオーラル・ヒストリーを加えますと、これまでにその生の声を残してくれた政治家ないし関係者は、相当数に上ります。

しかし、これまで私が論文や著書で援用した証言はごく僅かであり、大部分はそれが活用されないまま、いわば死蔵されてきました。しかもこの死蔵されている証言は、いまこれを改めて聞き返しますと、戦後日本とは何なのか、そして、政治ないし政治家とはいかなるものなのかを私たちが理解するうえでの重要かつ興味深い情報を含んでいるように思います。政治家の本音や、彼らが胸奥《きょうおう》に秘めていた戦後日本の真実、さらには日記にさえ書けなかった権力闘争の裏話・エピソードなどは、多分オーラル・ヒストリーでなければ聞けないものでしょう。

本書は、オーラル・ヒストリーから得られたこうした豊饒な情報を(文書資料の助けを借りつつ)これまでとは少し異なった観点から再構成して、戦後日本の新しい断面を切り取ってみようというものです。同時に、インタビューが実現するまでの興味深い出来事や、インタビュー時のその人の印象など、政治家それぞれの人間性が垣間見えるような風景も描出してみようかと思います。また本書の目的・性格からして、少々リラックスした心もちで叙述していくつもりです。ともあれ、本書が戦後政治における歴史の息遣いといいますか、歴史の鼓動のようなものを少しでも読者にお伝えできればと思っています。

なお次の諸点について、最初にお断りしておきます。

① 本文中に引用されているインタビューは、注記がない限りすべて筆者によってなされたものである。筆者によるオーラル・ヒストリーの出典についてはこれを巻末に挙げる。

② 文書資料などからの引用については、その出典を注記する。岸信介インタビューは、一部を除いてすべて『岸信介証言録』（原彬久編、中公文庫、二〇一四年）から引用したものである。

③ 筆者によるインタビューに関連して出てくる人名には原則として敬称等を付したが、一般に本文中の人名については文章の流れに沿って、適宜敬称を付したり省略したりしている。

目　次

第一章　オーラル・ヒストリーの旅

一　私とオーラル・ヒストリー

オーラル・ヒストリーとの出会い

私がオーラル・ヒストリーなるものに初めて出会ったのは、一九七七年、いまから四〇年近く前のことです。客員研究員として滞在していた米国プリンストン大学で、たまたまオーラル・ヒストリーの実物に触れる機会をもったからです。

プリンストンでは、ある時期集中的にいわゆる「ダレス・コレクション」という名の資料群を渉猟していました。「コレクション」に冠せられている「ダレス」とは、いうまでもなくジョン・フォスター・ダレスのことです。戦後日本の「国のかたち」が日米安保体制を抜きにして考えられないとするなら、この日米体制の基礎づくりに関与した最重要人物のひとりが、誰あろう、このダレスでした。

敗戦(一九四五年八月)に続く六年八カ月間の米軍占領を経て日本が独立を回復したのは、一九五二年四月です。この日本の主権回復は、前年秋（九月）に結ばれた「対日平和条約」に基づくものでした。この対日平和条約こそ、吉田茂（首相）をカウンターパートにしてダレス（国務省顧問）が心血を注いでつくりあげたものです。

しかもこの対日平和条約とパッケージになっている日米安保条約および日米行政協定もまた、ダレス主導でできあがりました。さらにダレスは、かつてみずから仕上げたこの日米安保条約・行政協定を改定する作業に、今度はアイゼンハワー政権の国務長官としてかかわりました。こう考えると、ダレスが戦後日本の骨格形成にどれほど大きな役割を果たしてきたかが分かろうというものです。

さて私がプリンストンでこのダレス・コレクションにアクセスしたのは、六〇年安保、すなわち岸信介内閣が手がけた安保改定に国務長官ダレスがどのようにかかわったか、これに関連する資料を探るためでした。ダレスがプリンストン大学の出身であることから、彼の業績につながる資料は、膨大な数のボックスに整理分類されて図書館に保存されていたのですが、これらの資料が私には胸躍るような宝の山にみえたものです。その宝の山のなかに、ある日偶然にも *The John Foster Dulles Oral History Project* と表示されたいくつかの冊子をみつけたのです。

驚いたのは、そのなかに何人かの日本の政治家に対するインタビューの内容が収録されていたことです。インタビュアーはアメリカのジャーナリストでアジア問題専門家のスペンサー・デイヴィス、話し手は吉田茂をはじめ、岡崎勝男（元外相）、岸信介（元首相）、藤山愛一郎（元外相）、河野一郎(元農相)といった面々です。インタビューは、すべて一九六四年秋に実施されていました。

私の驚きには二つの理由があったように思います。一つは、オーラル・ヒストリーという用語をこのとき初めて知ったからです。いまでこそこの言葉は、学問の世界でも当たり前のように流通していますが、七〇年代後半のこの時代、日本ではオーラル・ヒストリーという用語はなく、インタビューとか聞き取り(ヒアリング)という言葉が主としてジャーナリズムで使われていました。ジャーナリストがある特定の事件・テーマに関する事実関係や分析を当事者および第三者から断片的に聞き取るという作業を指して、こうした言葉が用いられていたのです。

ところが話し手から聞き取ったものを一定の体系と文脈をもって、しかも歴史資料として保存し活用する「口述史」、すなわちオーラル・ヒストリーとして位置づけるという発想は、少なくとも日本の政治学にはありませんでした。国際政治学を専攻する私自身にしても、政治学研究の一つの手法としてオーラル・ヒストリーを学問的に意味づけるなどということはありませんでした。それだけに、アメリカの大学図書館の片隅で出会った「オーラル・ヒストリー」は、やはり刺激的でした。

二つ目の理由は、日本の政治家がみずからの足跡についてインタビュアーの質問に答えているということです。日本の指導者とりわけ政治家の世界では、自身の半生を振り返ったり、過去に行なったみずからの政策決定に関する情報を社会に開示するという習慣はありませんでした。「料亭政治」といわれたように、政治は日が没して夜な夜な〝黒塀〟のなかで行なわれるのが普通でした。料亭の密室で交わされた会話や約束事は、未来永劫〝黒塀〟の外には出ない、出るはずはないという「了解」があって、政治は踊ったのです。「この話は墓場までもっていくよ」というのは、政治家の得意の台詞《せりふ》でした。

しかし「ダレス・オーラル・ヒストリー」では、吉田茂が自身の足跡を回顧し、岸信介がみずから手がけた安保改定について語っているのです。戦後史に残るであろう名だたる政治家がオーラル・ヒストリーに応じている姿は、新鮮でした。インタビューを受けた政治家たちは、それぞれ率直かつざっくばらんに応答しているのです。

例えば吉田茂は、一九五一年初頭に始まった、平和条約・安保条約をめぐる吉田・ダレス会談に関連してこう話しています。すなわち吉田はこの会談で、ダレスの「日本再軍備要求」に手こずり、ついにダグラス・マッカーサー元帥と「秘密同盟」を結んでダレスの要求に抵抗したこと、ダレスがこうした吉田の態度に「不快感」をもち「怒った」こと、そしてアメリカは他国民の心情を理解せず、みずからの意思を相手側に押しつける癖があり、ダレスがその典型であるなどと語っているのです。

吉田に限らず、デイヴィスの質問に受け答えする他の政治家たちの語り口も、どこかリラックスしていて、あまり遠慮せずに伸び伸びしているのです。書き物にはみられないオーラル・ヒストリー独特の躍動感のようなものが、そこにはみられるのです。

それにしても、私は不思議な気分に浸ったものです。はるばる日本からやってきた一書生が、ほかならぬ日本の政治家のオーラル・ヒストリー、それも外国人インタビュアーによってつくられたオーラル・ヒストリーにいままさに遭遇しているのです。少々複雑な感慨を覚えたことをいまでも記憶しています。

「文献中心」から実証研究へ

でも次の瞬間、こんなふうにも考えました。なるほど政治学にもこういう手法があったのか、いやあって当然ではないか、というそこはかとない「合点」が自分のなかに生まれたのです。そしてもう一つ、日本の政治学者こそ、自国政治家のオーラル・ヒストリーにかかわるべきであり、とくに日本政治の研究はこのオーラル・ヒストリーの活用によって新たな可能性をもつことになるかもしれない、という「合点」でした。

従来、日本の政治学のみならず社会科学全体を支配してきた流れは、文献中心主義とでもいうべきものでした。とくに明治期以来日本の社会諸科学は、欧米の先進的学問を輸入しこれを吸収することに一生懸命でした。私たちの先達は血の出るような思いで外国の近代的学問の成果を主として文献を通して学びました。「和魂洋才」です。西洋の文献を翻訳してこれを日本の社会・学界に紹介したり、あるいはみずからの論文に引用するのが学者ないし知識人の主たる役割でした。六〇年安保の頃大学生であった私の世代も、いや若いときの私自身がまさしくそうでしたが、欧米の文献を読むことに精力の大半を費やしたように思います。

しかし一九七〇年代後半に入ってから、つまりプリンストンに行く少し前からですが、私の研究姿勢にも微妙な変化が芽生えたように思います。文献中心の理論研究に疑問を抱くようになったのです。外国の学者の研究成果を研究・吸収し、それを引用するという作業は、本当に自分がやるべき学問なのか、という素朴な懐疑が私の脳裏に沈殿しはじめたのです。やがてその「懐疑」は、不思議なことに次のような「思い」と入れ替わっていきました。

すなわち社会諸科学の一分野である政治学は、過去・現在を問わず何よりもまず「歴史の現実」と対峙しなければならないのではないか、という思いです。過去に展開したリアリティ、そして現在に躍動するリアリティを自分なりの方法によって実証的に再構築していく作業がそれです。この作業は、「学問を学問する」といういわゆる「学学」ではなく、複雑怪奇にうごめく政治の現実態、その現実態が発する情報を整序し意味づけつつ、新たに歴史を組み立てていく作業といってもいいでしょう。机上の「学学」に比べれば、情報資料と格闘しなければならないこの実証作業は、少々泥臭く汗臭いものであることは間違いありません。歴史の諸事実ないしこれら諸事実にかかわる膨大な情報を集積し秩序立てていくなかで、帰納的にある種の規則性を見出していくことが重要なのです。

私がアメリカでオーラル・ヒストリーに触れたのは、まさにこうした心境を抱きはじめた矢先のことでした。オーラル・ヒストリーの存在そのものが印象的であったということもさることながら、さらに気になったのは、オーラル・ヒストリーを生み出したその背景です。つまり社会科学としての政治学とは何か、をオーラル・ヒストリーの出現が改めて問いかけているように思えたからです。

第二節でこの問題については少し詳しく取りあげますが、簡単にいえば、歴史の駆動力となる要因ないし事実を見逃さない貪欲さを私たちがもたねばならないとするなら、みずからの研究テーマにかかわるさまざまなレベルの情報を獲得することが肝心です。この情報を集積する手法の一つに、新しくこのオーラル・ヒストリーを加えることができれば、社会科学としての政治学にとってその意義は決して小さくはないだろう、ということです。

戦後日本の骨格――「日米安保体制」をテーマに据える

私はあの頃、もし実証研究をするなら、「戦後日本」をテーマにしたいと考えていました。戦後日本の骨格そのものとなった日米安保体制をめぐって、日米関係と日本の国内政治がいかなるダイナミズムをみせたかを自分なりに明らかにしよう、というわけです。そのための具体的な研究ターゲットとしては、それまで誰も足を踏み入れたことのない、岸政権による安保改定の政策決定過程(ここでは、最高意思決定者およびその周辺の比較的狭い範囲における政策作成集団内での相互作用をいう)、および同過程を含むより包括的な政治過程(政策決定過程だけでなく、そこに影響力を行使する、より広範囲な政治過程をいう。野党政治家、各種利益集団の他に多くのアクターがここに参入する)を取りあげようと思っていました。

というのは、戦後日本最大の政治抗争に塗り込められた安保改定の政治過程には、ほかならぬこの戦後日本のあらゆる特質が詰め込まれているようにみえたからです。つまり、安保改定の政治過程に政治学的解明のメスを加えれば、戦後日本における政治外交の構造的特質がある程度浮かびあがるにちがいない、ということです。そして、幸運にもいまこのオーラル・ヒストリーを目の前にしますと、これこそ安保改定にかかわる資料獲得の方法としてある一定の効用をもつのではないか、と確信するようになったのです。

一般に政策決定者の意思決定は、公開で行なわれることはほとんどありません。民主主義の発達した欧米でも、とくに大統領・首相といった最高指導者の意思決定は、いわばブラック・ボックスのなかにあって外からみえないのが普通です。しかしこうした民主主義国では、最高指導者の意思決定に至るまでの経過すなわち政策決定過程ないし政治過程については、これをできる限り情報として国民に提供する仕組みがあります。大統領・首相のスタッフ、官僚群、政党指導者、利益集団等々は相互に押し合いへし合いしながら最高意思決定者に影響を及ぼそうとするのですが、国民は原則としてこのプロセスを、即時的にあるいは将来のある時点で知ることができます。

しかしそれでも歴史の実相を知るという観点からすれば、限界があります。いわんや最近まで「料亭政治」をお家芸とした日本、そして政治の当事者がみずからの行動を記録として残すことの少ない日本では、政策決定過程が欧米に比較してより一層広く人びとの目にさらされる、などということはありえません。「由《よ》らしむべし、知らしむべからず」というのが、日本の伝統でもありました。となれば、大きなブラック・ボックスに隠されている日本の政策決定過程に光を当てるためには、この決定過程のアクターとして動いた人びとに直接インタビューして、これをオーラル・ヒストリーとして活用することが不可欠ではないのか、ということになります。

とはいえ、オーラル・ヒストリーを過大評価することはできません。情報集積の根幹はあくまで文書資料であり、オーラル・ヒストリーはこの文書資料の補助的手段であることは当然です。しかし研究ターゲットになるであろう安保改定の政治過程にオーラル・ヒストリーが極めて有効であることはどうやら間違いなさそうだ、というのが私の感触でした。

その理由はこうです。岸信介の手がけた安保改定が戦後政治最大の争点であっただけに、つまりいい換えれば、安保改定が戦後政治における最も機微に触れる争点であっただけに、この安保改定をめぐる最高指導者岸信介の政治的言動と決断は多くの局面で覆い隠されていたこと、したがって当時の岸首相の言動や諸決定を岸その人から聞き取ることは、資料として第一級のものになるだろう、ということです。

また、岸は各種局面で大小いろいろな決定を重ねていきますが、それぞれの決定に至るプロセスには、状況に応じて入れ替わり立ち替わり多くの個人・集団、すなわち各種夥《おびただ》しい数のアクターが参入します。これらのアクターがみずからの主張を押し立てて最高意思決定者およびその周辺を動かそうとするわけですから、これらアクター、とりわけ強い影響力をもったアクターから直接ヒアリングして、これを文書資料と突き合わせつつ歴史の実相に迫っていくという作業は、少なからず意義あることだと考えたのです。

客員研究員としての任期を終えて帰国する頃でしたが、折しもアメリカでは安保改定に関する外交文書が少しずつ開示されてきました。国立公文書館で公開された関係文書を可能な限りコピーして帰りましたが、帰国後はワシントン在住の知人を通じてその後の公開文書を手に入れました。しかし、インターネットのない昔のことです。コピーされた分厚い紙の束を郵送するのですから、その手間ひまは並みのものではありません。しかもコピーは、原紙が粗末なものであったり、タイプの印字が不鮮明であったりしたために、文字の判読に難渋することもたびたびでした。

もちろん文書資料の収集は、これら外交文書に限りません。安保改定の政策決定過程と、それを取り巻く政治過程に参入したアクターの日記、回想録などによって、安保改定にかかわる事実関係を確認する作業に着手しました。そうこうしているうちに時代は一九八〇年、ようやくオーラル・ヒストリーの準備に拍車がかかったように思います。

インタビューの開始

岸政権時、外務省条約局長として安保改定に携わったのは高橋通敏《みちとし》氏ですが、オーラル・ヒストリーの作業で最初にお世話になったのが、この高橋さんでした。お会いした当時（一九八〇年四月）、同氏は外務省の第一線を退いて、鹿島平和研究所の要職に就いておられました。私は安保改定にかかわる質問を用意していったのですが、このときは見事に肩透かしを食ってしまいました。「僕の話もいいが、まずは東郷文彦君に聞いたらどうですか。たまたま近いうちにパーティがあります。そこで会ったらあなたのことを話しておきますから」というのです。「東郷文彦」とは、安保改定時のアメリカ局安全保障課長として日米交渉のあらゆる局面にかかわった人物です。

ところが、少し間《ま》をおいて高橋さんはこうもいいました。「その前に安保改定のときの藤山(愛一郎)外相に会ったほうがいいですよ」。ちなみに高橋さんは、安保改定のとき藤山外相の部下でした。そんなこんなで、私はまず、赤坂にあるホテルニュージャパンの藤山事務所にお邪魔することになります。私にとってインタビューらしいインタビューの最初の経験は、ですから、高橋通敏さんではなく藤山愛一郎さんだったのです。

藤山さんへのオーラル・ヒストリーは、一九八〇年九月から始まりました。数回インタビューを続けているうちに東郷氏にお会いすることになりました。駐米大使を辞めて新日鉄の顧問になっておられた東郷さんを東京駅近くのオフィスに訪ねました。そこで私が、「今日、藤山先生のところにインタビューに行ってまいりました」といって、そのときに使った質問のメモ用紙をテーブルに置いたのです。東郷さんは、「それをちょっとみせてください」といって用紙をめくりながら、例のバリトンでポツリと呟くのです。「先生、岸さんにお会いになりませんか」。東郷さんは意外にも初対面の席で、岸信介氏へのインタビューを提案してくださったのです。

しかも驚くことに、東郷さんは翌日早々に岸事務所を訪ねているのです。彼は岸さんに直接会ってくださり、私が安保改定についてインタビューを希望している旨伝えたようです。その日のうちに、東郷さんから電話でこんな連絡がありました。「岸さんがインタビューをＯＫしました。すぐ岸事務所の秘書さんと打ち合わせをしてください」。私の二十数回におよぶ岸元首相とのロング・インタビューは、幸いにもこの東郷氏の仲立ちで実現したのです。

インタビューの広がり

時間というのは、歴史の研究に味方をしてくれるものです。アメリカの方からも、八〇年代に入りますと、安保改定に関する外交文書がかなり多く出てきました。同時に私のインタビューの範囲も徐々に広がっていきました。以下、時系列的には順不同になりますが、インタビューに応じていただいた他の方々を思いつくまま挙げておくことに致します。

まず首相岸信介に最も近い二人の政治家とのインタビューは、印象的でした。岸信介から最も信頼され重用された福田赳夫《たけお》、岸とは戦前から関係の深かった赤城宗徳の両氏です。

福田は岸信介の「秘蔵っ子」といわれていました。彼は岸政権時に党幹事長として、あるいは農林大臣としてつねに岸の意中を慮《おもんぱか》りながら行動しています。同氏とのインタビューは、それまで公にされていなかった新しい事実を明らかにしてくれました。一方赤城は、あの安保騒動のさなか、防衛庁長官としていわゆる「自衛隊出動」問題に直面しますが、インタビューは、「出動」に傾く岸首相と慎重論の強い防衛庁内部との間に立って苦悩する同氏の姿を浮き彫りにするものでした。

また、岸の側近で首相秘書官であった中村長芳《ながよし》、岸の「黒幕」といわれた矢次一夫の両氏からも証言を得ました。中村は、岸のいわば懐刀として裏舞台を踏んだ人物です。それだけに彼の語りは、歴史の暗箱のなかを垣間見せてくれるかのようでした。矢次一夫は岸首相の後継に池田勇人を推す立場から、岸と池田の間にあってさまざまな動きをしますが、同氏からこれに関連して興味深い事実を聞き取ることができました。

さらに、岸の政敵として安保改定に何かと異議を唱えていた三木武夫氏を、東京都内の個人事務所に訪ねました。また、次期政権への意欲を燃やしながら、岸の安保改定作業にそのつど態度を変えていった池田勇人の側近宮沢喜一氏に会って、当時の池田の行動についてヒアリングしました。

池田と同じく次期政権をうかがっていた河野一郎の派閥（春秋会）に属していた桜内義雄、山中貞則両氏にも時間をとっていただきました。山中さんといえば、あの四角張った精悍な顔に特別長いもみあげを貼りつけて、いかにも古武士然とした佇《たたず》まいが印象に残っています。インタビューが行なわれたのは一九八六年五月、まさにミハイル・ゴルバチョフ（ソ連共産党書記長）の新思考外交によって米ソ冷戦が崩れかけようとしていた頃です。

実は山中さんにお会いできた経緯そのものが、この冷戦崩壊の兆しとどこかでつながっていたのではないかと思うのです。というのは、自民党の山中さんにインタビュアーの私を結びつけてくれたのは、誰あろう、社会党最左翼の岡田春夫さんだったからです。

岡田氏とは安保改定をめぐってちょうどインタビューをしている最中でしたが、その岡田さんが、自民党のなかでも保守色の強い山中氏に私のインタビュー申し込みを取り次いでくれたのです。「近いうち（衆議院の）本会議があります。山中君に頼んでみよう」とおっしゃる岡田さんは、約束通り、某日衆議院本会議が始まる前、議場で山中氏の了解をとってくださったのです。かつては「共産党に行くかどうか迷った」ほどの極左で通した岡田さんが、イデオロギーを超えて自民党最右派ともいうべき人物に橋渡しをしてくれたのです。「ああ、時代は変わったなあ」と実感させられる一瞬でした。

安保改定とは別の問題に関連してですが、元首相の中曽根康弘氏にインタビューしたことがあります（二〇〇四年）。インタビューの目的は、かつて戦後政治のあり方をめぐって対立した吉田茂について、中曽根氏に回顧していただくことでした。八〇歳をはるかに越えてなお矍鑠《かくしゃく》としていた中曽根さんは、吉田茂についてこんなふうに振り返っていました。

「日本が大戦争をやって負けて、その後始末をやるという運命を背負った政治家は、日本のなかでも吉田一人。……（吉田は）敗戦後の占領下、ある意味では（マッカーサー元帥の）下請け的事務処理というか、そういう点では外交手腕をある程度もってうまくやったと思う。一方国民に対しては、白足袋を履いて紋付羽織姿で保守然としていて、日本のプライド、日本の伝統・文化をもって譲らないというジェスチャーを示した。こうして民心を得たという点では、（吉田は）なかなか優れたテクニックをもっていたと思います」。

私が小学生の頃目にした吉田首相の白足袋は、どういうわけか、半世紀以上経ったいまも脳裏に焼きついています。吉田茂を象徴するあの白足袋が、実は一つの「政治」であったのだという中曽根さんの言辞を興味深く聞いたものです。

さて、吉田とダレスの間でつくられた旧安保条約が戦後日本の根幹をなした、という事実は誰も否定できません。したがって米ソ冷戦のなか、岸信介が同条約の改定に手をかけたとき、それが国内外を大きく揺るがしたのは、ある意味で当然でした。

しかも最高意思決定者岸信介が先の戦争に関連して、戦後A級戦犯容疑者として巣鴨プリズンに収監されていたということもあって（不起訴処分）、この安保改定は激しいイデオロギー対立と権力闘争の渦に巻き込まれてしまいます。つまり、安保改定によって条約の日米不平等性を改善して、より強固な日米関係を築こうとした保守の自民党と、岸信介が安保改定をするというなら、むしろこの際条約そのものを廃棄して戦後の日米体制を清算すべきだと主張する左派中心の日本社会党との間で、戦後最大の政治抗争を惹起《じゃっき》していくのです。

野党指導者へのインタビュー

そこで私は、安保改定をめぐって社会党をはじめとする在野勢力がどのようにして岸政権の政策決定に影響を与えたのか、そしてそのことが戦後政治にどのような意味をもっていたのか、というような問題に注目したわけです。安保改定時における野党陣営関連の文書資料を渉猟するのと並行して、在野指導者へのインタビューを開始したのはそのためです。

岡田春夫、飛鳥田一雄《いちお》、田中稔男《としお》といった社会党最左翼に位置する方々のインタビューは、とくに興味深いものでした。岡田・飛鳥田両氏は、いわゆる「安保七人衆」(あるいは「安保五人男」)のメンバーとして国会審議で岸首相を激しく攻めたて、田中は国民運動委員長として院外大衆闘争を指導していました。これら三氏の証言は、ある意味で社会党の本然的特質を明らかにするものでした。

党本部書記局の広沢賢一、高沢寅男、山口房雄の三氏にヒアリングしたのは、彼らが安保改定当時の党内裏方として重要な仕事をしたからです。三氏はそれぞれ党内派閥に属していましたので、ある問題が党内に発生したとき、派閥内にどういう動きがあったのか、派閥間のダイナミズムにどんな変化が起こったのか等々を彼らから聞くことができました。

また社会党はみずからが少数派であった国会よりも、安保改定過程のある時点からはとくに院外大衆闘争を重視するようになります。この院外大衆闘争の司令塔は、安保改定阻止国民会議でした。そして、同会議の中心にあって実質的に「反安保」大衆闘争を指導したのが、日本最大の労働組合統一体であった総評(日本労働組合総評議会)であり、この総評の最高幹部が太田薫議長と岩井章事務局長でした。私のインタビューは、当然この両氏に向かいました。また両氏を実務的に補佐した岩垂寿喜男《いわたれすきお》氏にも、詳細に聞き取りをしました。これとの関連で、当時同国民会議に日本共産党からオブザーバーとして参画していた鈴木市蔵氏（日本共産党中央委員会幹部会員）からも証言を得ました。

鈴木氏の回顧でとくに印象深かったのは、戦後最大の政治的騒乱を経て岸信介が安保改定を完成させたあと、社会主義陣営とりわけ共産党が将来の「革命」展望のなかでこの政治的騒乱をどう位置づけていたのか、ということにかかわる証言でした。彼によれば、第一にいわゆる安保闘争は戦後日本の政治闘争においては唯一の統一戦線であったこと、すなわち社会党・共産党・労働組合の三者が戦後日本の政治史において「一番画期的な役割をもった統一戦線」を形成したということです。つまり、「典型的な階級的政治戦線の統一」だったのです。ですから、岸退陣後「これ（安保闘争の勢い）を潰すということは、共産党としてできるわけがない」というのです。

第二にこの統一戦線を、すぐさま革命へともっていかなくとも、「日本の変革の道標」にしようとしたことです。すなわちあの政治的騒乱を「革命」とは捉えないまでも、「そういう位置づけをしておかしくはない状況にあった」というのです。だからこそ共産党は、この闘争の「体制」を「発展させていきたい」と考えていたのですが、統一戦線のパートナーである社会党と労働組合（総評）はこれに消極的であった、というわけです。

安保闘争を主導した日本社会党は、その結党以来つねに分裂と統一を繰り返してきた政党ですが、安保改定をめぐって、またまた分裂します。西尾末広率いる同党右派グループが離党して民主社会党（民社党）をつくったからです（一九六〇年一月）。ソ連型社会主義の傾向をもち安保条約の

「廃棄」・「解消」を主張する左派主導の社会党と決別して、新党をつくったのです。西尾末広たちは西欧流の社民主義を掲げるとともに、安保条約を基本的に認めたうえでの条件闘争を主張したわけです。西尾と行動をともにした春日一幸《いっこう》や門司亮《りょう》といった面々にお会いしたのは、社会党内左派との抗争と新党結成の経緯を聞き取るためでした。

春日一幸さんにインタビューしたのは一九八七年の春でしたが、彼の証言のなかでひときわ興味を引いたのは、民社党結党時の段階で、社会党右派(河上派)の一部が次の総選挙のあと民社党に合流することで了解し合っていたという点です。

春日さんによれば、こうです。「(社会党)右派の連中は、離党したわれわれに対して、「この秋に(あるかもしれない)総選挙が済んだら、自分たちも社会党を出て新党の民社党に行くから待っていてくれ」といっていた。社会党の内部にわれわれ民社党への理解者は相当いたわけです」。春日さんはこうのべて、社会党内の「残存右派」つまり民社党に新たに参画予定の「同志」は、中村高一《たかいち》・松井政吉・矢尾喜三郎らざっと「三〇名」を見込んでいたというのです。

ところが「思わぬ結果」が待ち構えていました。岸内閣崩壊後の総選挙(一九六〇年一一月)で民社党は、現有四〇議席から一七議席へと転落したのです。春日さんの言葉でいえば、「君子危うきに近寄らず」、つまり凋落の民社党に敢えて行く理由が「残存右派」の「同志」にはなくなったというわけです。安保騒乱後間もなく行なわれたこの総選挙は、池田政権与党の自民党が勝ち、勝つべき条件をもっていた社会党が負け、そして新党への期待を背負った民社党が惨敗したという点からすれば、戦後日本七〇年の歴史における一つの分岐を画する重大な選挙であったといえましょう。

また時系列としては、「安保改定」にかかわるオーラル・ヒストリーからは少しあとになるのですが、一九九〇年代に入ってもう一度社会党関係者にインタビューする機会を得ました。社会党の崩落といわゆる「自社さ連立」（一九九四年六月、自民党・社会党・新党さきがけの三党が村山富市社会党委員長を首班とする連立内閣をつくる）について、その当事者たち、例えば山花貞夫（元社会党委員長）、久保亘《わたる》（元社会党書記長）、村山富市（元社会党委員長・元首相）、野坂浩賢《こうけん》（元社会党国会対策委員長・元官房長官）といった方々からそれぞれヒアリングしたことが思い出されます。

官僚群へのヒアリング

ところで、政策決定者から相談を受けたり、彼らの決断やものの考え方に影響を与えたりする個人・集団のなかで、官僚群はとりわけ政策形成面で重要な役割を演じます。岸政権の安保改定作業に抜きん出て大きな責任を果たしたのは、外務官僚です。前述の高橋通敏・東郷文彦氏には、それぞれ条約局長、アメリカ局安保課長として安保改定時にどのような行動をし、その背景にどのような考えがあったのか等々について証言していただきました。

岸政権時代に駐米大使館の政務参事官であった安川壮《たけし》、高橋条約局長のもとで条約局参事官をしていた藤崎万里《まさと》、そして同じく条約課長であった井川克一の三氏にもインタビューしました。

安川さんの抜群の記憶力には舌を巻いたものです。そして、実直で生真面目な藤崎さんと、べらんめえ調で洒脱な井川さんは、その語り口がいかにも対照的であったことを覚えています。

また岸政権時、事務次官であった山田久就《ひさなり》氏と、駐米公使をしていた下田武三氏にも多くの時間を割いていただきました。テープに収められた山田氏の肉声が、それからおよそ三〇年後(二〇一〇年)メディアを通じて大きな問題を提起することになります。新安保条約で取り決められた日米間の「事前協議」、その「事前協議」の対象となるべき「核持ち込み」に、核積載艦船の「通過・寄港」は該当しないことを山田氏が証言しているからです。いわゆる日米間の「核密約」をめぐって政府公式見解と矛盾する裏側の真実を明らかにしたのが、この山田証言でした。

外務官僚以外でとくに印象に残った官僚は、安保改定時に防衛庁防衛局長であった加藤陽三氏と、警察庁長官であった柏村信雄氏です。加藤さんには安保騒動のなかでの「自衛隊出動」について、柏村さんには、激しく燃え上がった大衆闘争へのいわゆる治安対策について、それぞれ本人からでなければなかなか聞くことのできない証言を得ることができました。

以上、オーラル・ヒストリーとの出会いのことや、インタビューに応じていただいた方々をごく大雑把に点描してきました。ここに挙げた政治家や官僚は、インタビューを受けてくださった方々の一部にすぎません。他に例えば、岸氏の最も身近なところから政治家岸信介とその周辺の出来事をみていた近親の方々の証言などは、やはり得難いものでした。

これまでに挙げた人びとはもちろんですが、それ以外の証言者も第二章以後の諸章で、折にふれ言及されるでしょう。いずれにしても話し手たちは、単に「安保改定過程」にかかわる情報だけを与えてくれたのではありません。彼らは、意図するしないにかかわらず、歴史の現場で起こった種々興味深いエピソードを語っています。そして彼らは、「戦後日本とは何か」「政治家とは何か」等々を広く私たちに考えさせる材料をもたらしてくれたように思うのです。

二　政治学とオーラル・ヒストリー

国際政治学の方法

私の専攻は国際政治学です。社会諸科学の一部門としての政治学、その政治学の一分野が国際政治学ということになります。ですから、「ご専門は?」と尋ねられますと、ときには「政治学です」と答えたり、またあるときには「国際政治学です」と応じたりします。

しかし専攻が「国際政治学」であっても、私の実証研究は、実際には国際政治にだけでなく国内政治にもその矛先を向けることになります。戦後日本とりわけ日米安保体制をめぐる政策決定過程を実証的に研究するとなれば、国際政治学の分析枠組みのみを用いてこれを扱うわけにはいきません。なぜなら、日米安保体制を制度としてではなく、いわば一個の運動体としてみるなら、同体制は国際政治現象(日米関係)であると同時に、国内政治を全面的に包み込む巨大な流動体でもあるからです。

どんな「歴史の現実」も、私たちが人為的に線引きした「専攻」という区分けにはお構いなく、自由に躍動しています。日米安保体制という名の歴史的現実も、そのなかに外交(国際政治)もあれば、国内政治(例えば政党間の対立抗争など)も含まれている、というわけです。ですから日米安保体制という文脈のなかで、例えば安保改定の政治過程を研究の俎上に載せるという作業も、実は国際政治と国内政治を両睨みできる足場に立って実証するということになるのです。したがって、実証研究に絡んで「ご専門は?」と聞かれたときには、「国際政治学です」などとはいわずに、敢えて「政治外交史です」と答えたりします。

時代を少し巻き戻しますが、私が大学を卒業した一九六〇年代の国際政治学は、いわば論争の時代にありました。この論争は、いわゆる行動科学派と伝統学派の対立として現われました。行動科学は、一九五〇年代後半から六〇年代にかけてアメリカで勢いを増した新しい学問傾向です。K・W・ドイッチュ、A・ラパポート、M・A・カプランなどはその代表格といえるでしょう。個人の価値観や先入観から解放された客観的方法によって、国際政治の経験的諸事実を整理し法則化しなければならない、というのが行動科学の基本的な立場です。対象を数量化するという傾向と、対象の全体よりも部分の分析を精緻化しようとする姿勢は、ここから生まれたものです。

この学問的方法は、歴史の現実に含まれる質的な意味をも量に還元してしまうという危険をはらみながらも、イデオロギーや偏見を近づけない「認識の客観性」を求めます。行動科学は、それが経験的・非規範的であろうとすればするほど、つまり科学的であろうとすればするほど、逆に政治の本質を捉えることができなくなる可能性もあるわけです。とはいえ、行動科学が国際政治学を一個のディシプリンとして自立させようとしたその努力は評価されてよいでしょう。

一方伝統学派は、ヨーロッパの精神風土を背景に、「人間とは何か」つまり「人間の本質」についての仮説を立て、この仮説を前提にして国際政治の理論を組み立てます。伝統学派は、国際政治の現象を歴史的文脈のなかに位置づけつつ、しかもこれを政治家の求める「権力」とか「国益」といった概念に依拠して認識・分析していこうというものです。

しかしこの伝統学派には、大きく分けて二つの系譜があります。一つは現実主義の流れであり、いま一つは理想主義のそれです。前者すなわち現実主義の代表的な学者は、例えばイギリスではE・H・カーであり、アメリカではG・F・ケナンであり、戦間期にヨーロッパからアメリカに渡ったH・J・モーゲンソーやH・キッシンジャーでした。イギリスのP・J・ノエル＝ベーカーやA・ジマーンなどは、後者すなわち理想主義者として有名でした。

私が理論研究で最も興味深く取り組んだのは、この伝統学派にあった現実主義の国際政治学です。とりわけE・H・カーとH・J・モーゲンソーは、私に大きな影響を与えたように思います。カーの *The Twenty Years' Crisis* を『危機の二十年』（岩波文庫、二〇一一年）として、モーゲンソーの *Politics among Nations* を『モーゲンソー　国際政治』（監訳、岩波文庫、二〇一三年）としてそれぞれ翻訳出版したのも、これら二人の偉大な学者から若いときに学んだことのささやかな徴憑《ちょうひょう》にすぎません。

カーからは、国際政治学における理想主義・現実主義の思想的系譜を学ぶとともに、歴史との向き合い方について深大な示唆を与えられました。モーゲンソーからは、カーと同様「人間の本質」に限定的な信頼しか置かないその現実主義を学ぶことによって、国際政治のリアリティに対峙するための理論的立脚点を求める大きな助けを得たように思います。

政治家の「権力衝動」

ここで重要なのは、カーやモーゲンソーがともに現実主義者でありながら、実はそのなかに理想主義の要素を含んでいるということです。確かに現実主義の視線は、権力の獲得・維持・拡大を推し進める人間の「権力欲」ないし「権力衝動」とでもいうべきものへと注がれます。しかし、人間が織りなす政治現象のなかに権力の動態をしっかり見据えてこそ、はじめて「理想」を語ることもできるのだというのが、カーやモーゲンソーなどの現実主義なのです。

私の研究が、こうしたヨーロッパ流の伝統主義、そしてその一流脈であるカーやモーゲンソーの現実主義的思惟形式から自分なりに栄養分を吸収したことは事実です。前節では、私が理論研究から実証研究に移っていった経緯を少しのべましたが、いま振り返りますと、この理論研究が戦後史をめぐるその後の実証研究にとって少なからず意味あるものだったと思っています。

ともあれ現実主義は、人間のあるがままの姿を追い求めます。あるがままの姿を追い求めれば、そこにほどほどの道義と、それ以上に権力の動態をみるのは必然です。もちろん権力の現われ方は、それを規制する制度や慣習(伝統)や道義の働き方によって異なるでしょう。しかし本質的には、政治は国内、国際を問わず権力を求める闘いです。

それにしても人間は、何のために権力を欲するのでしょう。理由の一つは、「権力のため」です。権力のために権力を求める、すなわち権力が自己目的化するというパターンです。これは独裁者の権力追求によくみられますが、どんな政治形態においても人間とりわけ政治家は大なり小なり権力のために権力を求めるという誘惑にかられます。この「権力衝動」を抑制するのが、その社会に働く道義であり法であり、ときには慣習(伝統)であるというわけです。権力を欲するいま一つの理由は、権力以外の目的、すなわちある一定の方策・政策などを実現するためです。もちろん、権力を使って実現されるべき政策への評価はさまざまですが、ここでの権力は、なすべき何かのための手段として位置づけられます。

いずれにしても、政治家の「権力衝動」は、これら二つの「理由」が実はない交ぜになって、第三者からはなかなかみえないのです。政治家は政策形成のための「政策作業」と、権力の追求・マネージメントのための「権力作業」に従事するわけですが、政治過程にはまさにこの二つの「作業」が渾然として分かち難く含まれているのです。

しかし「政治的なるもの」が、こうした複雑かつ不可視的な実態をもつとすれば、その実態に切り込む一つの有力な方法として、オーラル・ヒストリーに期待をかけるのは当然です。政治家がみずからの行動とそれにかかわる事実関係を公にすることにとりわけ慎重なのは、第一にその行動と事実関係が、どこかでほかならぬ自身の内面すなわち「権力衝動」(あるいは他者との権力関係)とつながっている場合が多いからであり、第二にその行動と事実関係がさまざまな公的利害(ときには「国益」)に絡んでいるからです。

それだけに彼らは、ものによっては生涯これを書かず語らずに「墓場までもっていく」、ということになるのです。いや、「墓場までもっていく」つもりがなくても、たまたま公表する機会がなかったという人もいるでしょう。オーラル・ヒストリーは、政治過程のアクターその人がいま一度立ち止まってその「隠れた事実」を語る、まさにその機会にほかならないのです。

オーラル・ヒストリーの効用

では、研究手法としてのオーラル・ヒストリーには、どんな効用があるのでしょう。私の経験からいくつか挙げてみたいと思います。効用の第一は、オーラル・ヒストリーによって話し手の「心の事実」も含めて「新しい事実」を発掘することができる、ということです。

　私たちは、政策決定過程で決定・行動する最高意思決定者、この最高意思決定者の周辺アクター、そしてこれら意思決定の集団を外側から取り巻いて影響力を行使するアクターたちの行動に注目します。ある局面で最高意思決定者に肯定・否定を問わず、とくに強い影響力を及ぼすアクターたちについては、彼らの言動およびその背景にかかわる公文書資料や、彼ら自身の日記・回想録・書簡・メモ類等の一次資料、さらには新聞・雑誌記事を渉猟し、そのうえであるいはそれと並行してこうした方々にインタビューを行ないます。実際にお会いして、まずお尋ねするのは、「その局面であなたはどのような事実に出くわしたか、どのような事実を知っていたか」、そして、「その局面であなたはどんな行動をとったか」、ということです。

　何といってもオーラル・ヒストリーにおいて重要なことは、「新しい事実」が話し手によって語られるかどうかです。もちろん語りのなかには、かつてどこかで公表した部分も含まれるのですが、「新しい事実」が次々と出てくることはよくあります。いままで全く知られていない「新しい事実」が明らかになり、その「新しい事実」を既知の「事実」と組み合わせてみれば、これまでの風景とは違った風景がみえたり、これまでの風景が拡大されてもう一つの風景につながっていく、ということもあります。文書資料による「事実」の集積に加えて、オーラル・ヒストリーによる「新しい事実」の発掘を続けていけば、最高意思決定者による大小さまざまな決断がどのような繋がりのなかでなされたのか、その道筋もまたみえてくるのです。

そして、ときにはこう尋ねます。「なぜあなたはその行動をとったのか」。つまり、その人にある特定の行動ないし決断をさせた要因は何なのか、ということです。彼らのすぐれて個人的な事情あるいは心情がそうさせたのか、それとも彼らに何らかの指示や圧力があったのか等々を質《ただ》しますと、思いもかけない答えが返ってくることもあります。いくつかの選択肢を前に、迷い悩んだことを何気なく話す人もいます。また、そのとき自分を身動きできなくさせた客観状況を話してくれる人もいます。オーラル・ヒストリーを行ないますと、歴史というものが、いつも人間の確信的な意思で動くというわけではなく、どっちに転んでもおかしくない状況のなかで動いていくこともあるのだ、ということが分かります。

オーラル・ヒストリーの第二の効用は、歴史を立体的に再構築する手段として、オーラル・ヒストリーがそれなりの有用性をもっている、ということです。もともと歴史は、とりわけ政治の歴史は、それが人間の奥深いところにある「権力衝動」という名の心理や生理とどこかで結びついているだけに、そう単純に一刀両断できるというものではありません。

政策決定過程ないし政治過程に参画するアクターがただ論理だけでものを考え行動するなら、私たち研究者もこれらアクターの行動を論理的に説明できるのですが、歴史はそんな平板なものではありません。最高意思決定者はもちろんのこと、彼に助言し圧力をかける政治家や官僚たちを含めて各種アクターは、それぞれ個人的・組織的利害関係のなかにあったり、あるいは党派性に拘束されていたり、さらには所属組織の慣習・伝統に制約されていることは大いにありえます。アクターが「政治行動」として表出したものが、実はこうしたアクターの「事情」からきているのだということを少しでも把握することは、歴史の豊饒性を立体的に組み立てていくうえで重要です。オーラル・ヒストリーは、アクターがもつこうした「事情」を発掘するための手法としては、やはり無視できないものです。

第三の効用は、こうです。すなわち、オーラル・ヒストリーは私たちにいわば「歴史の鼓動」を伝える力をもっている、ということです。いい換えれば、「歴史の臨場感」とでもいうべきものを生み出す有用な手段としてオーラル・ヒストリーを活用できるのではないか、ということです。オーラル・ヒストリーを用いることによって、歴史に躍動する人間の姿がより生々しくみえてくる、といってもよいでしょう。

「歴史の臨場感」が生まれるというオーラル・ヒストリーの「効用」は、まずは歴史の書き手によって享受されるように思います。インタビューの話し手は、当然のことながら、「歴史の現実」すなわち政策決定過程ないし政治過程の当事者であり、歴史の現場に身を投じて決断・行動してきた人物です。その人物がインタビュアーである当方の目の前で「歴史」を証言するとなれば、その「歴史」に人間の鼓動を感じないわけにはいきません。

話し手それぞれが運んでくる「歴史の空気」が「歴史の臨場感」を生み、それが書くためのエネルギーとなっていくのです。書き手のなかに「収納」されたこの「臨場感」は、やがて一定の学問的方法によって表現されることになるのです。

オーラル・ヒストリーの「落とし穴」

オーラル・ヒストリーの効用は、これを大づかみにしていえば、以上三つほどにまとめられますが、「効用」の裏側すなわちオーラル・ヒストリーのデメリットとされるものも、当然あります。オーラル・ヒストリーのこのデメリットは、「落とし穴」といい換えてもよいでしょう。つまり、この落とし穴に陥ってしまっても、それに気づかずにいることがあるとすれば、インタビュアーとしてはよほど気をつけなければなりません。

例えば、話し手の「記憶違い」とか「自己正当化」などが考えられます。これらは微妙につながっていることもあるのですが、「記憶違い」については、証言のなかの「数字」や「事実」をあとで可能な限り検証して、是正すべきものは是正します。「自己正当化」については、これもある程度は避けられないのですが、この「歴史のバイアス」を見抜く眼力がインタビュアーないし書き手には要求されます。できるだけ客観的な「判断の物差し」を当該部分に当てながら、話し手の「正当化」部分を引き算することが大切であるように思います。もちろん、話し手の話を当方が勝手に変えることはできません。話の内容は記録としてそのまま残されることは当然です。しかし記録として残すことと、これを論文などに援用ないし活用することとは全く別のことです。疑問のある証言については、これをネグレクトすることになります。

ただ、こうした落とし穴は、オーラル・ヒストリーだけに限られるものではありません。本来私蔵されるべき日記でさえも、やはりこれを注意深く扱うことが重要です。とくに政治家等の公人の場合、第三者にいつかは読まれることを想定したうえで書くというケースは、少なくありません。公文書なども、「門外不出」を前提としてつくられた昔ならいざ知らず、民主主義の深化とともに将来の「開示」が避けられなくなりますと、例えば官僚たちが「開示」に制約されずに、つねに事実を事実として記録することができるのか、やはり疑問は残ります。いずれにせよ、オーラル・ヒストリーであろうと文書資料であろうと、程度の差はあれ落とし穴は必ずあるとしたうえで、私たちは資料に当たらなければなりません。

インタビューの方法

もともとオーラル・ヒストリーには、ある特定の研究テーマのためになされる場合と、ある特定の人物からそのパーソナル・ヒストリー（個人史）を聞き取るためになされる場合があります。

まず後者すなわちパーソナル・ヒストリーですが、これは文字通り、その人の人生行路を時間軸に沿って本人に語ってもらう、という手法です。彼あるいは彼女の出自、家庭環境、各種経験、思想形成等々、人生の足跡を聞き書きするものです。私の研究に引きつけていえば、この個人史は、例えばある政治家のある特定の局面における政治行動ないし意思決定の背景を知るうえで少なからず有用な情報として位置づけられます。

一方前者すなわち研究テーマのためのオーラル・ヒストリーですが、これは、いってみればパーソナル・ヒストリーのある特定の局面を取りあげるものです。研究テーマが「安保改定」をめぐる政治過程の実証作業であれば、その政治過程に参入する政治家たち、とりわけ政策決定者たちがどのような現実に直面し、それをどう認識したか、そしてその現実に対応して決断を下すときどんな諸条件（圧力、障害その他）に遭遇したか、等々を詳細に聞き出すという手法です。

これまでの叙述からご賢察の通り、私は自分の研究テーマにかかわるアクター、それも主として公人（例えば政治家・官僚・大衆運動指導者等々）を対象にインタビューしてきました。「研究テーマのため」と「個人史のため」とでは、やはりインタビューの方法に多少の違いはあるかもしれませんが、基本的には共通しているように思います。しかも前者と後者は、互いに補い合うものです。両者を有機的につなげれば、政治過程、いや歴史を動かすアクターの決断と行動、そしてそれらが織りなす時代文脈をより深く理解する助けになるはずです。

最後に、私が「そうありたい」と考えるインタビューの方法を二つほど挙げてみたいと思います。私がまず第一に心がけているのは、インタビューの舞台づくりをするということです。「研究テーマのため」のオーラル・ヒストリーといっても、例えば村山富市元首相のように一回きりのインタビューもあれば、複数回、それも岸信介元首相のように二十回を越えるインタビューもありました。いずれにしても、当方が用意している質問が、政治過程のある局面に関連する場合には、その局面がどういう状況にあったか、これを話し手に思い出していただくことが必須です。つまり、その時代局面を表わす「舞台」(ステージ)を当方がつくって、その「舞台」に話し手すなわちアクター(役者)を導き入れることが重要です。質問にかかわる時代局面に話し手がタイムスリップして、あるいは「首相」に、あるいは「野党指導者」に戻ってもらうわけです。かくして話し手の記憶が呼び覚まされ、時代の風景が彼らのものになるというのが当方の期待です。政策の助言者や権力闘争の相手がその「舞台」に現われ、話し手のなかで「歴史の現実」とそのときの感情が蘇るのです。こうなれば、話し手の語りに熱も入ります。

もちろんこれは、よほどうまくいったときの話です。当方の思い通りにいかない場合もあります。ともかくオーラル・ヒストリーは、かつて他者と押し合いへし合いをしたあの「舞台」を話し手が追体験する、その手助けの役割を担っているのかもしれません。

オーラル・ヒストリーの方法として第二に心がけているのは、話し手との心理的な距離をどのようにとるか、ということです。政治学における研究対象は「政治的なるもの」、すなわち「政治的なる」事どもすべてです。その典型が、政治家の決断や行動であり、場合によっては政治家その人の存在自体が「政治的なるもの」であると考えられます。ですから、私たち政治学者がいやしくも「政治的なるもの」の観察者であり分析者であるなら、この「政治的なる」対象に埋没したり一体化したりして、それとの距離を失うことは許されません。

インタビューをするとき、何よりも重要なことは、話し手から信頼を得ることです。難しいのは、話し手から信頼を得ることと、その人との間に間合いを適宜、適切にとることとの両立です。相手が当方を信頼してはじめて、彼あるいは彼女は率直に、ときには秘匿するつもりのものまで語ってくれるのです。しかし、相手に感情移入して距離を見失い、彼らの世界に取り込まれるようなことがあれば、質問は客観性を損なってオーラル・ヒストリーの目的自体を削いでしまうことになります。欲張りのようですが、インタビュアーには、相手側から人間的信頼を得ることと学問の客観性を得ることの両方を担保する、という至難の業が求められるわけです。

さて、オーラル・ヒストリーの能書きはこのくらいにして、次章からは私が体験したオーラル・ヒストリーの世界とその周辺を描いてみようと思います。国際政治であれ国内政治であれ、およそ「政治」というものは、それが人間の営為の集積であるだけに、創造的であると同時に退嬰的であり、合理的であると同時に矛盾に満ちたものであり、そして平和的であると同時に闘争的です。政治は歴史をつくっていくという、宿命を負わされた〝生き物〟なのです。

第二章　岸信介とその証言

一　岸信介オーラル・ヒストリーあれこれ

「私も残しておけばよかった」

岸信介オーラル・ヒストリーが実現したのは、一九八〇年の暮でした。前駐米大使の東郷文彦さんが「岸インタビュー」に一役買ってくださったことは、前章で触れましたが、もともと岸さんと東郷さんは相当親密な関係にあったようです。考えてみれば、それも当然と思えてきます。東郷氏は、一九五八年秋から一五カ月に及んだ安保改定日米交渉、それも公式・非公式を合わせて五〇回を越える藤山（外相）・マッカーサー（駐日米大使。マッカーサー元帥の甥）会談にすべて同席しています。東郷氏がこのようにつねに岸政権による対米交渉の最前線にあったこと一つをとってみても、ときの総理からいかに厚く信頼されるに至ったか、容易に想像がつくというものです。いずれにしても私は、最適の紹介者に恵まれたことになります。

岸氏を初めてお訪ねしたのは、ご挨拶と打ち合わせのためでした。岸事務所は東京・西新橋にあるビルの確か三階にあったと思います。事務所全体の広いスペースは、岸さん専用の個室とそれ以外の空間に分けられていました。つまり岸さんの個室以外はオープンスペースになっていて、そこに秘書コーナーと訪客用の控えコーナーが設《しつら》えられ、さらに奥の方には長大なテーブルが鎮座していました。

インタビューを引き受けていただいたお礼の言葉もそこそこに、私は岸さんにオーラル・ヒストリーの目的が二つあることをまず申しのべました。一つは、岸政権が手がけた安保改定の政策決定過程の各局面で、最高意思決定者岸信介は何をどのように決断し、それはなぜだったのか等々をご本人自身から聞きたい、ということ。いま一つは、激動する昭和史の中心にあってそれを動かしてきた岸信介なる政治家の人物像を、政治学者として私なりに探ってみたい、ということです。岸さんは、それほど短くはなかった私の話を、例の大きな福耳を立ててじっと聴いていました。

いっときの沈黙を破って、彼はこう切り出します。「政治家はメモや日記などの記録を残すべきだね。私も残しておけばよかった。弟(佐藤栄作氏)は日記を書いていたんだ。新聞社からいまこれを出すべきかどうか問題になっているが、出版するのは早すぎる。あまりに生々しすぎるよ。原敬日記だって死後二〇年以上経って公表されたんだからね」(一七年後の一九九七年から、朝日新聞社が伊藤隆監修『佐藤榮作日記』(全六巻)として順次出版した)。

確かに、岸氏はその波乱に富んだ長い政治家生活にしては、それほど多く文書を残しているとはいえません。あとで分かったことですが、彼は相当のメモ魔です。その岸さんが、「私も残しておけばよかった」というのです。

実は、戦前戦中に関していえば、案の定、彼は相当量の文書を書き溜めていたようです。敗戦直後Ａ級戦犯容疑者としてＧＨＱに逮捕される直前、すべてこれらを処分したというのです。後日彼はインタビューでこう証言しています。「逮捕令状が出た以上、家宅捜索をされるだろうと予想して、過去のいろいろな文書をできるだけ集めて焼いてしまったんです。いまから考えると、馬鹿らしい話だけれども、本当に二度と自分は家へ帰れないという悲壮なる決意でしたよ」。

目の前の岸さんが、「私も残しておけばよかった」といって悔しさを滲ませたとき、私はチャンス到来を確信しました。岸さんは語ることを欲している、と強い感触を得たからです。政治家岸信介のなかにある「記録されなかった情報」をいまこそ聞き取って、それを「記録された情報」にする作業が私に課されているようにも思えたのです。

あっという間の一時間でした。部屋を辞去するとき、岸さんはこうおっしゃいました。「よし、あなたの研究に協力しましょう。いつでも来てください。秘書と日程を打ち合わせるように」。かくして岸さんは、政治家岸信介の足跡を回想するもう一人の岸信介として私とおつき合いいただくことになったわけです。途中ブランクはありましたが、およそ一年半にわたる二十数回の岸インタビューは、こうして始まったのです。

権力闘争へのこだわり

しかし、岸さんがこのオーラル・ヒストリーをこれから何回続けてくれるのか、実は私には全く分かりませんでした。約束という約束はなかったからです。そこで一計を案じました。初対面の岸さんに申し上げた、インタビューの二つの目的(安保改定の政策決定過程の究明と、政治家岸信介自身に関する研究)に沿って質問メモのペーパーを少々分厚く束ねて、これをテープレコーダーといっしょに岸さんの目の前に置いたのです。まだまだ質問は続きますよ、という私の切ないアピールでした。

そのアピールが効いたかどうかはともかく、回を追うごとに、インタビューは調子を上げていったように思います。なにぶん二〇年前のことを想起してもらうわけですから、記憶の定かでないものも、もちろんあります。とくに安保改定に関する日米交渉、それも実務的な細目については、当然外務官僚の方がよく覚えています。

ところが、こと安保条約の根幹にかかわる問題、例えば旧安保条約を「部分改定」にするのか「全面改定」にするのか、あるいは、条約本体の改定と同時に行政協定の改定をなすべきかどうかといった問題については、さすがに記憶はしっかりしています。しかもこれらの問題が野党との激しい対立や、政権与党内での権力闘争に絡まりますと、あたかもそれが昨日の出来事のように生々しく蘇ってくるようです。

重要なのは、「あのとき」もしくは「あの局面」をなるべく客観的な「舞台」として再現してみせること、そして岸さんにもう一度「総理」としてその「舞台」に上がっていただくことです。大抵の場合、岸さんは「あのとき」の「総理岸信介」にタイムスリップして、静かに語ってくれました。しかし「舞台」に上がって語っているうちに、岸さんは突如熱くなることがあります。テーブルを叩かんばかりに、いや実際に叩いたこともあるのですが、いつの間にか静かな口調が熱弁に変わっているのです。とりわけ話が「あのとき」の権力闘争に絡んできますと、「舞台」の岸信介は俄然体熱を帯び、あの大きな目玉を一層大きくギョロつかせます。

私がインタビューした政治家は、岸さんに限らず皆そうでしたが、みずからかかわった権力闘争については驚くほど鮮明に記憶していました。政策と政策の対立を政策の次元で解決ないし調整できるなら、政治は論理的に進められます。しかし、ひとたび政策の問題が権力闘争と結びつくや、それは人間と人間の情念・感情の闘いとなり、したがってただ単に論理だけでは進まなくなります。政治は、人間の最も奥深いところにある〝内訌外患〟の世界でもあるのです。ですから政治家は、「あのとき」から何十年経っても政戦・政争の痕跡が体内に残り、それがあとあと疼《うず》くことさえあるのです。

ここに一つの典型があります。一方の岸信介と、他方の三木（武夫）・松村（謙三）との権力闘争です。三木・松村と岸とでは、思想・政策においてかなり距離があります。例えば一九五四年から五五年にかけてのいわゆる保守合同過程にあって、これを主導する岸は、「保守二党論」の三木・松村（改進党）から執拗に妨害されました（三木・松村は結局のところ自民党に合流するのですが）。

安保改定のときも、三木・松村は政策決定過程の各局面でことあるごとに岸と対立しました。政治家は相手に権力闘争を挑むとき、必ず「政策」あるいは「方策」の違いを理由にその権力闘争を正当化します。政策と権力が渾然一体となっているがために、権力闘争の帰趨《きすう》が政策の命運を、したがって歴史を左右することにもなるのです。

当時何も語らなかった岸さんが二〇年後のこのインタビューで、歯に衣着せずこう明かします。「大体私は、三木とは思想が違うんだ。彼は日本民主党（一九五四年一一月結党。自由党内「反吉田」勢力や改進党などが合併）をつくるときからずっと私に反対しているんです。性格的に僕とは合わないんだろうな。向こうのほうでもそういっていると思うんだ」。「松村さんはそうでもないが、三木になると小会派的な性格ですよ。つねにバランスをとって、そこで泳いで上手いことやる。自分の力で自分の信念で何かをするというんではなくて、AとBとの力のバランスのなかに泳いでナニするということだ」。

そういえば、「ナニする」というのは、昔から岸さんのトレードマークでした。岸政権時代この「ナニ」を連発して、岸首相はずいぶん評判を落としたものです。いやもっと正確にいえば、当時ただでさえ不人気の岸首相が、記者会見などでこの「ナニ」を口にしますと、国民やメディアの間では、「やっぱり岸はズルイ！」という言葉が流れたものです。東条内閣の重要閣僚として「日米開戦」に副署し、戦争遂行に中心的役割を担ったA級戦犯容疑者岸信介が、巣鴨の獄窓を出るや瞬く間に権力の頂点に立ったこともあって、ときの総理の一挙手一投足は、つねに疑念の対象になっていました。

そこにもってきて、この「ナニ」です。国民には、岸さんの発言の肝心の部分がこの「ナニ」によって隠される、と思えたのです。岸不信に拍車がかかる仕組みです。私とのインタビューでも、「ナニ」は健在でした。しかし岸政権時から二〇年余りも経ちますと、この「ナニ」がほろ苦くも懐かしい響きに聞こえるのですから不思議です。

「やりたいようにやらせる」

ところで、人に対する吉田茂の「好き嫌い」は有名ですが、岸さんのそれもはっきりしています。どちらかといえば岸さんは、曲線的で難解な人物を好まないようです。逆に明快、単純そして直線的な性格が好みのようです。岸さんの決断の流儀や行動様式をみていると、確かに彼のなかには直情・合理の性格を読み取ることができます。

とはいえ、彼の「好み」ではない「曲線・難解」の性向が彼本人と無縁のものか、といえば決してそうではありません。それどころか岸さんには、同じ曲線でも緩いカーブもあれば険しいカーブもあり、ときにはUターンさえもあるように思います。やはり難解で視野に捉えられない部分も少なくない、というのが本当のところでしょう。

〝普段着〟の岸さんに最も近いところで接していた岸仲子さんの証言は、この文脈からするとなかなか興味深いものです。岸仲子さんは、信介氏のご長男（信和氏）の妻です。岸信介氏は最晩年の十数年間、御殿場(静岡県)に住んでいましたが、この時期を除いて戦後長らく信和・仲子さんは信介夫妻と同居しています。つまり仲子さんは、岸の首相在任中を含めて「政治家岸信介」・「人間岸信介」を最も身近にみていた一人です。

その仲子さんは、信和氏と結婚して間もない一九四八年夏、獄中の岸氏と初めて対面します。義父の顔は金網越しにぼんやりとしかみえなかったといいます。そして、こう回想します。「何かいまから振り返ると、義父《ちち》には最後まで網がかかっていたような気がします。最初の出会いから、亡くなるベッドの上でさえも、つねに〝網越し〟の義父でした」。

しかも岸さんが娑婆《しゃば》に出てからは、〝網越し〟の網の目はさらに細かくなり、その姿をみえにくくしたようです。仲子さんの追憶はこんな具合です。「(獄中から出て)政治を始めたら、もうピシッと戸を立ててしまいました。その切り換えは目を見張るようでした。私は(義父とは)巣鴨で会っていますし、(獄を)出てからもズーッとみていますが、こんなに見事に切り換えられるものかしらと思うくらいでした」。

それにつけて思い出すことがあります。岸さんは三年三カ月の獄中生活のなか、毎日のように日記を書いていました。あるときは大学ノートに、大学ノートがいっぱいになると今度は便箋の表と裏にぎっしり書き継いでいます。戦争犯罪容疑で起訴され極刑に処せられるかもしれないという恐怖に揺さぶられながら孤独を生きる岸信介の獄中日記は、東京裁判への怒り、日本政治への批判、家族・友人への想い等々、その心情を赤裸々に吐露しています。

ところが巣鴨の獄窓を出て戦後政治に現われた岸信介は、相変わらず日記をものしているとはいえ、その内容といいますか色調は獄中のそれとは全く異なるものです。感情を排したいわば日誌風のものです。まさに「ピシッと戸を立てて」しまったのです。

幽囚の身から解放された岸さんは、家族に対してさえ抑制的な振る舞いをしていて、その真意はなかなか家人にもみえなかったようです。岸さんはみずからを「信長タイプだ」と語っています。よく比較される三人の天下人、すなわち信長・秀吉・家康のうち、岸さんは信長を好む理由としてこういいます。「単純に権力を割り切るという意味で、信長が一番好きなんだ。……一番複雑なのはやはり家康だ」。

仲子さんにいわせると、岸さんは自身が考えるほど単純ではなかったようです。まず他人を怒ったり、ましてや怒鳴ったりすることは全くなかったといいます。しかもズケズケ遠慮なく自分の懐に入ってくる人には、それを受け入れて悠揚《ゆうよう》としている。ですから、取り巻きのなかに「要注意」の人物がいて、しかも家人がその人物を切り捨てるよう迫っても、岸さんはその人物を懐中に入れたままこう呟いたそうです。「何もしない善人よりも、悪くても何かをするほうがいい。悪《わる》でも使い道によっては役に立つ」。

取り巻きの一人は、私にこうのべたことがあります。「私は三〇年以上岸の側《そば》にいるが、岸からああせよ、こうせよ、それをやってはいかん、などといわれたことは一度もない。すべてが許されたんだ」。赤尾《あかお》敏《びん》（大日本愛国党総裁）という右翼活動家がいましたが、彼は雨が降ろうが嵐になろうが、毎日のように銀座で〝辻説法〟をしていました。ときには岸信介を激しく攻撃していましたが、訪ねてくるその彼に「盆と暮れぐらいは、いくらか援助をして」いる、と岸さんはいうのです。「来る者は拒まず」ということでしょうか。

仲子さんは語ります。「(義父は)これだけは任せちゃだめだという部分については、全部自分で背負ってやる感じですが、周りのものにはやりたいようにやらせます。大まかなことしかいわないし、それは見事でございました。安保のときも、俺は妖怪じゃないよ、といっていましたが、私は本当に妖怪だと思っていました」。

「周りのものにはやりたいようにやらせます」――この仲子さんの岸評は、一つのキーワードになるかもしれません。確かに岸さんは、その身辺にいるものには注文、干渉、そして命令らしきものは一切しなかったといわれます。ですから、取り巻きのなかには「岸信介」の名を借りて歯止めのかからぬ私欲に走ったものもいたようです。

仲子さんの次の証言はなかなか示唆的です。「ある外国で私と福田(赳夫)先生とどなたかと一緒に車に乗っていましてね。そのうち豪邸の立ち並ぶ風景が出てきたんです。そうしたら福田先生が、ああ、あれは、(岸取り巻きの)A君だけが住めるところだ、とおっしゃるんです。私、ドキーンとしたんでございます。先生はよくみていらっしゃるなあって」。

側近といいますか周辺のものには「やりたいようにやらせる」岸さんも、ひとたび政治の世界にその姿を現わしますと、話は違ってきます。一九七二年のことですが、佐藤栄作首相の後継として田中角栄と福田赳夫が争ったとき、岸さんは「田中阻止」に動きます。仲子さんはこう振り返ります。「(義父は)田中だけは(首相に)してはいけない、人間には器《うつわ》というものがある、それを越えてはいけないということをしきりにいっていました。叔父の佐藤(栄作)やその秘書を呼んで応接間で一生懸命談判していました。佐藤もそれだけは分かったようですが、遅すぎました」。

やがてもたれた自民党総裁選挙で田中が福田を破って首相の椅子を勝ち取ったことは周知の通りです。仲子さんはいいます。「ああ、冷たいものだなあ、政治というのは、と思ったものです。(義父は)世間からどういわれようと通すべきものは通すという気構えが強うございました。従順なようで譲りません」。

信頼と距離

岸信介が、仲子さんのいうように「妖怪」であるかどうかはともかくとして、ある種「政治的多面体」であることは確かなようです。国粋主義者でありながら自由主義者であり、自由主義者でありながら社会主義者でもあり、そして部下に「勝手気まま」を許しながら、権力闘争には非情なまでに自我を押し通す、これが岸信介ということでしょう。

それにしても岸さんは、人間にとってそして社会にとって自由がいかに大切であるかを、三年有余の獄中生活を通じて痛切に感じとったようです。「天皇を絶対と思いますか」という私の質問に、「それはありません」と彼は断言するのです。

つまり、「天皇より自由が大事だ」というわけです。吉田茂ならば、「天皇は絶対である」というかもしれません。戦前軍部と結んで統制経済を主導したあの岸信介から、天皇よりも「自由」に価値を置くという言葉を聞くとは、意想外でした。

政治家岸信介は、やはり難解です。政治家岸信介は、天性の「政治的人間」です。岸信介は、権力の論理と生理を完璧なまでに呑み込んだうえで、その権力を並外れた行動力で追いかける。「権力の非情と矛盾」を従容《しょうよう》として受け入れる。岸信介は権力のニヒリストでもあります。

私の目の前にいる岸さんは、総じて陽気でした。時折難しい顔をしますが、それは私の質問に対して記憶が蘇ってこないときです。一生懸命思い出そうとしてそれが叶わぬとき、急に声のトーンが落ちます。トーンが落ちるタイミングはもう一つあります。インタビューの途中、秘書の女性がおやつを運んでくるときです。それまでのメリハリのある野太い声は、秘書さんがドアをノックするや、突然細くなります。

つまり、抹茶と和菓子がいつものようにテーブルに上がりますと、話は完全に中断し、岸さんの集中力は、抹茶と和菓子へと注がれます。このおやつのひとときに、好みの食べ物を尋ねたことがあります。八〇歳を越えた老政治家はこう答えました。「脂っこいものが好きでね。天ぷら、鰻、とんかつかな」。恐れ入った次第です。

インタビューが重なっていきますと、岸さんとの間に信頼関係が深まったように感じました。岸さんからは冗談も出ますし、私もかなり突っ込んだ、そしてときには不躾《ぶしつけ》な質問もするようになりました。次回インタビューの日取りは、いつの間にか岸さんと私との間で直接約束するようになりました。その日のインタビューが終わりますと、岸さんはやおら胸ポケットから小さな手帳を取り出します。「次はいつにしようかね」といいながら、手帳をめくります。個室を辞去した私のほうから、秘書さんに次の約束日をお伝えするといった具合です。

前章で触れたことですが、聞き手と話し手の間に信頼関係を築くことは、率直かつ真摯な証言を引き出すための大前提です。しかも「信頼」が生まれるということは、多くの場合、互いに親しくなるということと表裏しています。つまり相手側との心理的な距離がなくなっていく、ということでもあります。

しかしインタビューのそもそもの目的からしますと、相手側との間に距離を失うことは、インタビュアーとしては避けなければなりません。距離を見失って「妖怪」に取り込まれ、客観性のある質問ができなくなれば、インタビューの意味も失われます。ドイツの社会学者マックス・ヴェーバーは名著『職業としての政治』（脇圭平訳、岩波文庫、一九八〇年）のなかでこういっています。「（政治家は）事物と人間に対して距離を置いて見ることが必要である」。「距離への習熟」こそ、政治家の重要な資質だというわけです。岸さんとの「距離」を失わずに、なおかつ信頼関係を保つというインタビューならではの苦労は、私のような政治家ではない一介の書生にも求められた、ということです。

「ついつい長くなった」

ところで、二十数回にわたったこの岸インタビューも当初の計画通り順調に取り運ばれた、というわけではありません。途中、大きなブランクがありました。岸さんが体調を崩したからです。インタビューが始まって半年が経った頃、つまり八一年の夏でしたが、岸さんは胆石の手術で都内の病院に入院されました。ほどなく全快したと聞いていましたので、インタビュー再開も近いものと期待していました。ところが、今度は美術館かどこかで転んで手の怪我をされたとのことです。結局、翌年に入るまでインタビューはできませんでした。

インタビュー再開の何日か前、久しぶりに岸さんにお会いしました。私は早速こう尋ねました。「病気をされて、何か心境の変化でもございましたか」。岸さんは、「いや別に！」と実にあっさりしたものです。高齢で大きな手術をしたのですから、少しは感慨もあろうかと想像したのですが、何事もなかったかのような素っ気ない応答には、こちらが拍子抜けするほどでした。岸さんにとっては、春秋高しとはいえ、大病も通過点の一つなのかなあ、と妙に感心したものです。

彼は続けてこういいます。「胆石は自分の考えで手術することにしたんです。日本や先進国にいれば、いざ再発しても安心だが、途上国に旅行して何かあれば、どうにもならん。手術をしてさっぱりしておこうと思ったんだよ」。もともと外国旅行の好きな岸さんですが、当時八四歳、手術を決断しこれからも海外に遠出するというその気力は、端倪《たんげい》すべからざるものといえましょう。

実はこの日、私が岸さんの個室に入って椅子に座るか座らないかのうちに、岸さんは開口一番こういったのです。「あれ（インタビュー）を完成させようよ。こんなこと（病気）もあるので早く完成させたい」。みずからの足跡を記録として残しておきたいというその意欲は、以前にも増して強くなったのかもしれません。

それにつけても、ちょうどこの頃ですが（一九八二年一月）、「自民党最高顧問に岸元首相就任」というニュースが、新聞で報道されました。代議士バッジをはずして二年余、自由の身を楽しんでいた岸さんが、再び政権党の要職に就いたとなれば、どんな心持ちなのか。私の質問を察してか、彼は問わず語りにこういったものです。「これからはあまり勝手なこともいえなくなるなあ」。まんざらでもない面持ちでした。そして当方の胸の内を見透かすかのように、「でも、このインタビューは別だがね」。なかなか〝憎い〟ことをおっしゃるものです。

そんなこんなで岸インタビューは、八二年二月から本格的に再始動しました。岸さんのいや増す意欲にも助けられて、インタビューは順調に進みましたが、五月になっていよいよ幕引きの時期を迎えることになりました。インタビューの目的は、一応これで達せられたと判断したからです。岸さんから「この辺で止めようか」といわれない限りは続けたい、というのが私の本音でしたが、ちょうど区切りのよいところがみえてきましたので、岸さんに「ひとまず中断させてください」と申し入れたのです。

インタビューの「終了」ではなく、敢えて「中断」をお願いしたのは、まだまだお訊きしたいことがあったからです。私は岸さんにこう申しました。「今後研究を進めていくなかで補足的にお訊きしなければならないことが出てくるかもしれません。その節はよろしくお願いします」。「ああ、いいよ」。岸さんはあっさり快諾してくれました。そしてこう続けました。「東郷君から話があったとき、これほどあなたと長くつき合うとは思っていなかったよ。よく資料に当たっているし、マスコミのように何か言葉尻を捉えてどうこうするということもないので、ついついこんなに長くなった」。

二　岸信介と米ソ冷戦

冷戦に救われる

岸インタビューのなかで、というよりは、雑談の折であったかと思いますが、岸さんが何気なく吐いた言葉があります。

「生まれ変わったら、もう一度政治家をやりたい」。

なかなか含蓄のあるフレーズです。生まれながらの「政治的人間」は、生まれ変わっても、それ以外の人間にはなれないのだ、という岸信介の強烈な「自負心」が垣間見られます。

さて、その「政治的人間」岸信介は、そもそも戦後日本とどうかかわっていったのか、またそのかかわり方はどんな意味をもっていたのでしょうか。岸インタビューは私たちに多くの示唆を与えてくれます。とくに印象深かったのは、戦後における政治家岸信介の命運が、まずは米ソ冷戦の存在とそのあり方に、したがって日米関係のダイナミクスに大きく深く決定づけられていった、ということです。しかもこの岸信介の命運は、あたかも敗戦国日本の行方と重なっているかのようでもあります。

第二次大戦終了に前後して、米ソ関係は主として対独戦後処理をめぐってギクシャクしはじめます。少なくともアメリカにとってソ連が油断ならぬ存在に映ったのは、大方の見立てよりもはるかに早かったことは確かです。アメリカのトルーマン政権は、冷戦が顕在化する一九四七年より以前、すでに「冷戦イメージ」なるものはもっていました。政策決定者の決断を左右するのは「現実」(リアリティ)そのものではなく、「現実」から受け取るその人のイメージです。実際にソ連が当時アメリカの敵であったかどうかは別にして、このアメリカの「対ソ不信」すなわち「冷戦イメージ」こそが、実は同国の対日占領政策、それもソ連を排除した「単独占領」、「天皇制存続」等々を導いていくのです。

アメリカが「冷戦イメージ」を背景に対日占領を始動させた頃、岸信介は東京巣鴨の獄中にありました。その岸さんには、戦後長らく忘れられなかったワン・シーンがあるといいます。それは、故郷の山口県田布施《たぶせ》の実家からGHQに連行されて横浜拘置所(その後巣鴨プリズンに収監される)に入るときのことです。彼はインタビューでこう回想します。「監獄の門というのは重い扉でして、あれがギイーッと開いて(自分を乗せた)車が入る。その後、バターンとその扉が閉まるんです。そのときの音を、何年か後までも夢にみました」。

岸さんが夢にまでみたあの「重い扉」の呻《うめ》き声は、彼にとってはいまや一炊の夢となった「戦前戦中」が、「戦後」の岸その人に決別を告げる怒声にも聞こえたことでしょう。岸さんはいいます。「あの音で外界と遮断されたんです」。東条内閣の商工相としてあるいは軍需次官(国務相)として対米戦争遂行に辣腕をふるった岸信介は、権勢を誇った自身の歴史から冷たく「遮断」されて、囚われの身を「重い扉」の内側に滑り込ませたのです。

しかし、人の運命は分かりません。義母や妻や子供たちと水杯《みずさかずき》まで交わして拘置所に向かった岸は、やがて巣鴨の獄窓から、かすかながら、新しい時代の足音を聴くことになります。「米ソ冷戦」の遠鳴りです。獄中で彼は毎日のように日記を書いていますが、それによりますと、彼が四六年夏のパリ講和会議〔一九四六年七―一〇月に開かれた、旧枢軸五カ国（イタリア・ハンガリー・ブルガリア・ルーマニア・フィンランド）との講和に関する会議〕における米ソ外相間の「毒ヅキ合ヒ」に強い関心を示していることが分かります。

この日記の日付は「一九四六年八月一〇日」、つまり岸はトルーマンが「冷戦イメージ」をもって対ソ敵対政策を進めていた頃、早くも同じような時代気候を感知していたということかもしれません。彼はインタビューでこうのべています。「この（冷戦の）情報については、誰から知らされたというわけではないんだが、われわれの非常な関心事であったことは事実だ。この問題については何とかして情報を取ろうとしたんです。米ソ関係がどうなっているのか、ということを何としても聞き出したいということでした」。

つまり岸は、「米ソ対立」がみずからの命運と完全に重なっていることを、このとき直感していたはずです。その証拠に、彼はこうもいっています。「冷戦の推移は巣鴨でのわれわれの唯一の頼みだった。これが悪くなってくれれば、首を絞められずに済むだろうと思った。したがって、米ソの推移は非常に関心が強かったですよ」。ずいぶん飾り気のない率直な言葉です。岸さんの本音が滲み出ています。書き手の〝配慮〟がどうしても働く自伝・回想録などとは違って、話し手と聞き手との間で即興的に生み出されるオーラル・ヒストリーの妙味は、実はこういうところにも現われるのです。

東京裁判にあたって東条英機ら二八人が起訴されたのは、敗戦から八カ月後の四六年四月でした。岸はこの第一次起訴を免れますが、続いて近々第二次起訴があるだろうと予想されるなか、こうして彼は米ソ冷戦の兆しを察知していたことになります。第二次起訴は、結局のところなかったのですが、岸さんはこれに関連して次のようにものべています。「結局極東裁判(東京裁判)への起訴も一回だけで二回目がなかったのは、米ソ冷戦のためですよ。米ソ冷戦がなかったら、アメリカは二回目、三回目の起訴までやったと思うんだ」。

岸信介が太平洋戦争の開戦・遂行にあれほど深大に関与しながら、なぜ不起訴・無罪放免になったのか。これはいまだ謎の部分が多いのですが、重大な理由の一つとして挙げるべきは、やはりアメリカの冷戦政策であったと思われます。

アメリカの「戦後」が対独戦後処理とともに対日戦後処理から始まったというのは、当然のことです。なぜなら、アメリカが日本と三年八カ月間の死闘の末に、その日本から無条件降伏を勝ち取ったとなれば、敗戦国日本を「再び米国の脅威とならざる」国にするための施策を徹底的に追求するのは(「降伏後に於ける米国の初期の対日方針」)、自然なことだったからです。ですから、「大日本帝国」改め「日本国」から「脅威」すなわち「侵略性」を脱色するための「非軍事化」と「民主化」は、アメリカ対日占領施策の最大眼目でした。これら二つを実現するために生まれたのが、日本国憲法なのです。

とはいえアメリカは、この「日本国憲法」をもって日本の「非軍事化」・「民主化」が磐石になったと確信するに至ったわけではありません。つまり対日占領が進んでも、アメリカにとって日本の「脅威」ないし「敵性」は、いまだ払拭されてはいませんでした。そうしたなか、新しい「脅威」がいよいよはっきりとその姿を現わしたのです。スターリン率いるソ連という「脅威」です。米ソ冷戦が単なるイメージとしてではなく、誰の目からみても「本物」であり、日に日に深刻化していったことは明白です。

「昨日の敵」を「今日の友」に

皮肉なのは、日本から「脅威」ないし「敵性」を払拭するための新憲法施行に前後して、すなわち一九四七年に入る頃から、冷戦が明らかに構造化していったということです。アメリカにとって「昨日の友」ソ連は、間違いなく「今日の敵」となったのです。こうなると、背に腹はかえられません。アメリカは「今日の敵」ソ連と闘うために、今度は「昨日の敵」日本を味方にする必要に迫られたのです。

「昨日の敵」を味方にする、という意味を考えてみましょう。アメリカが三年八カ月間かけて戦った相手、すなわち「昨日の敵」日本は、軍国主義の国であり、神権主義的天皇制の国でした。この軍国・天皇体制を支えてきたのが旧軍部であり、官僚であり、そして政治家でした。近衛文麿、東条英機、岸信介などは、アメリカにとってはまさに「昨日の敵」を代表する指導者たちといえましょう。だからこそアメリカは、戦勝後いち早くこれら旧支配層を東京裁判にかけようとしたのです。

しかし冷戦が胎動から本格化へと向かうなか、アメリカの「昨日の敵」日本に対する扱いは、徐々にしかも着実に変化をみせていきました。「昨日の敵」を味方に引き入れようとするアメリカは、それまで「不十分」とみていたその「非軍事化」・「民主化」には目をつぶって、今度は「対ソ防壁」(ロイヤル陸軍長官)としての日本に期待をかけるようになるのです。実は獄中の岸信介が起訴を免れて戦後日本の政治舞台に復帰できた最大の理由は、間違いなくこの「冷戦」だったのです。岸氏の先ほどの発言、すなわち「冷戦の推移は……唯一の頼みだった」という、その「唯一の頼み」は、彼の期待通りに「推移」していったといえましょう。

アメリカの「国益」追求

「冷戦の推移」を頼みにしていたのは、何も岸だけではありません。アメリカの「昨日の敵」であった旧指導層の多くは、「冷戦の推移」によって見事に蘇りました。吉田茂はこのことをアメリカの対日管理政策の「峻厳から寛大へ」の転換と表現しています(吉田茂『回想十年』第一巻、新潮社、一九五七年)。早い話、冷戦が「対日講和」へのアメリカのアプローチに強い影響を与えましたし、この冷戦が安保条約草案の作成に色濃く影を落としたことはいうまでもありません。

一九五一年一月、講和条約を準備するために来日したダレスは、交渉相手の吉田首相に向かってこういいました。「今日われわれは勝者の敗者に対する平和条約を作ろうとしているのではない。友邦として条約を考えている」(外交文書「平和条約の締結に関する調書」(西村調書)Ⅳ)。確かにダレスが、講和条約作成にあたって敗戦国日本に気を遣っていたことは、外交文書をみてもよく分かります。第一次大戦後連合国が敗戦国ドイツにとったあの冷酷非情な態度に比べれば、雲泥の差であることは確かです。

しかしこの「雲泥の差」は、まさに米ソ冷戦のなせる業でもあったわけです。冷戦が本格化する前、つまり日本に新憲法が生まれる頃までは、アメリカが日本に求めたのは、前述の通り、日本から「脅威」を除去することであったのに対して、眼前に「新しい敵」ソ連の巨姿が現われるや、つまり講和・安保両条約の準備に取りかかる頃には、アメリカが日本に求めるものは完全に変わっていたということです。

変わらないのは、「国家の安全」すなわち「国益」を最優先するアメリカの姿勢です。そして変わったのは、「国家の安全」を確保するその手段です。アメリカにとって同国の「安全」・「国益」は、「非軍事化」・「民主化」を盛り込んだ日本国憲法から、「対ソ防壁」を確保するための日米安保条約へとシフトすることによって組み直された、というにすぎません。

もっとも、日米安保条約がアメリカの一方的・独善的な欲求からのみ生まれたとみるのは誤りです。冷戦の深化とともに、とりわけ社会党右派を含めて日本の保守指導層は、内外共産主義から日本の安全を守るために、アメリカとの「特別協定」を望んだことが明らかになっているからです。

いずれにしても、岸が巣鴨から解放されたことと、こうした冷戦文脈との間には深い関係があったということです。アメリカが獄中の岸信介を含む旧指導層に期待したのは、激化する米ソ冷戦をともに闘うための「日本再建」です。つまりアメリカからすれば、「非戦・非武装」の「弱い日本」ではなく、「対ソ防壁」に一定の役割を果たす「強い日本《ストロング・ジャパン》」に仕立てる必要があったのです。一九五三年のことですが、米国副大統領リチャード・ニクソンが「戦力禁止の四六年憲法は誤りだった」とのべたことは、こうした背景のなかでこそ理解されるべきでしょう。

戦後日本の「国のかたち」は、やはりこの冷戦とそれに絡む日米安保体制なくしては考えられません。戦後日本と冷戦との間、そして冷戦と日米安保体制との間には、それぞれ抜き差しならぬ関係があったということです。しかも重要なのは、この関係がアメリカの占領下で固く結ばれたということです。ですから、日本がアメリカと「対等の協力者」になろうと切望しても、みずからに卓越した外交力がない限り、所詮は無理な話であったというわけです。

前記の通り、ダレスは日本を「友邦」として扱うといっていますが、それは、アメリカの意向に従う限りにおいて日本を「友邦」と認める、ということです。このことは、吉田・ダレス間でつくられた日米安保条約のでき具合をみれば明らかです。

ダレスは、「対等の協力者」同士の「相互防衛条約」を望む吉田に対して、日本が「自助および相互援助」の力をもっていないことを問題にします（一九四八年米国上院が採択したいわゆる「バンデンバーグ決議」は、「自助および相互援助」の力をもたない国との集団的取極めにアメリカは参加しないとしている）。つまりアメリカは、日本を一人前の国家として認め難いがために、安保条約を単なる「駐軍協定」にするよう主張し、これを押し通したのです。憲法九条によって「戦力」も「交戦権」も禁じられている日本にアメリカが自国軍を駐留させて、その日本を守ってあげよう、というのが五一年調印の安保条約でした。しかし、「日本を守る」アメリカの義務は、条約には明記されていないのです。

さらに、駐留米軍は「日本国の安全に寄与する」ためばかりでなく、「極東における国際の平和と安全の維持に寄与」するためにも在日基地を使用できるのです。日本はこの安保条約を調印する何時間か前に対日平和条約を結んで、確かに主権を回復し再び独立国家になりました。しかし、いくら冷戦を背景にアメリカの対日配慮があったとはいえ、日米安保条約は紛れもなく「不平等条約」として現われたのです。米軍の基地使用の細目を取り決めた行政協定は、安保条約の不平等性を具体的な形で示すものでした。冷戦文脈のなかで「峻厳から寛大へ」と転換したあのアメリカの対日政策は、安保条約・行政協定をみる限り、むしろ冷戦のゆえにこそ「峻厳からよ
り峻厳へ」と展開していったのです。

これについて岸さんは、インタビューでこういっています。「吉田さんがつくった安保条約では、日本がアメリカに占領されているようなものなんです。形式的には占領軍が撤退して、その

後改めてアメリカ軍がやってきて日本を占領している状況が旧安保条約なんです」。

A級戦犯容疑者岸信介は、確かに米ソ冷戦によってその命運が開かれました。そして岸信介は戦後政治の表舞台に返り咲きました。冷戦が生みの親といってもよい「戦後政治家」岸信介は、いわばこの冷戦から、共産勢力と闘うための政治課題を与えられ、この政治課題を解決するほどに権力の階段を上ることができたといえましょう。

岸 信介

保守合同を実現する

一九五五年のあの保守合同をみれば、このことがよく分かります。同じ年、社会主義勢力の結集すなわち日本社会党の統一が実現して、自民党と社会党の二大政党制の時代を迎えます。いわゆる「五五年体制」の出発です。以後この五五年体制は、細川護煕《もりひろ》が「非自民連立政権」をつくった一九九三年までの三八年間、延々と続きました。しかし、「二大政党制」とはいっても、この三八年間絶えることなく政権を握り続けたのは、自民党でした。そもそもこの自民党結成を主導した一人が岸信介だった、というわけです。岸は三木武吉《ぶきち》らとともに、「反吉田」勢力をまとめてまず日本民主党をつくり(一九五四年)、これを自由党と合併させて自民党誕生にもっていくのです。

岸が「保守合同」に向かった主たる理由は、こういうことです。すなわち、米ソ冷戦のなか、内外共産勢力に対抗できる「強力な保守」をつくって「独立の完成」を実現しようというわけです。この「独立の完成」とは、象徴的にいえば、占領下につくられた日本国憲法の改正です。それは、日本が陸海空の「戦力」をもち、なおかつ集団的自衛権を行使可能にすることなどを含みます。

岸にとって、このことは当然、国家国民の自立性を高め、アメリカの望む「強い日本」をつくることにつながります。「強い日本」になってはじめて日米安保条約もまた、「対等の協力者」同士の「相互防衛条約」になるというわけです。

岸さんはインタビューでこういいます。「日本が戦後長期にわたってアメリカに占領され、サンフランシスコ条約(対日平和条約)によってとにかくその政治的独立が回復されたけれども、各方面において日米不平等関係、つまり占領時代の一種のしこりみたいなものが残っていました。占領時代の日本人の間にいつの間にかつくられた心理的な負い目というか、アメリカに対して一目置いて物事を考えるというようなものを依然引きずっていました」。

あの占領時代に生まれた、アメリカに対する日本人の屈折した心理、いい換えれば、日本人のアメリカに対する依存心と反発心がないまぜになった心理、すなわち「占領時代の残滓」を払拭しなければならないということです。だからこそ、「保守合同」による「強力な保守」を基盤にして「占領下の憲法」を日本国民自身の手でつくり直し、改正憲法をテコにしてアメリカと「相互防衛条約」を結ぼう、というわけです。

岸さんは一九五七年二月首相に就任しますが、その数カ月後に臨んだ日米首脳会談に触れてこんなこともいっています。「他の国と違って日本にはアメリカが押し付けていった憲法がある。対等の関係で相互契約にするといっても、アメリカが危険に遭った場合、日本軍をアメリカ領土に出動させることはできない。そういう憲法をあなた方（アメリカ）がつくったんだから、といいました」。日本国憲法に不満を抱く岸の想いは、「戦力禁止の四六年憲法は誤りだった」、という前記ニクソン副大統領の見解と完全に軌を一にするものでした。

とまれ「保守合同」は、アメリカ側から高く評価されました。「保守合同」をアメリカが歓迎したということは、これを推進した中心人物すなわち岸信介が、同国からの強い信頼を得たということです。岸政権誕生一年半前の一九五五年八月、日米外相会談すなわち重光（葵《まもる》）・ダレス会談に同席した岸信介（日本民主党幹事長）が、折から進捗中の保守合同工作についてダレスに報告したところ、ダレスは次のように応じています。

「もし日本に強固な統一政府ができれば、われわれが支援を求められて何かをしようとする場合、われわれ自身、より一層行動しやすくなるだろう。われわれはある政府ないしある個人の政権維持に役立ついろいろなことをなすよう今日しばしば求められるのだが、こうした要求に応えることはなかなか難しい。日本側がみずからの政府を統合できるなら、われわれと手を携えてやっていくということは、いまよりはるかに容易になるだろう」(Memorandum of Conversation, August 29, 1955, First Meeting with Shigemitsu)。

「保守合同」をはじめとする岸の多彩な政治的パフォーマンスは、アメリカの期待に応えるものであり、そのことが「安保改定」をアメリカに了解させる原動力ともなるのです。

岸と吉田の溝

ただ、ここで考えておかなければならないことがあります。「冷戦の申し子」ともいうべき岸信介が、冷戦文脈のなかで「憲法改正」→「強い日本」→「独立の完成」を目指して事績を重ねたことは、確かにアメリカの冷戦政策に合致するものでした。

もちろん、この点では吉田茂の場合も岸と変わりはありません。いや、吉田こそアメリカの対日占領には、「負けっぷり」も鮮やかに従順でした。問題によってはＧＨＱに抵抗することもありましたが、基本的には吉田がその「反共」の立場から、アメリカの冷戦政策に寄り添って協力していったことは間違いありません。

岸と吉田とでは、日本の置かれた時代状況が違いますので、単純に論ずることはできませんが、それでも両者間には、思想的に相容れない溝がありました。吉田は天皇制を尊崇し、その「親英米」は戦前から戦後へと一貫しています。吉田が「日米開戦」に反対したのも、そして戦後は日米安保条約の「不平等性」にむしろ甘くなったのも(例えば、吉田は「極東条項」を何の抵抗もなく受け入れました）、これらが彼の「親英米」と無関係であったとはいえません。

一方岸信介は「日米開戦」を支持し、対米戦争そのものを指導し、そしてその責任に容疑をかけられて巣鴨プリズンにつながれました。獄中日記によりますと、幽囚岸信介は東京裁判を痛烈に批判しています。獄中の岸信介は米人看守からさまざまな虐待を受けました。岸のなかに「反米」感情が根づいていったとしても不思議ではありません。それでも彼は「米ソ冷戦」に導かれるかのようにして、戦後政治の荒野に放たれました。そのあとこうして「保守合同」を主導し、アメリカの期待に応えていったのです。

しかも岸にとって「保守合同」は、「反吉田」といいますか、「吉田的なるもの」への「反対」を意味するものでした。岸からすれば、吉田はマッカーサー対日占領政策のいわば請負人となって対米追従に走り、このアメリカ占領政策の延長線上で日米安保条約という名の不平等条約を結んだということです。この「吉田的なるもの」へのアンチ・テーゼが、すなわち「保守合同」でもあったのです。

岸さんはこの辺に関連してこういいます。「私が吉田さんに反対して、吉田さんに総理を辞めてもらうような運動を起こすことになったんです」「私が「反吉田」であったのも、吉田さんに個人的な恨みや反感があったからではなしに、日本の政治を粛清し、政治の新しい流れをつくるためにやったことだ」。もともと岸と吉田は縁続きの関係にありますが（岸の従兄弟の外交官吉田寛《かん》が吉田茂の長女桜子と結婚）、「大義親を滅す」ということでしょうか、岸は血族の関係を越えて吉田と闘ったというわけです。

適応の論理

いずれにしても、岸が「保守合同」を実現し、これをテコにして吉田の安保条約を改定にもっていったことは、それ自体、日米を対等の関係にしようという岸の並々ならぬ意欲を表わすものでした。しかしアメリカ側に一方的に有利であった旧安保条約を改定することは、当然のことながら、アメリカにとって愉快なはずはありません。アメリカからすれば、対日占領下で得た既得権すなわち基地を自由自在に使う権利を再確認したともいえる旧安保条約を変更しないに越したことはないのです。アメリカ軍部はもちろんのこと、国務長官ダレスも、旧条約についてはみずからこれを手がけたということもあって、「改定」には消極的でした。

しかし、条約の「不平等性」を白日のもとにさらした駐留米兵の暴力・殺人事件をはじめ各種の不祥事は、ときに日本の世論を激高させました。こうしたことは、安保条約いや日米安保体制そのものを揺るがすことになります。アメリカはこの時期、日本がアメリカから離れて中立化ないし共産化する可能性さえ意識するようになります。とりわけ駐日アメリカ大使館を中心に日本の「現場」を知るアメリカ外交筋の危機感は相当のものでした。

アメリカの「国益」至上主義が自問自答するのは、実はこのときです。旧条約の「不平等性」すなわちアメリカの既得権を守り通して、結局のところその既得権を手放す事態を迎えるのか、それとも岸の求める「安保改定」すなわち既得権を部分的に失っても、新条約をつくって日米体制を安定的に持続させるのか、そのどちらがアメリカの「国益」に資するかという問題です。アメリカの「国益」が後者を選んだことはいうまでもありません。外的条件の変化に対応しつつ「国益」を確保していくという、いわば「適応の論理」がアメリカ側に働いたといえましょう。

要するにアメリカは、米ソ冷戦を勝ち抜くために何を守り何を棄てるのか、を考えたということです。安保改定によって生まれた新安保条約は、結果として、アメリカからそれほど多くのものを奪ったとはいえません。なぜなら皮肉なことですが、岸が「安保改定」にあたって、「対ソ防壁」としての「強い日本」を整えることができなかったからです。つまり、憲法改正によって防衛体制を整えて「自助および相互援助」の力を獲得し、文字通りアメリカの既得権を削ぐであろう日米対等の「相互防衛条約」を結ぶことは、今回もできなかったのです。

具体的にいいましょう。例えば新安保条約第五条は、アメリカが日本を丸ごと守り、日本が在日米軍基地のみを守ると規定し、形式上は「双務性」を担保したものの、内実はアメリカの圧倒的な「片務」でした。第六条では、あたかも第五条の埋め合わせをするかのように、また(基地提供条項とともに)極東条項が設けられたのです。ちなみに岸は、安保改定の日米交渉が始まる前、「共同防衛」(第五条)以外で日本を戦争に巻き込むかもしれない「極東条項」を嫌って、その廃棄をアメリカに打診しています。しかしこの岸の意向は、アメリカ側から一蹴されます。

こうして岸の「安保改定」は、新条約にアメリカの「日本防衛義務」を明記したり、条約期限を設けるなど、それが「日米対等」に一歩前進したという意味では、ある一定の成果を得ました。しかし、「相互防衛条約」には到底及ばなかったという意味では、それが最初から予想されていたとはいえ、やはり岸にとっては物足りないものでした。

彼はインタビューでこうのべています。「日米対等の意味における真の相互防衛条約を、つまり双務的義務を日本が履行しようとすれば、いまの憲法は不適当であり、改正しなければならない」。岸信介にとって、何をするにしても、とりわけ日本が被占領体質から脱して「日米対等」の条約をつくるには、結局のところ「憲法改正」に行き着くというわけです。

独立と依存の狭間で

しかし、このように「日米対等」によって「独立の完成」を果たそうとする岸内閣時代、政権与党の自民党が、安全保障面だけでなく政治資金面においてもアメリカに頼らなければならなかった、というのは事実です。二〇〇六年七月国務省が作成した文書によりますと、一九五八年から六八年の一〇年間に、アメリカ政府は日本に関する「四つの秘密計画」を承認しています（*FRUS*, 1964-1968, Vol. XXIX, Part2, Japan）。これら「四つの秘密計画」が、どれも日本政治の命運を左右する重大計画であったことを国務省は認めています。

その一つが、岸政権時代のものです。野党とのいわゆる「話し合い解散」による総選挙（一九五八年五月）に関連して、自民党の複数の親米派有力議員に対するＣＩＡの資金援助をアイゼンハワー大統領が承認したのです。それは、「左翼政治勢力が選挙で勝利を収めれば、日本が中立主義を強め、結局は左翼政権が生まれるかもしれない」(*Ibid.*)という「危機感」が、アメリカ側にあったからです。この種のＣＩＡ秘密資金は、池田政権時にも自民党に流されます。

米ソ冷戦のなか日本の共産化に対するアメリカの「危機感」は、親米勢力すなわち自民党への期待と表裏しています。自民党に対するアメリカの期待と、アメリカに対する自民党の依存体質は、まるで水魚の交わりのごとく、見事に交錯しています。安全保障における日本の対米依存と、政治資金面での対米依存が不可分なまでに一体化していることは、事実として認めなければなりません。

しかし日本政治の外国への依存体質は、あの米ソ冷戦のなか、何も保守勢力だけのものではありません。日本の反米的社会主義勢力もまた、保守勢力と同じく、外国とりわけソ連・中国に依存していたことは否定できません。ソ連・中国は、それぞれ日本国内に設けた「友好商社」なるものを通じて商品(ソ連は木材など、中国は漆など)を輸出し、利益の一〇％程度を社会党に還流させたり、岸の「安保改定」を阻止するために、例えば中国は外国銀行を経由して日本の「親中国」諸団体・個人に送金していました(原彬久『戦後史のなかの日本社会党』中公新書、二〇〇〇年)。

アメリカとソ連・中国は、日本の保守勢力と社会主義勢力にそれぞれ資金援助をして、自国に彼らを依存させつつ「国益」を追求していました。「依存」の対語すなわち「独立」に誰よりも強くこだわった岸信介も、内外共産勢力との闘いに打ち勝つためには、ほかならぬその「独立」

のためにアメリカに依存するという、ある種の自己矛盾に陥ることにもなるのです。

西ドイツのアデナウワー首相が、冷戦時代これまたソ連と対決するために、ＣＩＡ資金をアメリカ側に要求したという事実があります（春名幹男『秘密のファイル』共同通信社、二〇〇〇年）。このことは、米ソ冷戦という名の魔物が、日本政治のみならず、いかに世界の中小諸国を大国に従属・依存させたか、そしてこれら中小諸国がみずからの「独立」とこの大国への「依存」の狭間でいかに揺れ動いたか、を示しています。

インタビューにおける岸さんの次の言葉は、以上の文脈の出発点でもあり帰結点でもあるように思えます。「特に日本はね。選挙でたくさんのカネがかかる。国会が国権の最高機関である以上、政治的な仕事をするには、まず国会に出なければならない。人格的な偉さとか人間的な優秀さ以外に、現実の問題としては、カネがなければどんな立派な人でも国会議員には当選できない。しかし、政治的な権力を得るためにカネというものが必要だということになると、いろいろな弊害も出てくるし、あまた忌《い》まわしいことも生まれてくる。そうかといって、いくらそれが忌まわしいといっても、それが現実であるということは認めざるを得ない」。

冷戦から生まれ冷戦とともに死す

ここでいま一度確認しておきたいのですが、アメリカは政治家岸信介を確かに信頼していました。そして岸信介を「反共の闘士」として冷戦をともに闘う盟友と考えていました。いや、この

「盟友」という表現は、少し正確性に欠けるかもしれません。率直にいえば、アメリカの本意は、同国の「国益」に資する日本であり岸であって欲しい、ということです。もっとはっきりいえば、日本がアメリカの「国益」に従属しつつアメリカの負担(納税者の負担)を最小限にしてくれる存在であることは、一貫してアメリカの望みでした。

アメリカが憲法改正に期待し「強い日本」を望んだその本心は、日本ができるだけ自力で「対ソ防壁」を築いて、その分アメリカの負担を減らしつつアメリカへの依存を続けることにあったのです。つまりこの程度の「強い日本」が望ましいのです。日本の自衛力がある一定レベルを越えて「強すぎる日本」になれば、日本の対米依存は弱まり、したがって、少なくともアメリカの「国益」に従属する日本ではなくなります。これこそ、アメリカの悪夢だった、いやいまでも悪夢である、といえましょう。

「強すぎる日本」とは、端的にいえば、「核保有国日本」です。日本が核保有すれば、アメリカが対日占領のなかで抱き続けた「日本の脅威」が再び頭をもたげてくるでしょう。いまさらアメリカは日本に脅威をもつのだろうか、と読者は思うかもしれませんが、「強すぎる日本」は、あの「昨日の敵」日本をアメリカに思い起こさせるのです。戦後久しく「同盟国」であった日本に、アメリカが心の底のどこかである種の疑念といいますか、警戒心ともいうべきものをもっていることは、アメリカ外交文書をみれば分かります。

巣鴨プリズンにあって「反米」を募らせた岸信介は、米ソ冷戦の出現とともにアメリカに接近して「親米」化していきます。一方、戦後いち早く日米戦争の敵方岸信介を戦犯容疑者として収監したアメリカは、これまた米ソ冷戦の進捗とともに岸を抱き込んで利用していきます。

日本が戦後数十年間、米ソ冷戦の時代文脈から脱しえなかったように、「戦後政治家」岸信介もまた、冷戦の時代文脈を抜きにして語ることはできません。岸がこの世を去ったのは、一九八七年八月でした。時すでに、米ソ冷戦崩壊の胎動が始まっていました。ソ連「民主化」の指導者M・ゴルバチョフ（共産党書記長）がワシントンを訪問してアメリカ国民から熱い歓迎を受けたのは、岸信介死去の四カ月後、すなわち八七年一二月です。

それから二年後、地中海に浮かぶマルタ島でG・H・W・ブッシュ（米国大統領）とゴルバチョフ（ソ連最高会議幹部会議長）は、「冷戦終結」を高らかに宣言するのです。「戦後政治家」岸信介は冷戦から生まれ、そして冷戦とともに死す、ということでしょうか。

第三章　保守政治家たちとその証言

一　宰相の舞台裏――中村長芳、そして矢次一夫

権力への階段を伴走する

政治家とりわけ最高権力者ともなりますと、その脇には多くのブレーン、秘書、そして取り巻きがいるものです。彼らの動きは、それが表立ってよくみえることもありますが、しかし大抵の場合は、権力者の陰に隠れて全くみえないのです。日本の政治は、戦後の民主化が進むにつれて、確かに少しずつ透明化されてきました。政治家のなかでも、最高意思決定者すなわち総理の「決定」過程に関する情報は、少なくとも建前としては、それが国益に重大な損傷をもたらさない限り、主権者の国民に同時的ないしは一定期間を経て提供されるはずです。

ついでにいえば、情報開示が進めば進むほど、政治学という学問も進歩していきます。政治家がどのように歴史を動かしていくか、そして政治がいかに歴史とかかわっているのかといった問題、つまり政治家の意思決定とそれを取り巻く巨大な政治過程のダイナミクスに関する情報が、

政治学研究の素材として活用されていけば、政治学がそれだけ発達するのは理の当然です。独裁国家に御用政治学はあっても、社会科学としての政治学が無きに等しいのは、民主主義と政治学発展の不可分の関係を逆の方向から照射しているといえましょう。

さて今日の日本をみれば、まだまだ不十分とはいえ、ある一定レベルで情報開示のシステムが機能していることは確かです。しかし、いまから半世紀前の岸政権の時代ともなりますと、当時は「情報開示」という用語さえもあまり聞かれませんでした。その前の吉田内閣のときには、国民は旧安保条約の内容を日米両国による調印後初めて知ったというありさまです。

ですから、吉田が退陣して二年数カ月後に生まれた岸内閣にあって、そもそも同内閣の政策決定や政治過程にかかわる情報が同時的に国民に伝えられるということは、新聞などのニュース報道による以外は難しかったように思います。総理大臣すなわち最高政策決定者に関する情報にしてこんな状態ですから、いわんやその舞台裏での側近・秘書あるいは取り巻きといわれる人びとの行動など知る由もありません。

もちろん政治の裏方に関する情報が、今日においても外部からなかなかうかがい知ることができないのは当然です。しかしそうはいっても、私たちの目に触れないところで動いている側近・秘書たちが、最高権力者の立ち居振る舞いはもちろん、彼の決断・行動とそれをめぐる精神活動などを誰よりも近いところでみているのは、事実です。

しかも場合によっては、最高権力者の意思決定に何らかの形で影響を与えているということは、大いに考えられます。また彼ら自身が政治資金の調達、利権の調整から、権力闘争への介在に至るまで、あるいはボスの片腕として、いやときには側近・秘書の立場を越えてまで豪腕を発揮するというケースもあります。私がインタビューをお願いした中村長芳という人物もまた、その一人かもしれません。彼は、政治家岸信介の側近・秘書としてその職分を最も多彩に、しかも最も際どい形で実践してみせた人士であった、といってよいでしょう。

中村長芳オーラル・ヒストリーは、一九八二年の八月から九月にかけて行なわれました。岸信介オーラル・ヒストリーを終えて間もなくのことでした。中村さんの希望で、インタビューの場所は岸事務所、それも岸さんの例の個室でした。ボスの留守中に堂々とその個室を使うというあたりが、いかにも中村さんらしい〝個性〟を表わしているようにもみえました。

中村長芳

それはともかく、中村インタビューが実現したそのきっかけは、意外なものでした。岸オーラル・ヒストリーの後半に入った頃でしたが、岸さんにお会いする時間に合わせていつものように事務所の控えコーナーに待機していますと、いつの間にか、杖をもった初老の紳士が私の前に立っておられました。以前から何となく気になっていた人物です。事務所の広いオープンスペースにある長大なテーブル、そのテーブルの向こう側にいつも杖を膝に挟むようにしてじっと座っている人がいるのです。窓から差し込む逆光のため、そのシルエットは杳《よう》としてつかめず、少々謎めいてみえたものです。

その人物が、いま私の目の前にいるのです。彼は独り言のようにこう切り出しました。「私は三〇年来岸の側《そば》にいますが、岸がインタビューにこれほど長時間にわたってつきあうなんて、あなたが初めてじゃないかなあ。こんなことは恐らく初めてです」。そして次の瞬間、私の顔を不思議そうにじっと覗き込むのです。あの岸信介を長時間質問攻めにしているこの四〇歳そこそこの若造は、一体何者なのだ、とあるいは思っていたのかもしれません。

でも更なる瞬間が、意味深長なのです。彼はこんなことを呟きます。「何なら私がインタビューに応じてもいいですよ。岸には自分から語れないこともあるだろうからね」。これには驚きました。インタビューは当方の必要があって相手側に申し込むものだと思い込んでいた私には、そのインタビューを相手側から申し出られるということは予想外でした。しかしあの「中村長芳」ということになれば、話は別です。岸政治のブラック・ボックスのなかを抜群の行動力で動き回った人物が中村長芳氏です。中村さんが何をどれだけ話してくれるか、全く想像もつきませんでしたが、彼が最高意思決定者の舞台裏で重い役割を演じていたことは間違いないのですから、やはりヒアリングの価値は十分あるだろう、というのが私の判断でした。

何はともあれ、眼前のこの人物が知る人ぞ知る中村長芳氏であることを、私はこのとき初めて知ったのです。そしていまや彼が病を得て仕事の第一線を退いていることも分かりました。しかしそれにしても、私が岸事務所を訪ねるごとに、この人物はいつも窓際の隅におられる。現役から身を引いても、かなり足繁くこの岸事務所に通っていることは、想像に難くありません。長年岸信介氏に仕えたその現場の空気をいま一度確かめるかのように、いつも同じ場所でそして同じ佇《たたず》まいで、しかし視線だけは、何を追うともなく、ただ空《くう》を彷徨《さまよ》っているような風情でした。

中村長芳は一九二四(大正一三)年、岸信介と同じ山口県に生まれました。岸の女婿安倍晋太郎とは山口中学の同級生です。大学卒業後銀行に就職しますが、間もなく郷里に帰って、岸の日本再建連盟の活動に参加します。日本再建連盟とは、巣鴨プリズンから解放された岸が、一九五二年四月公職追放を解除されてすぐさま立ち上げた国民運動の推進母体です。岸は、三好英之、有馬英治ら同志とともに大衆の意識を草の根から掘り起こして日本再建の一大国民運動にしようとしたのです。しかし、リーダーである岸の思惑に反して、他の同志たちは国会進出を急ぐあまり直近の総選挙(一九五二年一〇月)に次々と出馬します。結果は惨敗でした。

この総選挙の五カ月後(一九五三年三月)、いわゆる「バカヤロー解散」(吉田首相が国会答弁中に「バカヤロー」と呟き、それがきっかけで衆議院が解散された)が行なわれます。折しもヨーロッパ視察中の岸は、ときの政権党(自由党)幹事長にして実弟の佐藤栄作から急遽呼び戻され、佐藤と同じ選挙区(山口二区)から総選挙に立候補することになるのです。岸の初当選と同時に中村は議員秘書に抜擢され、岸が権力の階段を上るにつれ、中村もまたボスの力をみずからの力としつつその本領を発揮していくのです。

「戦後政治家」岸信介が、権力の頂点すなわち「総理」に上り詰めるまでのプロセスで、最も重要なステップがあの「保守合同」であったということは、前章でのべた通りですが、岸の「保守合同」が同時に中村のキャリアを決定的に押し上げていったことは確かです。事実、岸が吉田の自由党から飛び出て、改進党や鳩山一郎グループなどとともに日本民主党をつくって幹事長になると、中村は幹事長秘書に引き上げられます。岸が次に総保守結集体としての自由民主党を結成して再び幹事長になるや、弱冠三一歳にして中村もまた、大政党自民党の幹事長秘書に就くのです。

岸、石橋に敗れる

ところで、岸が総理になるについては、かなり運命的な経緯があります。「保守合同」実現の翌年(一九五六年)一二月、岸は、鳩山内閣総辞職を受けて行なわれた自民党総裁選挙に敗れます。この選挙では、岸の他に石橋(湛山)と石井(光次郎《みつじろう》)が立候補しました。第一回投票で一位になった岸は、しかし二位石橋との決選投票で、石橋・石井間の「密約」すなわち「二、三位連合」(決選投票になった場合、第一回投票の二位の者は三位の票をすべて獲得するという密約)にわずか七票差で負けるのです。

岸の「黒幕」といわれた矢次一夫氏(国策研究会代表常任理事)は、私とのインタビューでこうのべています。「石橋の勝利は、石田博英《ひろひで》の際立った辣腕のためです。あれほど有能に働いた人間もいないだろう。同時に岸の敗因の一つは、自陣営のある政治家の票の読み違いです。名前はいえないが、この政治家の誤算はかなり決定的であり、その後彼は政治的には浮かばれなかった」。岸陣営には最初から「石橋に必ず勝てる」という楽観ムードがあったようです。中村さんはこう回想します。「あの日(投票日)、僕は南平台(岸邸)から大手町の産経ホール(投票会場)へと車で岸と二人きりで乗り込んだ。車中、今日は総裁選に勝ったあと三木武吉さんと三好英之さんの墓参りをして帰ろう、と話していたんです。そりゃ、絶対に勝つという自信をもっていたですよ」。

文字通り公選としては自民党初のこの総裁選は、後に何回となく行なわれる総裁公選の、いわば雛形《ひながた》を計らずもつくったという意味では重要です。矢次さんはこうもいいます。「あの選挙では、大臣ポストの手形濫発はもちろんあったし、多額のカネも動いた。総裁選で多くのカネが動いたのは、あのときからだ。勢いのある政治家にカネが集まるのは、当たり前の話だ」。

それにしても、総裁選に勝利した石橋は、不幸なことに、最初の仕事である組閣工作につまずきます。石橋は組閣にあたって「二、三位連合」の石井を副首相格で入閣させることに執着したからです。岸は総裁選の論功行賞、すなわち石橋・石井間の「密約」で「石井入閣」となるなら、自分は一切新内閣に協力せずとして、入閣を拒みます。結局のところ、石橋は岸の意見を入れ、「石井入閣」を断念することになるのです。

実はこのとき、岸陣営内では「岸入閣は是か非か」をめぐって、喧々諤々《けんけんがくがく》の激論がありました。中村さんはこの辺の事情をこうのべています。「岸が外務大臣に入閣するとき、入閣すべきか否かでひと悶着あったんです、非常に。(総裁選挙の)投票の内訳は、わが方が優位に衆参両院議員を握ったのに、代議員(各都道府県支部連合会から二名ずつ選出された大会代議員)をごっそりもっていかれて、(しかも)「二、三位連合」のため七票差で負けた。こうなれば、二年後の総裁選挙に雪辱を期すべきだ、と。だから河野一郎、佐藤栄作、川島正次郎ら全員が(「岸入閣」に)反対でした。私はね、ナンだな、極端にいうと(「岸入閣」支持は)僕一人だったかもしれんな。「絶対に入閣を」と岸に進言しました」「岸がね、あのとき外務大臣として入閣しなかったら、石井光次郎が入閣して、(次は)石井内閣でしたよ」。

確かに、運命の分かれ道はここにあったといえます。一〇日間にわたる組閣工作に疲れ果てたためか、それとも寒風のなか首相就任祝賀パーティが重なって無理をしたためか、七二歳の石橋は病に倒れ、あっという間に退陣に追い込まれます。翌年二月二二日に医師団から出された「結論」、すなわち「約二カ月の静養加療を要する」をめぐって、石橋の側近石田博英氏は、インタビューで私の質問にこう答えます。「一カ月位で回復するなら頑張るが、二カ月以上の静養という診断なら、総辞職しようと考えていた」「石橋さんに(医師団の「結論」を)報告して、「残念です」と僕がいったら、石橋さんは「運命だよ」、そういって逆に慰められたよ」。

かくして副首相格の外相岸信介が「首相代理」に、そして「首相代理」から「首相」へと昇格していくその道筋に党内からそれほどの抵抗がなかったのは、あの総裁選挙の激しさを考えると、不思議なほどでした。「政治は運がものをいう」。これが岸さんの持論ですが、代議士に初当選してわずか三年一〇カ月、「総理」がこれほど早く自分に転がり込んでくるとは、彼自身にとっても全く想定外のことだったに相違ありません。石橋の「運命」は、岸の「運命」でもあったのです。

「絶対に入閣を」とボスに進言したためかどうかはともかく、中村は石橋内閣の外務大臣秘書官になります。そしてボスが「運命の分かれ道」の一方を選んでその道なりに進むや、瞬く間に総理の椅子につき、それとともに中村もまた総理秘書官になるというわけです。

「五・一九採決」

中村インタビューのなかで最も印象深い証言の一つは、安保改定の政治過程におけるいわゆる「五・一九採決」以後の騒動に関連するものです。「五・一九採決」とは、岸がアメリカと結んだ新安保条約案を一九六〇年五月一九日深夜、自民党が単独で強行採決したことを指します。

本来民主主義の政治においては条約案、予算案、その他各種法案の国会審議は、あらゆる政治的営為のなかでもその中心にあるべきものです。国会での与野党攻防によってどのような法案が成立するかは、日本国民の生活のあり方を左右し、戦争と平和の問題にこのうえなく重い意味をもつからです。

しかし、日本の国会が議会制民主主義の道を正しく踏んでいるのかどうかとなると、必ずしも確たる答えは出てきません。法案の内容の本質は何なのか、そしてその法案が国家国民にとってどういう意味をもつのか、といった問題を論理を尽くして議論するというよりも、日本の議会は、法案を通すか通さざるかの二者択一の政争に終始する傾きをもっています。このことは、自民党・社会党対決の「五五年体制」下ではとくに顕著でした。世界の「反共・親米・資本主義」陣営に与《くみ》する自民党と、「反米・親中ソ・社会主義」陣営を支持する社会党との対立は、体制対反体制の性格をもっていました。それだけに、政治の要諦である「妥協」の論理は働かず、勢い法案の内容を議論するよりも、あの「二者択一」のために闘う、つまり国会運営のための行動戦術に矮小化《わいしょうか》されていくのです。

「安保改定」をめぐる国会の与野党攻防も、まさにそうでした。新安保条約の国会審議は、旧安保条約の審議に比べれば、その中身が充実していたことは確かです。しかし条約案の国会審議は、結局のところ、この条約案を丸ごと通すか、「審議未了」にするかをめぐる国会運営の問題に帰着します。通常国会の会期末までに政府・自民党がこれを通過させるのか、それとも少数派の社会党勢力が、会期末を越えるその日まで採決を引き延ばして「新条約通過」阻止に追い込むのか、その一点をめぐって与野党が闘うのです。

一九六〇年の「五・一九採決」は、この「一点」のすべてを物語っています。会期末の「五月二六日」から逆算して、参議院での「自然承認」に必要な「三〇日間」を差し引くと、「四月二六日」までに新条約の衆議院通過が必須になります。四月二六日を過ぎた段階で、岸首相に残された選択肢は大きく制約されるというわけです。

つまり岸首相は、みずからの政治生命を賭けた「新条約成立」に向けて、次のような条件をクリアしなければなりません。第一に「五月二六日」の会期末までに「会期延長」の承認を得ること、第二に新条約案を会期末までに衆議院で採決・通過させるとしても、以後参議院に送付して、少なくとも「自然承認」のための「三〇日間」を確保すること、第三に一月にワシントンで日米首脳が約束した「アイク（「アイゼンハワー」の愛称）訪日」（六月一九日）の前に新条約の成立を果たしておきたいこと、であります。

これらの条件を実現するために、やがて岸の脳裏に「自民党単独強行採決」がよぎったとしても、不思議ではありません。岸は回顧録でこう証言しています。「政府与党が（新条約の）批准を断念する以外に社会党が納得する方法がないとすれば、もはや問答無用というのが偽らざる気持ちだった」（岸信介『岸信介回顧録』廣済堂出版、一九八三年）。

事実、政府自民党は五月一九日深夜から二〇日未明にかけて五〇日間の「会期延長」と新条約案の単独採決へと急進します。この「五・一九採決」によって、上記三条件のうち第一と第二については、多少の時間的余裕をもってこれをクリアできます。ただ「五・一九採決」は、第三の条件、すなわち「アイク訪日」の六月一九日以前に新条約案を成立させるという条件をクリアするためにはギリギリの限界点ではありました。

それにしても、この「五・一九採決」が、岸政権の「安保改定」をめぐる政治過程をそれまでとは全く異なった局面に引き込んでいったことは事実です。それまで、どちらかといえば低調に喘《あえ》いでいたあの「反安保」大衆闘争が、戦後最大の政治騒動へと転換していく最大のきっかけが、この「五・一九採決」であったからです。大衆闘争を指導した総評事務局長岩井章氏は、私とのインタビューでこう述懐します。「(「五・一九採決」は)安保改定そのものの危険性だけではなくて、民主主義の危機を国民に訴える絶好機となったし、そのことが闘争の幅を飛躍的に広げた。あのあと非常に沢山人間が集まるわけですから」。

確かに「五・一九採決」から参議院の「自然承認」(六月一九日)に至る一カ月間というもの、それまでの「反安保」に加えて、「反岸」さらには「アイク訪日阻止」が院外大衆闘争のスローガンとなります。街頭デモに繰り出す人びとも労働者だけではなく、高校生や農民など国民各層へと広がり、参加人数も急速に拡大します。五月二六日の大衆デモには五四万人(警察庁調べ)が参加し、六月四日には戦後最大級の交通ゼネスト(「六・四闘争」)があり、六月一〇日にはいわゆる「ハガチー事件」(米大統領新聞係秘書J・C・ハガチーが羽田から米大使館に移動する際、デモ隊に行く手を阻まれた事件)が起きます。

「アイク訪日中止」――総理の懊悩《おうのう》

そして六月一五日、すなわち「自然承認」の四日前、岸政権にとって致命的な惨事が発生します。いわゆる「樺《かんば》事件」です。国会構内に乱入した学生デモ隊のなかで女子学生樺美智子が圧死したのです。ついに岸首相は、翌日の閣議で「アイク訪日中止」を表明します。「五・一九採決」以後、新条約「自然承認」とともに「アイク訪日」を自身の死活的政治課題としてきた岸にとって、当時沖縄まで来ていた米大統領を日本本土に迎えることの叶わない事態は、深刻です。彼は「退陣」の決意を密かに胸中に潜めつつ、最後の目標である新条約「自然承認」をひたすら待つことになるのです。「五・一九採決」後の危機的状況の原因が「警察力の脆弱さ」にあるとみていた岸首相が、「自衛隊出動」の可能性を模索していたのも、実は「五・一九採決」からこの一カ月間のことでした。

極度に緊張した当時の政治情勢について、中村さんは次のように語ります。「六月一九日の夜一二時の新条約成立までは、じっと我慢していた。一方で「アイク訪日」を実現させなければいかん。アイクはフィリピンから沖縄に来ているし、岸本人は非常に悩んでいたんです。あの頃（ハガチー事件）あたりまでは、楽観的だったんですがね。樺美智子が死んだあと、夜明けの三時まで岸と二人で激論したんです。私は主戦論でした。絶対に（大統領を）呼ぶべきだと。いかなることがあってもね」。しかし、岸首相は中村の強硬論を斥けます。中村さんによれば、「岸総理はそれ（中村の強硬論）を用いてくれなかった。天皇の例を出されて……」。

中村さんは続けます。「岸はこういいましたよ。「アイゼンハワーは軍人だ。弾丸のなかをかいくぐってきた生粋の軍人だ。だけど、天皇陛下はそうじゃない」とね。外国の元首が来日すれば、天皇は羽田まで迎えにいかなくてはならない。いまみたいにヘリコプターでヒョイッと（外国元首を）迎賓館まで連れてくるというふうにはなっていなかったんだから」。みずからの主戦論が、あくまで「政権維持」のためだった、と中村さん自身も認めています。しかし、首相の「アイク訪日中止」に決定的影響を与えたのは、「天皇」でした。中村さんはいいます。「陛下の御身に万が一のことがあれば、という総理の危機感でした」。

「五・一九採決」以後、天皇周辺がいろいろなパイプを使って政権側に「アイク訪日中止」を働きかけたということは十分考えられます。岸さんも中村さんも、宮内庁側から「圧力」があったかどうかについては、これをキッパリ否定していました。しかし、「アイク訪日」について総理の分身として対米折衝に当たっていた福田赳夫さん(農相)が、後述(本章第三節)のごとく私の質問に対して否定も肯定もしなかったのは、大変印象深いことでした。いずれにしても、「アイク訪日中止」というこのうえなく重大な総理の意思決定が各種の「圧力」にさらされたことは事実ですし、そのなかで樺事件が最も直接的かつ決定的に影響を与えたことも、これまた事実であったといえましょう。

総評事務局長との密談

戦後史七〇年のなかでこれほどまでに大規模かつ継続的に政治闘争が沸騰したというのは、後にも先にもこの「安保闘争」を措いて他にありません。「五・一九採決」後のこうした騒乱状態といいますか、ある意味では「革命前夜」のような状況のなかで、首相秘書官中村長芳がある行動に打って出たことは、安保闘争の裏面史としても興味深いものです。

彼は、政権側の最大の敵、すなわち院外大衆闘争の中心組織である総評の事務局長岩井章と接触しているのです。総評は、いわずと知れた労働組合のナショナル・センターです。当時その組織人員はざっと四五〇万人、社会党とりわけその左派勢力に強い影響力をもっていました。

中村さんはインタビューで、「当時の総評事務局長が赤坂の料亭に来るとは夢にも思えないことだ」といいつつも、こう振り返ります。「(岩井氏とは)夜な夜な赤坂の料亭で会った。戦《いくさ》だからね。敵同士互いに腹の探り合いをするのは、戦の常道だ。仲介に入った人はいます。自民党の政治家でいまも現役です。全部で岩井とは四、五回会った。情報交換です。ズロースを脱いだ話(本音の話)まではしなかった」。

目の前の中村さんは、こうもいいます。「例えば岩井は、『自分は共産主義者ではない。共産主義を制する第一人者は自分だ』という信念をもっていた。岩井と私は『この騒ぎは革命ではない』ということで一致していた。自衛隊を使うかどうかを考えていた頃だったしね」。

これはきわめて重要なポイントです。岩井が共産主義者であろうとなかろうと、内外の共産勢力から政治的な影響を受けていたことは間違いないでしょう。しかし問題は、この騒乱状況を「革命」と定義するかしないか、です。また、「革命」と定義しないまでも、岩井らが当時の状況を「革命」へともっていくつもりなのかどうか、これが政権側の最大関心事であったのは、当然です。もし敵陣営が、とりわけ日本共産党とその周辺が本気で「革命」を志向するなら、国家権力を預かる政権側の対応は、全く次元の異なるものになっていたでしょう。

ですから、中村さんの次のような証言は、こうした背景のなかでこそ理解されるべきです。「私が一番関心をもったのは、警察機動隊ではとても(あの騒乱状態を)もちこたえることができないのではないか、そうであれば、防衛庁がすべきだ、自衛隊がね。そういう話は随分あった。自衛隊を用いる用いないの判断は、われわれがしないで誰がしますか。そういう意味からすると、彼ら(敵陣営)がどこまで建前できているのか、どこまで本音できているのか、わが方はそこが一番知りたかったんだ」。

前記の通り、岸首相が内閣総辞職を決意したのは、樺美智子事件のときです。つまり同事件が起きたことによって「アイク訪日」を断念せざるをえなくなり、かくて「米国元首訪日」の国際公約を守りえなかった責任をとって総理を辞すること、しかし新安保条約の成立・批准までは万難を排して現職に留まること、以上が政治家岸信介最後の、しかも苦渋の決断となったのです。

「池田後継」をめぐって

岸首相は、待ちに待った「自然承認」をついに迎えます。六月一九日深夜一二時、何万人もの群衆が取り囲む首相官邸のなかで、彼は悲願の「新条約成立」を、手にしたブランデーとともにその胃袋に飲み込むことができたのです。そして四日後(六月二三日)、彼は閣議で「総辞職」を表明するや、ただちに後継総裁すなわち次期首相の選考に動きます。三週間後の総裁選挙(七月一四日)では、池田勇人が石井光次郎、藤山愛一郎を抑えて勝利します。「安保改定」をつねに覆っていた「次期首相」問題はようやくここに落着するのです。

注目すべきは、自身の「退陣表明」から「次期首相」決定の瞬間まで、本来「死に体」であるはずの岸が、後継者選考の主導権を終始握っていたということです。どんな職位にあっても、公職にある者にとってはその辞め方が重要です。一国の総理ともなれば、舞台を降りるその降り方の重大性は、いまさらいうまでもないことです。その点岸総理の「退陣」は八方塞がり、四面楚歌のなかで他力によって追い詰められた結果です。たとえ宿願の新条約成立・批准を実現させたとしても、です。だから、その辞め方からして文字通り政治的影響力を失った岸は、驚くことに、むしろ「次期総裁選」を逆手にとってみずからの権力を誇示するという行動に出るのです。

ここで、この選考過程に入る前段の話をしなければなりません。それは、岸が「五・一九採決」を機に「池田後継」をほぼ固めていたということに関連します。当時自民党内には、八個の派閥(岸、佐藤、大野、河野、池田、石井、三木・松村、石橋の各派閥)がありました。これら「八個師団」のうち、岸内閣時を通して終始一貫政権を支えたのは、岸派と佐藤派のみであり、これを「主流核」といってよいでしょう。また反対に終始徹底して政権側と対立したのは、三木・松村派と石橋派でした。これを「反主流核」といっておきましょう。

残りの大野派、河野派、池田派、石井派は状況によって態度を変える、いわば「日和見派」とでもいうべきものです。これら日和見派は、あえて単純化していえば、「次期政権」が近づいてきたか遠のいたか、いい換えると、岸が「次期政権」絡みで自分をどう遇するかによって政権への協力度(あるいは非協力度)が変わるというわけです。
岸の「安保改定」に対する政策次元の態度ではなくて、「次期政権」を獲るか獲らざるかの単なる権力闘争に矮小化されて派閥領袖(したがって派閥)の行動が決められていくのです。一国の外交に責任をもつべき政権与党が政策のための権力闘争よりも、むしろ権力闘争のために政策をその手段にしてしまうという傾向は、やはり歴史の事実として認めざるをえません。

岸が池田をある時点から密かに自身の「後継者」と定めていたのは、第一義的には、彼が池田の政策・思想に共鳴していたためではありません。もちろん池田の政治家としての実績、人物識見について岸がそれなりに評価していたことは確かです。しかし、何といっても岸が「池田後継」を胸中に収めた決定的理由は、岸がみずからの「安保改定」で党内協力を最も必要としていたとき、池田が曲がりなりにもこれに呼応してくれたことにあります。

池田が前年六月の岸政権最後の内閣・党人事で入閣したことは、やはり政治家池田勇人にとっては運命の分かれ道でした。この組閣で「河野入閣」を期待した岸の意に反して、もともと「幹事長」を狙っていた河野一郎が入閣を拒否、今度は河野のライバル池田が入れ替わって岸からの「入閣」要請を受け入れるのです。その半年前すなわち一九五八年一二月、いわゆる「警職法」の扱いをめぐって、さらには次の総裁公選の時期をめぐって岸と激しく対立して三木武夫(経企庁長官)・灘尾弘吉(文相)とともに国務相の辞表を叩きつけたのが、誰あろう、池田です。その池田が格別の大義名分もなく、それからまさに半年で再び内閣に戻るというこの「不可思議」は、日本の政治では決して「不可思議」ではないのです。

実はこの数日前、矢次一夫は、池田と会って「入閣」を説得しています。矢次さんはインタビューでこう証言しています。「組閣の三、四日前、ある料亭で池田に説いたんです。池田は「矢次君、俺と付き合うなら岸と手を切れ」という。池田は岸が嫌いなんだ。性格的にも合わないのだが、もう一つは、戦前の人間がノコノコいまさら出てくるのはけしからん、というわけだ。そこで私は「池田君、いまの君は関ヶ原の(戦い)前の家康だ。岸は秀吉だ。君に勝ち目はない」といって、岸の腰を抱くよう諭した」。まさに浪花節です。

ここでは、矢次の対池田工作が功を奏したかどうかが問題なのではありません。要するに、池田が豹変して入閣するに至った彼自身の行動原理が重要なのです。政治家は、誰よりも権力を求めるアニマルです。池田が政治家として「何かをなしたい」、その「何か」をもっていたことは確かです。しかし、彼にとって「権力」がつねに「直接の目的」であったことは間違いありません。池田の側近宮沢喜一さんは、私にこう話してくれました。「側近全員反対のなかで、池田は一人で入閣したんだ。それはいわば権力に近づくための本能が本人に働いたんだ」。

それから一年後、「五・一九採決」に続く政権側の政治的危機のなか、岸が藁《わら》をもつかむ思いで池田に頼ろうとしたことは当然です。一方池田は、それまで協調関係にあった反主流の三木・松村派などと呼吸を合わせつつ、岸からの党内結束の呼びかけに理解を示すという態度に出るのです。

岸の意を体した矢次一夫はまたも動きます。彼は「五・一九採決」の前後池田に会ったことについて、こうのべています。「岸側近の田中龍夫(衆議院議員)が池田の協力をとりつけてくれるよう自分に頼みにきた。それで自分は赤坂の料亭で池田と会った。自分は池田に、「岸は人気芸者、君は待合の旦那だ。芸者と待合の男が喧嘩をしてはどうにもならんではないか」といってやった。池田は「分かった。ただ、岸をして直接自分(池田)に〝池田、頼む〟といわせてくれ」と答えた。そこで間もなく、岸から池田に直接協力の依頼をしたのだ」。

もちろん矢次の対池田工作は、当時いくつかあったこの種の「工作」の一つにすぎません。しかしいずれにしても、「五・一九採決」から六日後の岸・池田会談(五月二五日)が、こうした背景のなかでもたれたことは事実です。岸さんはインタビューでこの会談についてこう回想しています。「私は池田君にいったんです。君は党内における正流として、保守党の中心的勢力として自重してもらわなければ困る。(中略)また池田君には、君の将来のために、党内の不平分子とナニすることはやらないようにしなければいかん、ということを諄々《じゅんじゅん》と説いたんです」。

この会談で池田が岸の胸の内にある「池田後継」を感得したであろうことは、十分想像がつきます。この日を境に池田が岸への協力姿勢をかなり鮮明にしていったそのことは、同会談が「池田政権」に向かう分水嶺になったことを物語っています。

幻の「吉田暫定政権」「西尾政権」

しかし、政治は「一寸先が闇」です。岸・池田会談から一〇日足らずのうちに、前記「六・四闘争」、それに続く「ハガチー事件」へと、岸は津波のように押し寄せる大衆行動に追いつめられていきます。この極度に混乱した政治を鎮静化するいわば〝特効薬〟として、岸がみずからの「後継」にと考えたのが、実は「吉田茂暫定政権」でした。川島正次郎幹事長を通じて、吉田の側近福永健司にこの構想を打診しますが、しかし、これは福永自身に拒否されます。

いま一つは、「西尾末広政権」です。これを主導したのは、岸の腹心福田赳夫です。福田の回想録によりますと、彼は、岸から「退陣」の声明文をつくるよう指示されたとき、こう進言します。「あれだけの大騒動の後だけに、通常の内閣交代ではとても乗り切れないと思います。西尾末広さん（民社党委員長）を担ぎ出したらいかがでしょう。西尾さんなら労働者にも理解が得られるし、自民党でも信頼する人は多い。岸さんの決断があれば、実現するでしょう」（福田赳夫『回顧九十年』岩波書店、一九九五年）。

岸首相は福田のこの案に最初は難色を示すのですが、結局これを承認します。福田の執拗な対西尾工作が始まったのは、ここからです。しかし、結果は失敗でした。西尾は福田の要請に「感激」しながらも、「西尾首班」になれば「私は政治家としてここで死ぬことになるんだ。（中略）この際は、僕の命を助けてくれ」といって、これを断ります（同書）。権力のためには容易に変節する政治家が多いなか、保守勢力と組むことを潔しとしない社会主義者西尾末広のこの態度は、あるいは稀有といえるかもしれません。

さて、こうして「吉田暫定政権」・「西尾政権」も霧消して、いよいよ「話し合い方式」による後継者選びが始まるのですが、やがてこれも完全に行きづまります。「総裁候補」に名乗りを上げた池田勇人、石井光次郎、大野伴睦《ばんぼく》、松村謙三のなかから一本化する調整工作は、二週間かけてもまとまりません。誰も「総裁候補の座」から降りようとはしなかったからです。となれば公選で決着をつけよう、という機運が高まるなか、岸はそれまで誰も予想しなかった行動に出ます。藤山外相に立候補を促したのです。これについては、次節で少し詳しく触れますが、岸は総裁公選に向けていろいろな曲折を演出しつつも、結局のところ「本命池田」の勝利を大きく主導することになるのです。

本来岸と池田の関係は、矢次さんがのべているように、「性格的にも合わない」し、中村さんが述懐するように、「岸は池田が好きじゃなかった」し、そして何よりも、両者には過去何度となく怨念の確執がありました。岸さん自身、こうのべています。「どうもやはり(池田とは)性《しょう》が合わんというんだよ。そう深い理由があるわけじゃないけれども、やはり性格的に合わんのだろうなあ」。

しかしそれにもかかわらず、岸は「池田政権」実現を主導します。中村さんはこういいます。「岸が退陣表明したあと、全力投球で池田を応援したというのは事実だ。好き嫌いというだけで判断するという、われわれはえてしてそうなるけれど、あの人(岸)は違っていたなあ」「日本の命運を託すに足る人材を推薦するのが、責任政治家のナンだと。むしろ嫌いな池田に(政権を)譲っているわけですよ」。それにしても中村さんの、この「ナンだ」を聞きますと、岸さんのトレードマークである「ナニする」が思い出されます。ボスの影響は、こんなところにも出るのでしょうか。

それはともかく、このように岸を中心に展開した「池田首班」人事ではありましたが、総裁選での「池田勝利」に至る道中には、当然のことながら、敗者の残酷物語もありました。岸に「立候補」を促されて出馬したものの、その岸から「裏切られた」藤山愛一郎や、かつて岸から出された「大野次期総裁」の〝手形〟に淡い期待をかけて立候補した大野伴睦のことなどを思い浮かべたのでしょうか、中村さんはこうポツリと呟きました。「それは、劇的なものがありましたなあ」。

矢次一夫

「黒幕」、気色ばむ

ところで、これまでに中村長芳とともに矢次一夫という名前が出てきました。同じ「裏方」でも、中村が政治家岸信介のいわば「身内」として動いたのに対して、岸の戦前からの知己である矢次は、戦後も岸の陰の「友軍」としてその岸に何かと肩入れをしてきた人物です。岸の「黒幕」といわれるゆえんです。

矢次は、昭和初期から国策研究会（国策研究同志会の後継組織）の事務局長として右翼活動に従事し、軍部および歴代政権に影響力を及ぼしてきました。このプロセスで、彼は岸信介などと親交をもち、戦後は公職追放解除後、再び国策研究会の主宰者として岸の政治活動を裏面で支えるとともに、広く政界のフィクサーとしても活動します。この矢次さんに私がインタビューを申し込んでお会いしたのは、一九八一年六月のことでした。インタビューの目的は、もちろん、岸政権にかかわる問題を聞き取ることです。

この矢次さんとのインタビューは、私に強烈な印象を残しました。これまでかなり多くのインタビューを経験しましたが、こんなことは後にも先にもない珍しいことでした。あの日の午後約束の時間に、私は国策研究会事務所を訪ねました。待ち受けていた応接室に、やがて、チェックの派手なスーツに身を包んだ、少々強面《こわもて》の老政客が現われました。矢次さんです。席につくや、いきなり彼はパンチの効いた、かなり荒っぽい洗礼を私に見舞ったのです。「大体政治学者は何も分かっていない。政治は夜つくられるんだ。学者は政治が白昼つくられると思っているらしいが、勘違いも甚だしい」。舌鋒鋭く人を刺すようなその語り口は、八〇歳を越えた老人とはとても思えません。彼の第一撃は、政治学者への批判だったのです。

どうやらこの日、矢次さんの虫の居所《いどころ》がよくなかったのかもしれません。彼は真剣に怒っているようです。その証拠に、その骨太の顔はみるみる赤らみ、そして少し興奮気味でした。政治学者というものに、何かよからぬ印象があるのでしょう。矢次さんのこの政治学者攻撃は、私にとってはそれが出会い頭の、あまりにも突然のことでしたので、彼が一体何をいおうとしているのか、最初はなかなか理解できませんでした。要するに彼からすれば、政治のリアリティは政治学者が考えているほど理路整然と展開しているものではなく、しかも歴史は学者のみえないところで動いているのだ、ということなのでしょう。でも、政治学者の端くれである私にいわせれば、だからこそ政治学研究にオーラル・ヒストリーが必要なのであり、したがって、私がここにお邪魔しているのもそのためではありませんか、といいたかったのですが……。

矢次さんはようやく落ち着きを取り戻した様子です。少し気が引けたのでしょうか、あるいは多少の反省もあったのでしょうか、彼はこういいました。「ちょっといいすぎたかなあ。これまであまり話さなかったことを、今日は話しますよ」。こうしてインタビューは、ようやく始まったというわけです。

ともかく彼の風貌といい言表《げんぴょう》といい、その凄みに圧倒されたのか、私は普段のペースをすっかり掻き乱されてしまいました。その証拠に、普通ならありえない、一つの失敗をしたのです。いつもですと、インタビューの前にまずはテーブルの上にテープレコーダーを置いて、頃合いを見ながらスイッチ・オンとなるのですが、不覚にもこの日は矢次さんの〝攪乱戦術〟に惑わされて、肝心の録音ボタンを押さないままインタビューを始めてしまったのです。ひと仕事を終えて、近くの喫茶店で録音を確認しようとしたとき、初めて「失敗」に気づいたのです。臍《ほぞ》をかみながら、矢次さんとのやりとりをすぐさまノートに書き留めたことは、いうまでもありません。

それにしても、政治が「夜つくられる」ことは、矢次さんから聞くまでもなく、私も先刻承知しております。それは第一章で触れた通りです。しかし歴史の現場、いや歴史の修羅場《しゅらば》をかいくぐってきたであろう矢次さんから、いまさらながら「夜つくられる」などというパンチを食らいますと、やはり説得力を感じます。ただ、「夜つくられる」政治が政治のすべてでないことは、いうまでもありません。時代が進んで二一世紀に入った日本の政治も、岸政権の頃に比べれば、さすがに「白昼つくられる」政治、つまり透明化された政治の部分が増えているのは事実です。とはいえ、政治のリアリティが依然として暗部をもち、その暗部が歴史を動かしているという側面を、もし私たちが看過するなら、私たちは事の本質の重大部分をみていないということになるでしょう。

二 「絹のハンカチから雑巾へ」──藤山愛一郎の転変

ホテルニュージャパン

前にのべた通り、私が政治家のオーラル・ヒストリーを試みた最初の相手は、藤山愛一郎さんでした。一九八〇年九月に入ってのことです。都内・赤坂のホテルニュージャパン九階にある藤山事務所を訪ねたそのときの印象は、いまも鮮やかに残っています。中年の男性秘書とともに、藤山さんが迎えてくれました。だだっ広い、そして薄暗い部屋でした。テーブルの上には、書類が雑然と積み上げられていました。何となく殺風景で寂しい雰囲気でしたが、藤山さんのあの笑顔だけが、このオフィスに辛うじて明りを灯しているようにも思えました。

藤山愛一郎

お訪ねした用件は、もちろん、岸内閣の外相として安保改定にどうかかわったか、という問題を中心にお話をうかがうことでした。インタビューの趣旨を申し上げている最中、藤山さんはにこやかにこれを聞いていましたが、やがてご自分の病気のことを語り始めました。半年前に舌癌が発見され、入院生活をしていたことを淡々と話しておられました。滑舌がよくなく、発声も何となく辛そうにみえましたが、その理由がようやく分かった次第です。そして何よりも体力の衰えといいますか、体調不良の様子は、第三者の私にも伝わってくるようでした。せっかくインタビューの約束をいただいたとはいえ、暫くの間これを遠慮した方がよいのではないかと思いまして、私はそれとなく藤山さんにそのことを申し上げたのですが、彼からはこんな応答がありました。「舌がまだ自由にならないので、ご期待に添えないかもしれないが、できるところまでやってみましょう」。

いよいよインタビューを始める段になりました。「録音」の承諾を得て、鞄からテープレコーダーを取り出しますと、藤山さんは、病軀《びょうく》をかばうようにして椅子から立ち上がりました。近くのコンセントにそのレコーダーのプラグを差し込んでくださるのです。すっかり恐縮してしまったことが思い出されます。

実はこの日、ホテルニュージャパンのロビーを通って藤山事務所に向かう途中、私は複雑な感慨にとらわれました。地上一〇階、五〇〇室からなるこの豪華ホテルは、もとはといえば、藤山コンツェルン総帥の藤山愛一郎がつくったものです。奇しくも、外相として安保改定を完成させた一九六〇年、藤山は日本初の「都市型多機能ホテル」をこの赤坂に立ち上げたのです。敷地は二八〇〇坪、二・二六事件（一九三六年二月二六日、皇道派青年将校らが斎藤実内大臣、高橋是清蔵相らを殺害した日本近代史上最大のクーデタ事件）の決起部隊が立てこもった料亭「幸楽」のあったところです。藤山の建てたこのホテルは、国内外著名人の常連客も多く、一九六四年開催の東京オリンピックを経て、世界都市東京の中心スポットの一つにもなりました。ホテルニュージャパンは、そのオーナー藤山愛一郎の華々しい権勢を象徴する記念碑でもあったのです。

しかし、いま私の通り過ぎたロビー、いやこのホテルのすべてがもはや藤山のものではないのです。開業五年目の一九六五年、在日韓国人にいったん経営権が委ねられ、そのあと藤山家がこれを取り戻したものの、結局はあの「乗っ取り屋」の異名をもつ横井英樹の手に渡ります。藤山がこの豪奢なホテルを手放さなければならなかった事情は、そのまま政治家藤山愛一郎の、決して幸運とはいえない物語を象徴しているようでもあります。それだけに私は、このホテルの上層階にある元オーナー藤山愛一郎の事務所に向かいながら、いろいろな思いに浸ったものです。まさかこのホテルが、二年後に死者三〇名を越える大火災で灰燼に帰するとは思いもよらずに……。

経済界から政界へ

藤山愛一郎は国会議員としてではなく、民間から大臣になった人です。一九五七年七月のことです。世間はずいぶん驚きました。その理由は、民間出身の閣僚自体が珍しかったということもありますが、もう一つの理由は、一言でいえば、藤山がいわゆる財界の大立者であった、ということにあります。戦前は大日本製糖社長であり東京商工会議所会頭でもあった藤山雷太、その雷太の長男として生まれたのが愛一郎です。経済界では押しも押されもしない赫々《かくかく》たる地位を得ていた人物が、生き馬の目を抜くような政治の世界に転出していまさら苦労することもなかろうに、という人びとの心配と意外感がこの人事への関心を一層掻き立てたといってよいでしょう。

この藤山人事を推進したのは、もちろん岸首相です。岸の「藤山外相」への執心が並のものでなかったことは、この人事構想がかなり以前から岸のなかにあったこと、そして入閣を嫌った藤山への説得工作が実に強烈であったことからも分かります。少なくとも明示的には、岸が「藤山外相」構想を藤山本人に表明したのは、同構想が実現する前の年の一一月、すなわち既述の「石橋・石井連合」に敗れたあの総裁選を控えてのことです。岸は赤坂の料亭に藤山を招いてこういいます。「オレは間違いなく石橋君に勝つ。ついては党内を見渡しても格好の外務大臣がいない。ぜひ承諾してくれないか」。しかし藤山は、「側面から援助した方がいい」といって固くこれを断ります(藤山愛一郎『政治わが道』朝日新聞社、一九七六年)。

総裁選に勝利して内閣を組織した石橋が、もしもあの病魔を一蹴して政権維持に成功していたなら、「藤山外相」はこれで立ち消えになっていたでしょう。しかし、「運命だよ」といって退陣した石橋のあとにできたのが、岸政権です。「藤山外相」は、依然として岸本人の懐中にあったのです。五七年二月首相に就任した岸は、その四カ月後に開かれたワシントンでの日米首脳会談を終えてすぐ内閣改造に着手しますが、その内閣改造でいよいよ「藤山入閣」に本腰を入れるのです。

藤山さんはインタビューでこう回想します。「私は断ったんですけれど、なかなか(岸が)執念深くアレしてきました」「政策的な話がとくにあったわけではなく、まあ(外相に)なってくれと。

友人として俺を助けてくれということだったわけですが、私が何度も固辞したものだから、今度は大野伴睦さんとか河野一郎さんとかが岸君の意を受けてきたこともありました」。

しかし決め手は、岸が切った「後継総理藤山」の〝手形〟であったとされています。岸・藤山共通の友人である井野碩哉《ひろや》が、岸からの重要なメッセージを藤山にもたらしたというわけです。藤山さんは回想録でこう証言しています。「井野さんを通じて初めて正式に、岸さんが自分のあとの総理候補として私を考えていることを知らされた」（前掲『政治わが道』）。岸は井野にこうもいったそうです。「自分のあとに総理大臣がいない。藤山を総理にするのだから……」（同書）。藤山がこれを断ることは、もはやできなかったというわけです。「藤山外相」誕生の瞬間です。

それにしても、岸はなぜこれほどまでに「藤山外相」に固執したのでしょう。理由の一つは、戦前から戦後へと一貫して続く岸・藤山の盟友関係です。両者の親交がとくに深まったのは、戦時中、東条内閣打倒に向けて連携したときです。海軍省顧問として東条の独断専行の戦争遂行策に反発した藤山は、木戸幸一内大臣や近衛文麿らと連絡をとりつつ、閣内にあった岸の「反東条」と相結びます。そして一九四四年七月、東条内閣総辞職が実現するのです。こうして関係を深めた岸と藤山は、戦後も、巣鴨プリズンから解放された岸を藤山が主として経済的に支援したこともあって、その紐帯《ちゅうたい》を強めていくのです。

いま一つの理由は、岸が藤山の財界での声望をみずからの内閣に取り込むことともに、彼の「外交手腕」に期待したことにあります。岸は、一九五四年一一月結党した日本民主党（鳩山一郎総裁）の幹事長に就任しますが、翌年（一九五五年）春開催のアジア・アフリカ会議（バンドン会議）に参加する日本代表団（高碕達之助団長）の顧問に藤山を推薦します。つまり、財界の大御所藤山愛一郎の外交デビューを岸が演出したといったところでしょう。

次いで一九五六年三月には、岸は自民党幹事長として藤山を日比賠償交渉に当たらせます。藤山は「政府代表」としてフィリピン政府と渡り合い、交渉が難航するや、フィリピン側も納得するであろう「藤山私案」なるものをもって一時帰国、国内要路を説得してついに日比交渉を妥結に導きます。

藤山さんはインタビューでこう語ります。「岸君は自民党の幹事長でした。（一九五六年）三月一〇日頃でしたが、すぐフィリピンに行けという。秘書を一人連れて単身行ったわけです。五月まで現地にいて外交交渉をやり、最終的に調印するまでそこにいたのです」。

岸が「藤山外相」に熱心だったのは、この日比賠償交渉でみせた藤山の政治的センスと外交能力を高く買ったこと、そして戦後の不遇時代藤山から受けた経済的支援に報いたいという思いが強く働いたことに、その理由があったと思われます。いずれにしても、藤山は財界における確たる地位を捨てて、岸の外相就任要請を受け入れることになります。「日本商工会議所会頭」を含めてそれまでもっていた、ざっと二〇〇個の肩書を脱ぎ捨てて政界入りしたわけですから、「藤山入閣」は藤山自身の人生にとっても一大転機であったことは間違いありません。まさに「清水の舞台」から飛び降りたのです。それだけに国民にとっても大きな関心事であったということです。

外相として安保改定に取り組む

さて、このように鳴り物入りで「藤山外相」が実現したわけですが、三年の在任期間を通して彼が最も多くのエネルギーを投入したのは、一九五八年一〇月から始まった安保改定日米交渉です。藤山さんの言によれば、もともとこの安保改定による新条約案は、当初の計画では、「通常国会に提出する」予定でした。つまり、「(一九五九年)一月再開の通常国会」におけるある時点で新条約案の提出をもくろんでいた、ということです。もちろん、日米両政府による新条約の調印がその前に完了している、という前提があってのことです。これについては、藤山外相の部下であったアメリカ局安全保障課長の東郷文彦さんも、同じことをいっています。

つまり、安保改定の日米交渉があれほどまでの曲折を経て、しかも一年以上もかかるとは誰も予想していなかったということです。岸政権が安保改定にもまれ翻弄《ほんろう》された分、いやそれ以上に、政治家一年生の藤山外相にとって、「安保改定」は粒々辛苦《りゅうりゅうしんく》の経験だったといえましょう。「絹のハンカチが雑巾になった」といわれるゆえんです。とくに新安保条約の内容に関する国会審議で野党の質問を浴びるなかで、あるいはこの野党攻勢と連動する形で噴き出た政権与党内派閥抗争に揺さぶられるなかで、財界出身の素人外相は魑魅魍魎《ちみもうりょう》の政界を泳ぐことになるのです。

ところで、岸政権の「安保改定」に反対した最大勢力は、あの総評に支援された日本社会党です。しかし、岸政権がその発足早々「安保改定」へと動くか動かないうちに、社会党は岸政権に安保条約の変更を誘いかけて挑発するような行動に出ます。

当時安保条約に対する社会党の統一的見解は、同条約を「解消」すべし、というものでした。一九五一年調印の対日講和・安保両条約をめぐって、社会党は左派社会党と右派社会党に分裂しますが、一九五五年の統一にあたっていわゆる「統一綱領」を作成します。そのとき両社会党は安保条約をどう扱うかについて激しく論争しますが、結局綱領では、左派の主張する「廃棄」でもなく、右派の唱える「改定」でもなく、安保条約を「解消」する(やはり左派寄りの用語ですが)、という一般には分かりにくい表現で落着します。

そのためでしょうか、岸内閣誕生当時、社会党の議員たちはそれぞれの立場から「改定」、「廃棄」、「解消」、「再検討」、はては安保条約を「改廃」せよという意味不明の発言まで出るというありさまでした。そこへもってきて、同党の浅沼稲次郎書記長は、岸政権が正式に発足する直前(一九五七年二月二二日)こう発言します。「われわれは当面この不平等条約をぜひ改めなくてはならない」(朝日新聞、一九五七年二月二三日付)。

こうした社会党の態度に関連して、岸さんは後にこんなことをいっています。「最初の頃は社会党など野党の連中は、安保条約を廃止せよという議論ではないんです。……安保改定というのはなかなかの大事であって、特に在日アメリカ軍の権利を召し上げるとなれば、条約改定についてアメリカ軍部がいうことを聞くはずはないだろう、ということだったと思うんです。アメリカ政府の反対も強いので、アメリカ一辺倒でその顔色をうかがっている岸なんかにそんなものできるわけがない、という考え方も野党のなかにはあったわけです」。

いずれにしても確かなことは、岸政権が「安保改定」に動き出したその頃、社会党がこれについて政党としての意思統一をしていなかったということです。藤山は外相就任一年二カ月後の一九五八年九月、いよいよ同改定の日米交渉「開始」をダレス国務長官との間で正式合意しますが、そのときの訪米にあたって、彼は社会党から興味深い〝挨拶〟を受けます。

これについて藤山さんはこう証言します。「私がダレスに会いに行くまで、(社会党は)(条約)改正論でしたよ。僕は外務委員会でしっかりやってこいって、激励されたんです」「とくに私が(アメリカに)発つ前に外務委員会で壮行の儀みたいなものを社会党がやってくれたことを覚えています」。

ところが社会党は、藤山外相が帰国して日米交渉が始まる頃には、あの統一綱領にある「解消」で意見を集約し、安保条約の存在を認めたうえでの「改定」には反対するという、いわば左派寄りの見解でとりあえずはまとまるのです。しかし社会党がこのように「安保改定」への意思統一をしたからといって、それが直ちに岸政権の「安保改定」作業に打撃を与えたかというと、必ずしもそうではありません。「安保改定」の〝敵〟は、むしろ岸政権自身がつくってしまったのです。いわゆる警職法問題が、それです。

総理への不安

警職法問題とは何だったのでしょう。要するに、安保改定のための日米交渉開始と踵《きびす》を接するかのように、岸内閣が突如「警察官職務執行法」の改正案を国会に提出したことから生まれた政治的混乱、これがいわゆる警職法問題です。

一言でいえば、この改正案は、警察官の職務権限を強化して治安力を整備しようという狙いをもっていました。岸内閣はこの改正案を密かに準備し、閣議承認のうえ国会に提出することをもくろんでいたのです。ところが折も折、安保改定日米交渉の初日、すなわち一九五八年一〇月四日の新聞に政府のこの「もくろみ」が大々的に報じられたのです。社会党をはじめとする革新陣営は勢いづきます。「反安保」という外交問題よりも、「反警職法」という国民にとって身近な問題のほうが、岸政権を攻撃する材料としてははるかに「良質」であったのです。

警職法の「強化」は、革新陣営の教宣活動が功を奏したこともあって、戦前の「警察国家」、ひいてはあの悪名高い治安維持法の「復活」を人びとに連想させることにもなったのです。警職法改正案が成立すれば、「新婚初夜に警察官が踏み込んでくる」というフレーズがまことしやかに流れ、すっかりこれが有名になりました。

しかも間の悪いことに、この警職法改正案を主導したのは、「A級戦犯容疑者」岸信介であった、という歴史の「符合」です。その岸が、「安保改定」の当事者であるということですから、警職法問題が、当時ようやく始動した新安保条約の日米交渉に影響しないはずはありません。

「安保改定」の主管大臣であった藤山さんは、次のように回想します。「警職法があんなになったもんだから、一一月末頃ですが、ちょっと（日米）交渉を止めて延期するということになったんです」。

続いて藤山さんは、盟友岸首相への「不信感」をこんなふうに口にします。「警職法改正案をみたときよりも、その後の経緯をみて思いました。正式の閣議で議論することもなく、持ち回り閣議でこれを決めてしまうことに私は不安を感じた。これは岸さんの体質から来ているんじゃないだろうか、と」。

こうして「安保改定」は、日米交渉開始早々から重大な障害に出くわします。藤山外相の苦難の道が始まります。しかし何といっても彼がこの安保改定のプロセスで一番苦労したのは、実は国会審議だったのではないでしょうか。事実、藤山さんは、「安保改定」の国会審議は「日米交渉よりも、そしてまた党内の説得よりも、はるかに大変だった。私の体験の中でも、最大の〝事件〟だった」（前掲『政治わが道』）と回想しています。

「極東」の範囲で立ち往生

とりわけ「極東」の範囲にかかわる質疑応答は、藤山さんにとってはまさに「最大の〝事件〟」であったように思います。藤山外相は、あるときには答弁に詰まって立ち往生し、またあるときには答弁の矛盾を突かれて審議中断ということもありました。この問題にかかわる野党の追及は、執拗かつ長期にわたり、それだけに藤山外相の労苦も並大抵ではなかった、ということです。

そもそも「極東」の範囲問題とは何だったのでしょう。日米対等の「相互防衛条約」ではなく、単なる「駐軍協定」としての旧条約では、在日米軍は「日本国の安全」のためだけではなく、「極東における国際の平和と安全の維持に寄与」するためにも出動できるのです。日本の基地を「極東」のために他国軍の使用に供するというこの極東条項は、いってみれば、主権国家日本がみずから関知せざる戦争にいつの間にか巻き込まれていた、という事態を十分想像させます。

問題は、旧条約のこの極東条項が安保改定によっても解消されなかった、ということです。極東条項に関する限り、新安保条約でも第六条で旧条約と同じ趣旨の文言が入ったからです。そこで野党勢力は、「極東における国際の平和及び安全の維持に寄与するため」に在日米軍が行動するとなれば、この「極東」とはどこからどこまでの地域を指すのか、これを政府攻撃材料にしたのです。「極東」の範囲問題とは、まさにこのことをいうのです。

さて、この問題が本格的に国会で取り上げられたのは、五九年一〇月から始まったいわゆる「ベトナム国会」でした。安保改定日米交渉が始まって一年後のことです。ベトナム賠償協定をめぐって、調印相手の南ベトナム政府をベトナムの「正統政府」とする岸政権と、北ベトナム政府を認めないいまま結ばれたこの賠償協定に反対を唱える野党勢力との攻防が、この「ベトナム国会」の特徴でした。

「ベトナム国会」が始まったのは、安保改定日米交渉も最終局面に入る頃でした。いよいよ新条約案のおおよその姿がみえてきた頃です。それゆえ、この国会で「ベトナム賠償協定」とともに、この新条約案に関連して激しい論戦が展開されることになるのです。とくに極東条項、それも「極東」の範囲にかかわる野党攻勢で、藤山外相は厳しい試練に直面します。一一月一六日のことですが、社会党の亀田得治が参議院予算委員会でこの「極東」の範囲と、米軍の行動範囲について政府に質問します。これに対する藤山外相の答弁は、「安保改定」が至難の道であることを改めて人びとに示すものでした。

藤山外相はこう答弁したのです。すなわち、「極東」の範囲とは「大体フィリピンから北、中国の沿岸、沿海州、日本の周辺を含む」一帯であること、そして米軍の行動は「極東」以外の地域である「ソ連・中国の奥地まで」許される、というものです。この発言は直ちに審議を紛糾させます。

翌日(一一月一七日)自民党幹事長の川島正次郎が藤山外相を呼んで会議(七役会議)を開いたのは、この審議紛糾を収拾するためでした。川島は、「外相の国会答弁は〝誤解〟を招く恐れがある」として、政府の「公式見解」を改めて出すことをこの会議で決めます。政府の公式見解、すなわち「外相の真意」が与党幹事長の指揮下で作成されるという異例の事態になるのです。川島は外務省の条約課長井川克一を呼び、「外相の真意」を書くよう指示しました。「フィリピン以北を極東とし、米軍の行動も同地域に限られる」というのが、政府の新たな「公式見解」となったのです。外相の立場といいますか、その面子は丸潰れです。

ときの外務大臣が政権与党の幹事長に呼びつけられて、国会答弁の訂正を求められるのですから、大変なことです。しかも党幹事長が外相の頭越しに、外相の部下に対して国会答弁の修正版を書くよう命じるなどということは、本来ありえないことです。

政治家の「焼き餅」

しかし、この理不尽ともいえる川島の藤山に対する仕打ちには、それなりの背景があったようです。政治が、とりわけ日本の政治が、論理だけでは説明のつかないドロドロした人間関係に動かされている部分に、私たちは注目する必要があります。この広い意味での権力闘争を見落としてしまうと、政治の本当の姿はみえてきません。藤山外相が川島幹事長から受けた〝いじめ〟の背後には、実は党内実力者の河野一郎の存在があったというわけです。

鳩山政権時から「岸内閣」誕生に手を貸したのは、河野です。議席をもたない藤山外相が就任一年後(一九五八年五月)の総選挙に初めて立候補したとき、わざわざ選挙区(神奈川一区)を藤山のために用意したのは、これまた河野です。つまり、岸政権発足早々は親岸・親藤山であった河野が次第に政権側に何かと異議を唱え、ついにある時期から明確に「反主流」・「反岸」へとハンドルを切るのです。その理由は政策次元にあったわけではありません。主として岸の人事政策に対する河野の不満にあったことは明らかです。

それにつけても、池田と同様、次期政権を狙う河野からすれば、「安保改定」で実績を積み上げる藤山の政治的台頭は、決して愉快なことではなかったようです。選挙区の面倒までみて、「政治家藤山愛一郎」の船出を支援してきた河野ですが、岸政権の最重要政策である「安保改定」で藤山がつねに脚光を浴びるにつけ、河野が藤山をライバル視するようになるのです。勢い、河野の対藤山感情は敵対的になり、それが安保改定過程の諸局面で河野・藤山間の軋轢《あつれき》となり、ひいては藤山の政策行動への介入となって現われるのです。

同じ岸派でありながら、川島が藤山にある種の否定的感情をもっていたのは、実は河野と川島が同じ党人派として密接な関係にあったことと無関係ではありません。川島は岸の側近中の側近でありながら、盟友河野一郎の「反藤山」をみずからの感情と共振させて、同じ岸側近の藤山に意趣を表出するようになるのです。

上記川島の藤山外相に対するあの露骨な行動も、こうした文脈のなかに置いてみると、よく理解できます。藤山がいくら財界の大物だったにしても、政界ではまったくの「一年生」、それに比べて海千山千の川島や河野にしてみれば、「政治家」藤山愛一郎の華々しい活躍には、何かと含むところがあったのでしょう。

あくまでも一般論ですが、岸さんがインタビューで印象深いことをいっています。「政治家というものは、悪くいえば、案外焼き餅を焼くんでね」「他人が自分以上のいい役どころに就くと焼き餅を焼いたりする。そういう心理があるんですよ。これは割合激しい」。ちなみに、利害と感情がないまぜになったこの藤山・河野関係や藤山・川島関係は、それから一年半後すなわち岸後継の池田政権時には、「党人派四者連合」(藤山愛一郎・河野一郎・大野伴睦・川島正次郎)の結成によって相接近し同志的関係へと変貌していくのです。「政治を直視すれば、あるがままの人間もまたみえてくる」ということかもしれません。

「極東」の範囲問題の深層

ともあれ、「素人政治家」といわれた藤山さんは、あの頃を回想して次のようにのべています。「あれじゃないですかね。(日米)交渉をしているときには、「極東」の範囲というものをそう厳密に話し合ってはいません。「極東」ということで、大体分かったつもりでいました。ただそうだからといって、ベトナムを(「極東」に)入れるか入れないか、いやそれは入らないんだという程度で、「フィリピン以北、日本の周辺」ということで、大体話は進んでいたと思います」。つまり藤山外相だけでなく外務省も、そしてアメリカ側も、「極東」の範囲に関する限り、それほど厳しく詰めていたわけではなかった、ということです。だからこそ、「極東」の範囲はその概念の曖昧さもあって、野党からもそして身内の与党からも政府攻撃の材料になっていくのです。

それにしても注目すべきことが起こります。この「ベトナム国会」で「極東」の範囲につまずいた岸政権は、駐日アメリカ大使のマッカーサーに、新条約案の第六条における極東条項を削除するよう突如申し出たのです。しかし、アメリカはこれを拒否します。第二章二節で触れた通り、そもそも岸内閣がその発足早々、「安保改定」構想に関連して極東条項削除を模索したことは事実です。岸はそれから三年近くを経て、安保条約の「鬼っ子」すなわち極東条項の廃棄を空しくもアメリカ側にぶつけた、というわけです。

さて、「極東」の範囲をめぐる政権側と野党側との攻防は、実は「ベトナム国会」をもって終わったわけではありません。翌六〇年一月新安保条約が調印されて、いよいよ三四通常国会で同条約批准のための審議が始まるのですが、ここで野党が政府攻撃のためにもち出した最大論点の一つは、やはり「極東の範囲」でした。「ベトナム国会」に続いて、この問題が国会（衆議院予算委員会）に提起されたのが二月八日、以後政権党内派閥抗争をも巻き込みながら、これに一応の決着をつけたのが五月中旬でした。「ベトナム国会」での議論からおよそ半年間の長期にわたって、「極東の範囲」は国会審議紛糾の最大級の火種となったわけです。主務大臣藤山外相は、野党ばかりでなく与党内からも無理難題を仕掛けられたのです。

藤山外相らの答弁がもつ最も重大な意味は、二つあります。一つは、「中国の沿岸、沿海州」を「極東」に入れたり出したりしたことです。もし「極東」に共産圏を入れるなら、新安保条約が岸政権の言明（「安保条約は防衛的である」）とは裏腹に、極めて攻撃的になるであろうことは自明です。

いま一つは、中国・台湾間の係争地域である「金門・馬祖」が、この通常国会で、「極東」に含まれるとしたことです。これは、野党からよりも、むしろ政権党内の反主流派とりわけ「親中国」の三木・松村派を中心とする「反岸」勢力から激しく反発されます。つまり、「極東」に金門・馬祖を含めることは、「日中関係打開のために好ましくない」というのが、三木や松村の主張でした。

いずれにしても「極東」の範囲をめぐる政府答弁については、その答弁の乱れを誘ってそれに乗ずる野党勢力と、この野党勢力とどこかで通底しつつ「反岸」へとうごめく与党内反主流派とが、それぞれの方向から岸の「安保改定」を攪乱する、といった構図がますます浮き彫りにされるのです。

藤山さんはこうした状況を振り返って次のようにいいます。「通常の概念からいえば、極東というものは、少なくともベトナム以北ですね。ヨーロッパ人の考えからいっても、大体ソ連のシベリアまで一応極東という概念のなかに入るわけです。だけど、これでは安保条約の範囲が広がりすぎるので、これを狭く限定して、常識的に「極東」の範囲をこの程度にしようということで、アメリカとの了解があったわけです。でも、(野党から)厳密に突きつめてこられると……私も岸さんも必ずしも正確なアレではなかった」。

しかし、ここで立ち止まって考えてみる必要があります。極東条項における「極東」の範囲を問題にすること自体、果たして建設的な議論だったのか、ということです。「安保改定」という国家の根幹にかかわる政策課題に関連して、極東条項が政治的、軍事的にいかなる意味をもち、国益の観点からどう位置づけられるのかといった議論を脇に置いて、「極東」の地理的範囲に関する政府の発言・失言をめぐって一歩も進まず紛糾するという状況は、日本の議会制民主主義の低調ぶりを示しているといわざるをえません。

ここで、「極東条項」の原点に立ち返ってみましょう。新条約第六条では「極東における国際の平和及び安全の維持に寄与するため」(傍点は筆者)に、在日米軍は基地を使うことができると規定しています。つまり在日米軍の出動(日米の「事前協議」を必要としますが)が、「極東」の平和と安全の維持に「寄与するため」という目的をいったん与えられれば、いや米軍がこの目的をみずから設定すれば、彼らは「極東」を越えて行動できるのです。「極東」が米軍の「使用地域」ではなく「目的地域」である、といわれるゆえんです。

しかも、この「極東の範囲」自体、確かに長時間の国会審議に値するものであったとはいえません。岸さんはのちに「極東の範囲」を「愚論の範囲」と切り捨てました。一方、岸攻撃の先頭に立って「安保改定」批判に執念を燃やした社会党の飛鳥田一雄さんは、私の質問に答えて、この議論は「われわれ自身バカバカしいと思ったが、ポピュラリティというか大衆性はあった」と回想しています。「バカバカしい」議論ではあったが、「安保改定」に無関心な大衆を啓発するには格好のテーマであった、と飛鳥田さんはいいたいのです。

いずれにしても、藤山外相ら政権側が一九六〇年二月に出した「最終的見解」、すなわち「大体においてフィリピン以北並びに日本及びその周辺の地域であって、韓国及び中華民国の支配下にある地域もこれに含まれる」という文言を補足する形で、五月に入ってようやくこの問題に決着をつけるのです。すなわち政府は、「極東の観念は抽象的なものである」こと、そして、「日本の安全に深く関係する地域でなければ、事前協議で米軍出動を認めない」ことを国会で表明したわけです。

藤山さんはいいます。「(安保条約で)「極東」という表現をしたことが、実は適当でなかったのかもしれない」。この藤山証言を聞きますと、私は旧安保条約にかかわる外交文書を読んだときのことを思い出します。旧安保条約草案は、一九五一年夏には日米間でほとんどまとまりかけていたのに、突如アメリカ側から「極東条項」を同条約案に挿入するよう申し込まれて、吉田首相や外務省がほとんど抵抗することもなくこれを受け入れた、というあの事実です。

通常の相互防衛条約なら「防衛地域」以外の地域にコミットすることはありえません。「防衛地域」とは異なるこの「極東」に関する取り決めを日本側が簡単に了解したという歴史的事実と、その「極東条項」があれから六〇年を経た今日ますますその意味を拡大させていること、そして「極東」の表現自体に疑問を呈するあの藤山証言を重ね合わせますと、歴史の分岐点がこんなところにもあるのだ、とつくづく思うのです。藤山さんは再びこういいます。「「極東」という言葉が地理学上はっきりしていないんです。ですから、「極東」という言葉を(旧安保条約で)使ったことが、あるいはスタートからして、まずかったんじゃないですかね」。

藤山外相がさんざん苦労した「安保改定」は、一九六〇年五月一九日の新条約案強行採決、それから一カ月後の参議院自然承認、そしてアメリカ側との批准書交換をもってようやく大団円を迎えます。前節でのべたように、まさに激動の一カ月でした。樺美智子圧死、「アイク訪日中止」、そしてついに首相退陣といった代償を払っての「安保改定」の完成ではありました。

総理総裁をめざして

ところで、藤山外相も岸内閣総辞職をもって、少なくとも当座は、そのまま一代議士に戻るはずでした。藤山さんは、インタビューでこう回想します。「実は外務大臣を辞めるまでは、将来政治家一本でやるかどうかについては、自分自身、決心しかねていました」「外務省で仕事をきちんとやって、政治家として残っていけるなら残っていくし、そうでないなら、もう一遍民間に帰ろうという、そこの判断はまだついていませんでした」。

しかし次の瞬間何が起こるか分からないのが政治です。角を曲がるとスモッグが広がり、みずからの行き先に確信がもてない、これが政治の世界でもあります。藤山愛一郎もまた、いつの間にかその「闇」のなかに誘われていたのです。以後一五年ほど続く彼の政治家生活は、いってみれば、総理総裁になるための壮絶な闘いの日々となるのです。外相時代とは全く異質の政治家人生が藤山を待ち構えていた、といってよいでしょう。

岸首相の退陣表明(六月二三日の臨時閣議)の直後から、次期総裁選考のための党内談合が本格化するのですが、前節で触れた通り、候補者(池田勇人・大野伴睦・石井光次郎・松村謙三)の一本化は行きづまります。あとは公選による決定しかありません。そんななか、岸から藤山に一本の電話が入ります。「総理官邸に来て欲しい」というものです。岸から切り出された話は、何と「藤山後継」でした。青天の霹靂《へきれき》とは、こういうことをいうのでしょう。

藤山さんによりますと、岸さんはこういいます。「どうもあとの問題で（話し合いがうまくいかないので）、こうなったら、吉田（茂）さんがやってくれれば一番よいのだが、そうでなければ、安保をやった君にやってもらうのがいい。君、やってくれないか」。藤山さんは続けてこう振り返ります。「岸さんからこんな話があったが、さあ、私にできるかどうか、自信はないしね。この話を（「安保改定」で助けてくれた）小沢（佐重喜《さえき》）さんや江崎（真澄）君らに伝えると、「そりゃ、やりましょう、おやんなさい、われわれも助けるから」ということでした。それで私も（出馬を）決心したんです」。

ところが、情勢は急変します。公選予定日（七月一三日）の三日前、藤山は正式に立候補の声明を出すのですが、ほどなく岸首相から立候補の「とりやめ」を要求されるのです。「とりやめ」を求めた岸の真意については、諸説があります。

その一つは、大野伴睦にかかわるものです。大野が突然立候補を辞退して、「石井光次郎当選」のための「党人派連合」をつくったのです。同「連合」の中心人物が、新安保条約の国会成立に強く抵抗した、あの河野一郎であることはいうまでもありません。岸は俄然危機感を強めます。河野に対抗して、「本命」池田に一本化する必要に迫られたというわけです。

そもそも大野が「ポスト岸」に名乗りをあげたのは、岸の出した対大野「念書」を当てにしたためです。五八年秋の例の警職法問題で岸内閣が危機に陥ったとき、岸は副総裁大野に対して

「岸の後継総裁は大野伴睦」という趣旨の「念書」を出して大野の協力を確保、窮地を脱した経緯があるのです。

それから一年半、大野の「立候補」を知った岸が、大野票を分散させるために、藤山に出馬を促したのではないのか、というわけです。かつて自身が「大野後継」の〝手形〟を出したとはいえ、政策に疎く、かつ持ち味の「義理人情」だけで政治を動かすタイプの大野伴睦を一国の総理にするわけにはいかない、というのが岸の立場でした。岸さんはインタビューでこう話していますす。「大野君には総裁競争から降りるよう話したんだけれどもね。党内でなかなか支持者が増えないんだ。総理の器じゃないという議論がありましてね。彼を総理にするということは、床の間に肥担桶《こえたご》を置くようなものだ、という話もあったよ」。

その大野が総裁選への立候補断念となれば、「藤山立候補」の理由もなくなるというものです。政治は非情です。でも、藤山は岸からの執拗な「出馬取りやめ」要求を拒んで、七月一四日の総裁選挙に立つのです。池田勇人二四六票、石井光次郎一九六票、藤山愛一郎四九票、これが第一回投票の結果でした。藤山としては、辛うじて面目をほどこす「四九票」ではありました。

しかし、藤山の「四九票」については、もともと岸派から派遣されて藤山外相を支えていた人たちがその大半を占めていたことは確かです。決選投票では、この藤山の「四九票」のほとんどが池田陣営に投じられたのは、もちろん岸の戦略によるものでした。「池田総理」誕生というわけです。

しかし、「岸総理が勧めたから（総裁選に）立った」という藤山さんの言について岸さんはインタビューでこう答えています。「それはもう、全く違うね。藤山君が立候補するについては、彼自身、政党政治家として、党内における情勢からして（出馬は）適当ではなかったと思いますけれどね」。ただ岸さんとしては、藤山が立候補したからには、長年の盟友に面目を失わせるわけにはいきません。彼はこう振り返ります。「藤山君が最後まで立候補を断念しないので、立つ以上は藤山君に恥をかかせられないので、第一回目の選挙における彼への投票は自由にしたんです」。

私財を投げ打って

それにしても、人生は分かりません。藤山が政治家として残るか実業界に戻るか、その賽《さい》の目は、この総裁選敗北を機に、完全に「政治家」に転んだのです。総裁公選直後、「藤友会」という名の藤山派が誕生し、「総理」を勝ちとるためのいわば戦闘集団が生まれます。衆参合わせて四〇人ほどでの出発でした。

以後藤山はこのグループを拠点に、二度総裁選に挑戦します。この闘いには、もちろん半ば公然と札束が飛び交います。藤山はその育ちのよさからくるのか、あるいはそこが「素人政治家」といわれるゆえんなのか、カネについては驚くほど率直に証言しています。

藤山の政治資金に関する最大の特徴は、それがすべて私財をもって賄われたということです。「カネをつかう合理的な基準のない」（藤山愛一郎）政界では、総理になるための資金は、日常的に湯水のごとく流れ出ていきます。まず派閥議員それぞれの選挙資金、彼らに対する盆・暮れの「中元」・「餅代」、さらに料亭・ホテルでの各種会合費、そして多種多様な「活動費」、挙げれば切りがありません。

藤山さんの回顧録によりますと、最初に手放した私財は、ある会社の株式一〇〇万株でした。東京白金台にある一万坪ほどの土地と五〇〇坪の二階建て洋館の本邸も、比較的早く売られました。ルノアールやピカソを含む藤山コレクションの多くの名画も売却されました。その他さまざまな企業の株式が放出されたということです（前掲『政治わが道』）。前述のホテルニュージャパンもすでに処分されていたことはいうまでもありません。

さすがに藤山コンツェルンの資産も、「とうとう底をついて」しまいます。政治家人生の後半からは、親しい友人たちに政治資金を幾分頼るようになりますが、基本的には「自分のカネでやれるだけのことはやりたい」（同書）というのが、藤山さんの流儀でした。

藤山氏の「政治の季節」は、いよいよ終わりに近づいていました。巨額の私財を投じてまで「総理」を追い求めた藤山さんは、インタビューでこう呟きます。「（政治の世界は）分からないですよ。日本の政治は、やっぱり、吹っ切りがつきませんわね」。

三　形影相伴うがごとく――「安保担当大臣」福田赳夫

事務所の取り合い

元首相福田赳夫氏とのインタビューが実現したのは、一九八二年の九月でした。鈴木善幸首相が退陣表明をするほぼ一カ月前のことです。福田さんを訪ねたその場所は、赤坂プリンスホテル（赤プリ）の旧館でした（超高層ビルの新館は一九八二年に完成し、二〇一三年には建て替えのために解体された）。優雅なデザインを施した玄関ホールに入りますと、木製の階段が二階にのびています。手摺《てす》り子にツイストや花飾りを重厚に彫り込んだこの階段を上がったところに、福田さんの部屋がありました。

一九五五年ホテルとして開業したこの赤プリ旧館のオーナーは、いわずと知れた西武鉄道の創業者堤康次郎です。この赤プリ旧館は、戦前の日韓併合時代に韓国李王家の邸宅として使われていたものです。二万坪という広大な敷地に築かれた、瀟洒《しょうしゃ》なチューダー様式の木造二階建て（地下一階）の洋館は、格調冴えわたる佇まいをいまに残しています。この洋館の一角が、実は福田派の根城になっていたというわけです。

この事務所の使用権が福田派のものになるについては、それなりに激しい「取り合い」があったといわれています。しかも争いの相手方が、かつて同じ岸派だった川島正次郎、椎名悦三郎、赤城宗徳ら長老たちのグループ（川島派）であったことは、やはり意味深長です。岸首相退陣の二年数カ月後（一九六二年一〇月）岸派が正式に解散しますと、同派は福田派と川島派に分裂し（その他一部は藤山派に流れた）、この二派は事務所獲得をめぐっても争ったわけです。

ホテルのオーナー堤康次郎は、次のようにみずからの考えを表明します。「私は、福田さんの一高時代から長い間懇意にしています。大蔵省に入られてからも、何かとご意見をうかがいました。（事務所を）お貸しするなら、福田さんです」（福田赳夫『回顧九十年』岩波書店、一九九五年）。ともあれ私がこの古色豊かな赤プリ旧館に着いたのは、昼下がりの二時頃だったように思います。

気さくな政治家。これが福田さんから受けた第一印象でした。偉ぶったところは微塵もなく、態度は自然で、意外にといっては失礼ですが、思っていたよりもソフトな雰囲気を湛《たた》えていました。文字通りの瘦身《そうしん》で、背筋をピンと伸ばし、お歳（七七歳）よりも少し若くみえたことを覚えています。福田さんはインタビューの間ずっと脚組みをされて、しかも足首をしきりに揺すりながら、何か自身の話にリズムをつけているようでもありました。

私が福田さんにインタビューをお願いした主な目的は、もちろん安保改定をめぐる政治過程について証言してもらうことでした。なかでも、福田さんに関連してとくにお訊きしたかったのは、次の二点でした。一つは、岸内閣の閣員（農相）としていわゆる「五・一九採決」、すなわち一九六〇年五月一九日深夜の新安保条約強行採決の前後に、岸側近としてどのような行動をとったか、いま一つは岸首相が手がけた何回かの党・閣僚人事をはじめ、首相の側近でなければ知りえない諸事実の証言を得たいということでした。

岸と福田

福田証言の内容に入る前に、その証言の背景ともなる福田赳夫と岸信介との関係に触れなければなりません。というのも、福田赳夫が戦後史に刻んだその行動軌跡は、つねに岸信介の行動軌跡と重なっているからです。

そもそも福田と岸の交わりは、戦後に始まります。大蔵省のエリート官僚として出世街道を駆け抜けてきた福田赳夫は、敗戦時にはすでに秘書課長と大臣秘書官とを兼任していましたが、その二年後の四七年九月には、大方の予想通り省内中枢の主計局長に昇進します。四二歳の若さでした。しかし「好事魔多し」とでもいいましょうか、翌四八年にはいわゆる昭電疑獄事件(昭和電工社長の日野原節三が復興金融金庫融資の獲得に関連して起こした贈収賄事件)で収賄の容疑をかけられ、休職を余儀なくされます(無罪判決)。彼は「次官」を待つことなく、一九五〇年一一月大蔵省を退官、二年後の「抜き打ち解散」(一九五二年八月吉田首相が自由党内反吉田勢力に先手を打って解散)による総選挙(一九五二年一〇月)に群馬県から無所属で初当選します。四七歳にして、いよいよ福田の政治家人生が始まるのです。

福田が岸と政治行動をともにするのは、それから間もなくのことです。福田が初当選してわずか五カ月後(一九五三年三月)のあの有名な「バカヤロー解散」による総選挙で、岸が戦後政治に復権を果たしたからです。岸は吉田の自由党に身を置きながらも、「政界再編」の旗を掲げて反「吉田体制」の新党運動に向かうのですが、無所属で満を持していた福田は、この岸の「政界再編」に合流していくわけです。

以後、形影相伴うがごとく、岸の行くところつねに福田の姿がありました。事実、反「吉田体制」を旗印に結成された日本民主党（一九五四年結党）で、福田は岸幹事長の下で筆頭副幹事長や政調会長に就いたのを手始めに、一九五五年の自民党結党後は、政調会長（岸政権）、幹事長（同）等々、絶えず岸を補佐する立場にあって、いわば日の当たる場所を占めていたわけです。岸がいかに福田を重用していたかが分かります。

岸傘下の政治家たち、とりわけ戦前から岸を支えてきた川島正次郎、椎名悦三郎、赤城宗徳らは、いわば〝新参者〟の福田が岸の鍾愛《しょうあい》を一身に受けていたこの光景をどう眺めていたか、このことが岸派内の人間関係を複雑にし、そのダイナミクスが、最高権力者岸信介の政治的決断に時としてさまざまな影響を与えていくのです。

閣僚人事の波乱

岸がいかに若手の福田を育てようとし、同時に彼をいかに頼りにしていたかを示す一つのエピソードがあります。いわゆる「五九・六人事」です。一九五九年六月、岸首相は岸政権最後の人事工作に着手します。安保改定を仕上げるために党内融和を図る、これが「五九・六人事」の最大の目的でした。前年一〇月四日安保改定日米交渉が始まりますが、これとほとんど同時に起こった、いわゆる「警職法改正」騒動を機に党内派閥抗争は激化し、以後これが止むことはありませんでした。参議院選挙（一九五九年六月）で安定多数を確保した岸が、党・内閣の人事改造すなわち「五九・六人事」に手をつけたのは、安保改定のためにこの党内抗争を鎮めて挙党体制をつくりたいという彼の悲願の表われでもあったのです。

この人事工作で、福田は岸から閣僚人事の原案づくりを命じられます。当時福田は幹事長でしたから、この種の人事で総理の「参謀格」になるのは当然です。しかし、他に現職の官房長官である赤城宗徳や、次期幹事長に復帰予定の川島正次郎ら、しかるべき重要側近が現職の幹事長と同列にあってもおかしくはありません。にもかかわらず、岸にとって福田は別格であったようです。

福田さんはこういいます。「この人事については、ほぼ全部にわたって岸さんから相談にあずかった」。続けて彼はこう振り返ります。「組閣完了の二日前、岸さんは私に組閣の骨組みを話し、閣僚職名の入った紙を渡して、空欄に名前を入れるよう指示したんです。そのとき岸さんは「川島幹事長」「佐藤総務会長」を前提にしてこの組閣名簿をつくることを命じたが、「大蔵大臣の欄だけはブランクにしておけ」ということだった。そこで私は名簿を整理してもっていくと、岸さんは……最後にブランクになっている蔵相の欄に「福田赳夫」と書いたんです」。

福田さんはさらにこう続けます。「そのあと岸さんの指示は、河野さんは（内閣に）入らない、ということでした」。「河野は入らない」という事態は、岸首相にとっては苦しい結果であったといえます。というのは「五九・六人事」の主眼の一つは、過去半年余り、何かと「反岸」の行動を際立たせている河野をもう一度主流派に取り込んで安保改定に協力させるために、是が非でも河野を入閣させることだったからです。

　岸さんはこの件について次のように回想しています。「私はこの党・内閣改造がいよいよ安保改定の最後の仕上げをする人事だということで、本当の挙党一致の布陣をつくりたかった。それで河野君と池田君の両方を内閣に入れるつもりだったんです。ところが池田君は当時、河野とは倶《とも》に天を戴《いただ》かずということをいっておったんだ。そこで、私はそれまでの経緯からして、できれば河野と池田を閣内に入れたいが、池田が河野と一緒に入閣するのを拒むなら、河野だけはどうしても閣内に入れたいと思ったんです」。

福田赳夫

　しかしこの人事にかける河野の本心は、実は「入閣」ではなく、「次期総裁」への必須条件とされる「幹事長」でした。入閣を岸から懇請された河野は、これを頑強に拒否します。そこで岸首相は「池田入閣」を推進し、池田もまた、「次期総理」に近づいていることを直感したのでしょう、周囲の猛反対を振り切って、ひとり岸の要請に応じます。

これについて池田の側近であった宮沢喜一さんは、私とのインタビューでこう証言しています。「半年前（岸内閣に反対して閣僚を）辞めたのに「また入った」といわれたくなかったので、池田本人以外はすべて反対であった。「（認証式用の）モーニングなどもっていく必要はない」と池田夫人もいっていたくらいだ」。

農林省に行かない農林大臣

しかし、ここからまた一波乱が起きるのです。福田さんの話を聞きましょう。「組閣の日の朝七時頃岸さんから電話があり、「相談をしたいのですぐ来るように」ということだった。朝食抜きで駆けつけると、岸さんはこういうんです。「いま弟（佐藤栄作）が裏の塀を乗り越えてきて大喧嘩をしたところだ。あいつが「大蔵大臣を辞めない」と言い張るんだ」……（佐藤さんは）タクシーで乗りつけてやってきて「私は大蔵大臣を辞めない。（総理大臣が）私を辞めさせるには罷免権の発動だ」というので大喧嘩になったらしい。（岸さんは）「ねえ君、兄弟で罷免権発動というのはどうかなあ」と私に訊いたんです。私が「それはそうですよ」というと、岸さんは「それでは君、大蔵はやめて経済閣僚のどこかにいくか」というんです。「君、通産になってくれ」といって、通産大臣は福田赳夫ということになったんです」。

ところが、前述の「池田入閣」に関連することですが、彼が要求したポストは、実は「通産大臣」でした。岸首相から同日の昼頃、また福田に呼び出しがかかります。池田は、六年半前の一九五二年一一月通産相として、「中小企業の倒産や自殺もやむをえない」と発言し辞職に追い込まれました。あの無念を晴らしたいといって、彼はこの人事で「通産大臣」を要求したというのです。福田さんは続けます。「岸さんは「それでは君、残る経済閣僚は農林か経企庁だが、君の選択だ」というので、私は「農林をやりましょう」といって、結局これに決まったんです」。

さて、二転三転の末この「五九・六人事」で農林大臣になった福田さんですが、彼の言によれば、「農林大臣ではあるけれども、私の仕事の、そうですね、半分は安保かな」というわけです。しかしやがて、「半分は安保かな」どころではない事態が福田を襲います。

農相着任後半年が過ぎた翌六〇年に入りますと、つまりワシントンで調印された新安保条約案が国会に提出されますと、「それはもう農林大臣というよりは、(岸内閣の)安保担当大臣みたいなものだった」(福田赳夫)というのです。福田さんによれば、とりわけあの「五・一九採決」から「岸退陣表明」までの一カ月間、「安保担当大臣」はもっぱら首相官邸に詰めていて、「農林省には一度も足を踏み入れることはできなかった」といいます。福田さんは回顧録でこう記しています。「岸首相としては、私を官房長官代わりにいろいろ使ったわけである」(前掲『回顧九十年』)。

福田重用の波紋

当時の官房長官は、椎名悦三郎でした。椎名といえば、岸が商工省の革新官僚として名を馳せていた頃から、直系の部下として岸をあらゆる局面で支えてきた人物です。岸が満州国経営のため当地に渡るにあたって、まずその先鋒として渡満したのが、椎名です。岸が戦後巣鴨プリズンにあったとき、「岸信介釈放嘆願書」なる申し立て書をマッカーサー元帥に提出したのも椎名でした。椎名は岸の最も古くして最も信頼できる側近中の側近であり、戦後は互いに政治家となっても、その関係は不動のものでした。

しかし、岸政権発足に前後して福田が急速に岸の右腕として台頭しますと、川島や赤城がそうであったように、椎名の心中もまた穏やかなはずはありません。福田へのジェラシーと岸への不信感が椎名の胸中を揺るがすのです。「五・一九採決」後のあの修羅場のなか、「岸首相が官房長官(椎名悦三郎)を呼んだところ、どこにいるか分からないという一幕もあった」(前掲『回顧九十年』)というのです。この由々しき事態は、福田を「官房長官」・「安保担当大臣」に〝任命〟した岸に対する、椎名の「抵抗」という一面をうかがわせるものです。

ボスに対する部下の抵抗が、あるいは歴史の分岐点になったかもしれないという意味では、川島幹事長が「解散」のタイミングをめぐって総理岸信介に徹底〝抗戦〟したことは、記憶されてよいでしょう。岸は六〇年一月新安保条約をワシントンで調印して帰国した直後、解散・総選挙に打って出る決意でした。「総選挙をしても、私は決して負けはしなかった」とみずからのべているように、岸は勝算を確信していたようです。しかし岸の「解散」への決意は、「選挙運動の全責任を持つ」幹事長、つまり側近の川島に阻まれてしまうのです。

岸内閣の運命の分かれ道は、ここにあったといえるでしょう。あのとき、新安保条約案を国民に示してその信を問うという憲政の常道を踏めば、少なくともあれほどの安保騒動はなかったでしょう。「解散」断念のとき、岸さんは苦悩のなか「眠れなかった」とインタビューで打ち明けています。

それにつけても、この頃すでに幹事長川島が、長年の盟友岸信介に微妙な心理的違和感を抱いていたことは間違いありません。「新参者」福田赳夫を重用する岸に不満だったからです。党人派川島からすれば、「官僚を贔屓《ひいき》する岸信介」と映ったのかもしれません。大野伴睦、河野一郎ら同じ党人派と気脈を通じつつ、川島は岸の政治的決断に対してときには側近にあるまじき抵抗をしていくわけです。

いずれにしてもエリート官僚出身の若手政治家福田赳夫に対する岸の偏愛ともいえるその重用ぶりが〝身内〟に投じた波紋の絵模様は、それ自体過大評価されてはなりませんが、はしなくも「政治とは何か」つまり政治の本質の一端を照らし出しているようでもあります。

こうした文脈からすれば、岸首相が退陣表明（六月二三日）の一週間ほど前に、すなわち六月一五日の樺美智子事件の直後に「総辞職声明」の案文作成を密かに命じたその相手が、椎名官房長官でも川島幹事長でもなく、福田であったというのも頷《うなず》ける話です。岸は樺美智子事件のあと「アイク訪日中止」を決めるのとほぼ同時に「退陣」を決断しますが、その胸中を知っていたのは福田ただ一人であったというわけです。福田さんはいいます。「安保条約成立後すぐに総辞職だなということが二人だけの暗黙の了解事項となった」(前掲『回顧九十年』)。

一般に政治は、それが非常時になればなるほど、誰がどんな仕事をするか、第三者には見当がつかなくなります。通常の業務なら、制度上の該当部署にある者がそれぞれ一個の〝機関〟として動きます。しかし伸《の》るか反《そ》るかの危機的状況ともなりますと、トップリーダーがこの通常のルートを無視して、例えば岸が福田についてそうであったように、手もちの人材を非公式ないし隠密裏に活用することは、よくあることです。

米大使との秘密交渉

話は少し戻りますが、安保改定過程における非常時に、なかでも「五・一九採決」後の危機的状況にあって、福田農林大臣はどんな役どころを岸首相から与えられたのでしょう。それは、「アイク訪日」に関連してマッカーサー駐日大使と秘密裏に交渉すること、そして、もし「アイク訪日」中止の事態になるなら、「訪日断念」の意思表示を日本からではなくアメリカ側からしてもらうようマッカーサーを説得することでした。

もともとアイゼンハワー大統領の日本訪問、すなわち「アイク訪日」は、新安保条約調印にあたってもたれた岸・アイゼンハワー会談(一九六〇年一月)で取り決められたものです。「日米修好一〇〇周年」を記念して、アメリカ国家元首が五カ月後の「六月一九日」に、岸の招請を受ける形で日本を国賓として公式訪問するというものです。

もちろん岸首相としては、「六月一九日」までに新安保条約が日米両国議会を通って批准書交換を済ませているという絵柄が、脳裏にあったことは当然です。新安保条約完成のうえ、日米関係史上初めて米大統領を迎えたとなれば、いやがうえにもみずからの歴史的評価は高められ、しかも政権基盤が強化される、これが岸首相自身の計算であったに相違ありません。

しかし内閣総理大臣といえども、万能ではありません。国会では野党第一党の社会党があの手この手で新条約成立を阻もうとし、院外では労働組合主導の大衆闘争が逆巻きます。国会会期末が迫るなか、岸政権は結局のところ「五・一九採決」、すなわち新安保条約の自民党単独強行採決へと追い込まれてしまうのです。しかし「五・一九採決」に伴う一連の政治騒動は、新条約の是非論よりも、むしろ議会制民主主義に対する国民の危機感を一挙に噴出させたのです。地方を含めて院外大衆闘争の動員幅は大きく拡がり、街頭デモは空前の規模に達します。

前に触れましたように、「五・一九採決」から一週間後(五月二六日)の「五・二六闘争」は、戦後最大規模の交通ゼネスト(五六〇万人動員――総評発表)すなわち「六・四闘争」へと発展します。「岸打倒」・「安保反対」・「アイク訪日阻止」の大衆闘争は、「五・一九採決」以前とはその質と量において全く違った次元を呈します。「アイク訪日」の六月一九日が刻一刻と近づくにつれ、外国の元首を果たして無事に迎えることができるのかという岸政権の焦燥感は募ります。警察力への不信・不安とともに、政府内に「自衛隊出動」論が出てきたのも、この「六・四闘争」の前後からです。

戦後屈指の規模に拡大したこの「六・四闘争」が、実は山猫スト（労働組合員が指導部の承認なしに突発的に行なうストライキ）であったということは、全くといってよいほど知られていません。当時安保改定阻止国民会議に日本共産党から派遣されていた鈴木市蔵氏は、こう証言します。「（安保改定阻止）国民会議のあの名前でストはやったが、あのときのは正直いって山猫ストなんですよ。（指導部からの）ストライキの指令というのは、どこからも出ていない、強引このうえない山猫だっていうことは百も承知で、やった連中はクビが飛ぶかもしれないということも覚悟して、共産党のフラクションを通じてやらせたんです」。

さて福田農相ですが、あの「五・一九採決」のときには日本を留守にしていました。四月中旬（一三日）からおよそ一カ月間、日ソ漁業交渉でモスクワに滞在し、彼が帰国したのは「五・一九採決」の三日後すなわち五月二二日でした。福田さんはこう回顧します。「私がモスクワからの帰りに、あれはパリ経由ですから、パリで一泊して飛行機に乗ろうとしたら、あそこ（駐仏日本大使館員）の人がわざわざ駆けつけてきて夕刊を差し入れてくれたんです。ですから、「会期延長」と「新条約」の議案が相次いで（衆議院で）可決されたことを機内で知ったわけです。大変な騒動のなかに帰ってきたんです」。

福田さんは帰国早々、事態の深刻さを誰よりも強く感じたようです。「それ（「アイク訪日」）はもう初めから無理だと思った」という彼の言が、このことを物語っています。しかも福田の厳しい情勢判断は、期せずしてアメリカ側にも、このときすでに共有されていたのです。このことは、マッカーサー大使が本国に送った「日本情勢」に対するハーター国務長官の返電にみてとることができます。つまりハーターは、早くも「五・一九採決」の四日後(五月二三日付)には「大統領指示」として、「訪日延期」の可否を検討するようマッカーサー大使に求めているのです。

同電報によりますと、大統領は「延期」の場合の新たな「訪日日程」まで具体的に構想しています。ハーターはこうのべます。「(大統領は)共和党大会出席(七月二六日あるいは二七日)直後、極東諸国とともに日本を訪問することができないかどうか、みずから検討している」(Outgoing Telegram No. 2763, Eyes Only For Ambassador from the Secretary, May 23, 1960)。

ところが、この返電を受けとったマッカーサー大使の反応は、意外なものでした。二日後(五月二五日付)の国務省宛電報で彼はこう主張します。「大統領が訪日延期のイニシアティブをとるのは重大な誤りである」(From: Tokyo, To: Secretary of State, No. 3825, May 25, 1960)。

マッカーサーからすれば、訪日招請を受けたアメリカ側がこの問題で主導権をとることは、次のような理由から間違っているというのです。第一にアメリカが「日本の共産主義者および左翼の脅しや圧力に屈する」ことになり、第二に「(アメリカが)岸政権を見捨てた証拠として政権党内反岸勢力や労働界からみなされ、これが岸に致命的打撃を与えてしまう」ということです。つまりマッカーサーがワシントンに向けて何よりも訴えたかったのは、「仮に訪日延期があるとしても、そのイニシアティブが日本政府のそれであることが最も重要だ」というわけです(*Ibid.*)。

マッカーサー大使がこの電報を本国政府に送ったまさにその日(五月二五日)、福田・マッカーサー会談が開かれます。アメリカ側の資料(Chronology of Ambassador MacArthur's Meeting with Prime Minister Kishi and Other Japanese Government Officials Prior to Postponement of President's Visit, May 25, 1960)をみますと、この会談で福田は大使にこう要請します。すなわち現下の政治状況からして、「新条約が最終的に承認される日」(六月一九日)に米大統領が訪日するのはタイミングとして必ずしもベストではなく、したがって「アイク訪日」を「一〇日ないし二週間」延期すべきことを、福田は主張したのです。

しかしマッカーサーは、「一〇日ないし二週間」の延期は「問題外である」としてこれを一蹴する一方で、「八月訪日」を岸首相が自分(マッカーサー大使)に検討するよう望むなら、「喜んでそうする」と応じています。

問題は、「延期」について日米のどちらがイニシアティブをとるか、簡単にいえば、「延期」をどちらがいいだすか、ということです。一見単純なこの問題について、最後まで日米間で合意に至らなかったことが、「五・一九採決」後における政情危機の核心でもあったのです。つまり、もしあのときこの問題で日米が早々に合意していたなら、事態は相当変わっていたでしょう。

福田さんはインタビューでこう証言します。「私はこの会談(五月二五日)でマッカーサー大使に「せっかくの招待だが辞退したい、ということをアメリカ側から示唆して欲しい」と要請したが、マッカーサーの答えは「アイクがわが国の大統領として外国から招請されてこれを実行できないということをみずからいうことはできない」というものでした」。福田さんは続けます。「(それ以後）何回も何回も（交渉を）やったんだが……ついにマッカーサーの理解するところとはならなかった」。

ただ興味深いのは、岸首相が一方でみずからの分身としてしかも非公式に、次善策としての「延期」の線で福田をマッカーサーと交渉させつつ、他方で公式ルートすなわち外務省を使ってマッカーサー大使と接触させていることです。福田・マッカーサー会談の翌日、すなわち五月二六日の藤山外相とマッカーサーの会談は、とくに重要でした。藤山外相はマッカーサーに向かってアメリカ側の「訪日延期」論にこう反論します。「保守党内にいろいろ議論はあるが、岸・藤山は熟慮の末、大統領訪日が……予定通りすすめられることが最善であると考える」（From: Tokyo, To: Secretary of State, No. 3871, May 26, 1960）。

藤山が「予定通り」を主張した最大の理由は、「アイク訪日」がもし中止にでもなれば、新条約はもちろんのこと、日米同盟そのものの破綻につながる、ということにあります。しかしこの藤山の主張に対して、マッカーサーも譲りません。彼は「アイク訪日」の「中止」はともかく、あくまでも「延期」の可能性を検討すべきことを訴えます。このことは、「七月末から八月初旬まで」の「延期」が、米政府の固い意思であることを示しています。

しかしここでもやはり、政治は「一寸先が闇」であることを関係者は思い知らされます。この藤山・マッカーサー会談についてマッカーサーから報告を受けたワシントン政府は、一転、態度を変更するのです。すなわち、五月二六日付マッカーサー宛ハーター電報は、日本側の「予定通り」に全面的に歩み寄るものでした。予定通りの大統領訪日が岸にとって「死活的に必要」であるなら、「大統領は(日本に)行く用意がある」というものです(SENT TO: Amembassy, Tokyo, No. 2795, Eyes Only For Ambassador From Secretary, May 26, 1960)。アメリカはここにきて、日米同盟の守護者岸信介を守るために、「訪日のタイミングについては、岸の判断に従う」とまでいい切るのです。

ところが、六月に入って起こった前出「六・四闘争」から「ハガチー事件」(六月一〇日)へと政情悪化が決定的になるなかで、このアメリカ側の譲歩も揺らぎます。「延期」を主題とする福田・マッカーサーの秘密ルートが再び活性化するのです。「延期」の主導権をどちらがとるか、の激しい議論が続いたであろうことは想像に難くありません。しかし、運命の日がきます。六月一五日の「樺事件」、すなわち国会構内に雪崩れ込んだデモ隊のなかで一人の女子学生が圧死する、という事件です。この事件の衝撃に耐えられず、岸はついに「アイク訪日中止」を決定します。岸が「退陣」を密かに決意したのは、このときです。これをもって福田の隠密行動も、霧のごとく消えていったというわけです。

「手ぬぐいをぶら下げて……」

しかし「陰の官房長官」・「安保担当大臣」福田赳夫の仕事は、これで終わったわけではありません。「アイク訪日中止」の決断(六月一六日)とほぼ時を同じくして「退陣」を決意した岸首相が福田に「総辞職声明」の草案づくりを密かに命じたことは前出の通りですが、この頃首相はもう一つの仕事を福田に指示します。つまり岸が福田に求めたのは、新安保条約が三日後に参議院で自然承認されたときの「政府声明」(官房長官談話)を党側に了解させることでした。

「政府声明」は、実際新安保条約の自然承認と同時に「官房長官談話」として発表されたことからも分かるように、この文案については、本来なら椎名官房長官が党内説明に当たるはずのものです。ただ前出の通り、首相と官房長官との間に〝隙間風〟が吹いていたとなれば、首相がもう一人の「官房長官」にこの大事を命じたとしても不思議ではありません。

一九九五年放送のＮＨＫスペシャル「六〇年安保と岸信介」制作のとき、ＮＨＫ取材班が「安保改定」をめぐって関係者にインタビューしたことがあります。たまたま私がこの番組取材に協力した際、何人かのインタビュー記録に接することができました。そのなかに次節(本章第四節)で引用する水野清(防衛庁長官秘書官)および自衛隊幹部(和田盛哉《もりや》、池渕良次)のほかに福田赳夫さんも含まれていました。

この福田インタビューによれば、上記「政府声明」案文は、旧赤プリに陣取っていた大野副総裁・石井総務会長・船田(中)政調会長にもたらされます。しかし、福田の指示でこの案文を持参した内閣官房のスタッフは、大野から「怒鳴り返された」といいます。同案文に「総辞職」の文言がなかったからです。つまり「総辞職」を岸がこの「政府声明」で表明しなければ、「宮中に累を及ぼす」というのが、大野らの主張だったのです。国会包囲のあの大群衆が、新条約成立後も岸政権「存続」と知れば、天皇の御璽《ぎょじ》を戴くために宮中に批准書が回ったとき、その群衆が皇居に入り込むだろうというわけです。

調印された新条約は、議会を通過しただけでは発効しません。日本の場合、条約の締結意思を国家として最終確認するために、天皇の印すなわち御璽を刻した批准書をつくり、これをアメリカ側の批准書と交換してはじめて、新条約は効力をもつことになるのです。

岸は再度大野らへの説得を試みます。今度は福田が旧赤プリに行くことになります。福田は首相官邸から旧赤プリに向かう途上、群衆に悟られぬよう「変装」までした当時の様子をこう証言します。「手ぬぐいをぶら下げて……町の労働者かなにかのような格好になって、そして、お供というかボディガードには(自民党代議士の)福家俊一《ふけとしいち》君をお願いしましてね、二人で総理官邸の裏口から通りに出て……無事に赤坂プリンスホテルの自民党領袖に会うことができた」(NHK取材班によるインタビュー)。

福田は大野らに「無事会うことができた」だけでなく、実はこれら党役員の「了解」を首尾よくとることができました。それは、福田によれば、「岸さんの大芝居」のお陰だったというのです。岸首相は、首相官邸を出発する変装姿の福田にこういったものです。「この批准書については、もうすでに一週間前ハワイにおいて交換を済ましている。宮中に累を及ぼすことはありません、と答えてくれ」(同)。

党役員たちは、福田が演じたこの岸の「大芝居」にコロリと参ったようです。実は福田も本当のことは知らされていなかったのです。福田は語ります。「私はね、岸さんを少しも疑わなかったなあ。「ははあ、手回しがいいことだなぁ」と思っておったんですが、あとでそんなこと（ハワイでの批准書交換）はあり得ないことだという報告を外務省筋から聞きまして、「岸さんがえらい大芝居を打ったものだなぁ」と思って感じ入ったんです」（同）。そして福田は、こともなげにこう呟きます。「（自分は）芝居の踊り子だよ」。

ともあれ、「大芝居」の〝好演〟の甲斐あって、「総辞職」への言及なきこの「政府声明」は自民党側の了解も得られ、今度は本当に天皇の御璽の入った批准書ができあがるのです。かくして、新条約の国会承認（六月一九日）から四日後の六月二三日、場所もハワイではなく東京で、藤山外相とマッカーサー大使は密かに批准書を取り交わすことができました。岸が総辞職を初めて表明したのは、批准書交換と時を同じくして開かれた臨時閣議においてでした。文字通り「大芝居」は終わったのです。

宮中からのアプローチ

最後に付記しておきたいのですが、福田さんとのインタビューで少し気になることがありました。「アイク訪日中止」は、いまのべたように、院外大衆闘争が六月一〇日の「ハガチー事件」から「樺事件」へとエスカレートするなかで決定的になるのですが、福田さんはインタビューで、「中止」の「もう一つの理由」をほのめかします。

彼は問わず語りにこういうのです。「そうそう、他にも(「アイク訪日」が)無理だというアレがあるんですよ」。私が「例えば……」と水を向けますと、彼は「これはちょっと申し上げられない」といいます。「宮中からですか」と問いますと、福田さんはあわてて、しかしきっぱりとこうのべます。「それも申し上げられない。申し上げられない」。私が「宮中からは(「アイク訪日中止」の圧力が)相当強かったのではないですか」と訊くや、「宮中の話は、私は知りません」と居ずまいを正した、あのときの福田さんの姿は忘れられません。

このように、「宮中からの圧力」について福田さんは否定も肯定もしなかったのですが、日本側の外交文書から部分的に分かったことがあります。宮内庁があの政情危機のなか「アイク訪日中止」を政府筋に働きかけたというのは、どうやら事実であったということです。

六月七日、つまり「六・四闘争」の三日後、宮内庁の原田健式部官長が外務省の須山達夫儀典長に電話でこう「内話」します。「個人的な意見であるが、大統領の訪日を再検討して貰いたいという意見が強い。右翼からも「陛下をひき出してはいけない。大統領と(車に)同乗させてはいけない」という投書が多く来ている。明日でも時間があれば山田次官とお話ししたい」(外交文書「米大統領訪日に関する件、六〇・六・七」)。

当時外国元首が国賓で訪日した場合、外交儀礼として天皇は羽田空港に出迎えて芝白金の迎賓館まで車をともにしました。激しいデモのなか、万一大統領に危害が加えられたとき、同乗の天皇にも累が及ぶのではないかという右翼の危惧ないし警告を宮内庁が引用しつつ、政権側に方針変更を暗に迫るという風景がみえてきます。福田さんが「申し上げられない」と連発したその中身は、この外交文書によってほぼ見当がつくことではあります。

四 「自衛隊治安出動」の瀬戸際に立つ――赤城宗徳とその周辺

「アイク訪日」と天皇

赤城宗徳という政客が岸信介の長年の盟友であったことは、よく知られています。赤城は、日中戦争の始まった一九三七年に衆議院議員になってから一九九〇年の引退まで、一五回の当選を果たした人物です。

岸と赤城の関係は戦前からのものです。翼賛選挙が行われた一九四二年、議会内には各省をサポートする委員会が生まれますが、商工省については商工委員会が設けられます。ここには、川島正次郎や赤城宗徳らが名を連ねていました。赤城が商工相岸信介と親交を深めたのは、この商工委員会であったと思われます。戦後一二年目の一九五七年、岸が政権を獲りますと、赤城は官房長官、防衛庁長官などの要職に就き、川島正次郎、椎名悦三郎らとともに岸の古参側近として同政権の屋台骨を支えることになるのです。

私が赤城氏を訪ねた主たる目的の一つは、同氏が岸内閣の防衛庁長官として、六〇年安保のときのいわゆる「自衛隊治安出動」問題にどう向き合ったか、その証言を得ることでした。「五・一九採決」、すなわち六〇年五月一九日深夜の岸政権による「国会会期延長」と新安保条約案の強行採決については、これまでたびたび触れてきました。この強行採決を機に「安保改定」をめぐる政治過程の主要な流れが、院内政治闘争から院外大衆闘争へと転結されていったことは、これまでお話ししてきた通りです。

戦後史最大の大衆闘争はこの「五・一九採決」以後日に日に高揚膨張し、これが「五・二六闘争」を経て未曽有の交通ゼネストすなわち「六・四闘争」へと拡大する頃には、日米間の国際公約である「アイク訪日」もまた重大な危機に見舞われるのです。新安保条約案は、それが「五・一九採決」で衆議院を通過し参議院に送付されたとなれば、その参議院で可決されるか、あるいは可決されずとも「三〇日間」経てば自然成立します。院外闘争がどんなに激しくなっても、政権側がこの危機的状況を「三〇日間」、すなわち六月一九日まで耐え忍ぶ覚悟と自信をもっていたことは確かです。

しかし、「アイク訪日」は別でした。一言でいえば、天皇の問題が絡んでいたからです。つまり第一に、米国元首のアイゼンハワー大統領を国賓として羽田空港に出迎えるのは、天皇でなければならなかった、ということです。したがって第二に、大統領がそして天皇が車で羽田から都内に移動する途上で、あるいは起こるかもしれない不測の事態をかわしつつ、大統領はもとより天皇の身の安全を確保する必要があったということです。そして第三に、大統領と天皇の身体的安危の

赤城宗徳

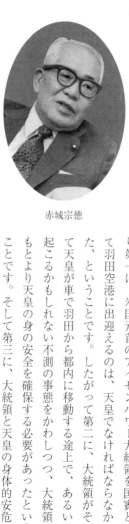

問題と同時に、日本側からすれば、天皇をいやしくも政治闘争、いや場合によっては暴力的騒乱の渦中に置くこと自体、由々しき惨事であるということです。だからこそ「五・一九採決」後早々に、岸側近の福田農相が「アイク訪日」延期の方向でアメリカ側と秘密交渉に入ったのです。

いずれにしても、前代未聞の交通ゼネストすなわち「六・四闘争」に前後して、岸政権がこれまでとは異なる状況認識をもちつつあったことは、事実です。つまり「アイク訪日」予定の六月一九日が近づくにつれて、この大統領訪日「阻止」の圧力は、「岸打倒」・「安保反対」の怒声と合体して日に日に激化し、それがついに六月一〇日の「ハガチー事件」へとつながっていくのです。岸政権は急速に追いつめられていきます。同政権が戦後政治のタブーともいえる「自衛隊治安出動」の誘惑に駆られるのは、まさにこの頃でした。

警察との相互不信

いうまでもないことですが、国内治安の第一義的責任は警察にあります。問題は、警察があの激しい街頭デモに対処するにあたってこの一義的責任を果たしうるのかどうか、ということです。しかし、岸政権は明らかにこの警察の能力に疑念をもっていました。岸さんはインタビューでこう話しています。「私自身警備力の不足を痛感しましたし、いまさら急にこれをどうするという わけにもいかん。……しかし一方においては共産党その他の勢力が勢いをつけるという状況もあった。警察力を強化しなければならないと分かっていながら、それができなかった」。

戦後といってもわずか十数年、警察の治安維持能力がごく初歩的な段階にあったことは事実です。赤城防衛庁長官の秘書官をしていた水野清は、こういいます。「当時の警察の機動隊というのは、いまと違って非常に弱体でしたからね。装備も悪かったしね」（ＮＨＫ取材班によるインタビュー）。

しかし、警察の治安維持能力をあれこれ議論することよりもさらに重要なことは、このとき岸政権と警察側の信頼関係に、ある種の亀裂が入っていたということです。しかも、その亀裂が例の「警職法」問題から生まれたことは無視できません。なぜなら、あのとき生じた亀裂は、それが癒されぬままこの六〇年安保騒動を迎えてなお疼《うず》いていたからです。

当時の警察官僚トップすなわち警察庁長官は、柏村信雄という人物でした。彼が同職に就いたのは五八年八月、すでに警職法改正案はできあがっていました。警職法改正の問題については本章第二節で少し触れましたが、柏村さんは、私とのインタビューでこういいます。「政府が本当に（警職法改正案提出の）腹を決めるのなら出そうと。そうでなければ、むざむざ警察官ばかりが悪口をいわれてアレするんだからということでね、ずうっと（警職法改正案の発表を）抑えておったんですよ」「最後には岸さんが「必ず（国会を）通すから」というので、それでは出しましょうということになったんです」。

いまだ戦前の警察に対する強い反発が残るなか、警察の職務権限を強化するための「警職法」改正がどれほど重大な意味をもつかについては、政府側もそして警察側もそれなりに熟知していました。それだけに、改正案の国会提出いやその前の閣議提出までの秘密保持は、厳格そのものでした。柏村さんの回想は、このことを物語っています。「(改正案を国会に提出すれば)大変なことになるということは、僕は予想できたわけですよ。警察がボロクソに非難攻撃を受けることは明らか。だから(改正案を国会に)提出するということは、おくびにも出さないでやっていたわけです」。

しかしどういうわけか、こともあろうに安保改定日米交渉が東京で開始された一〇月四日、奇しくも警職法改正の構想が新聞で報道されたのです。「反対」の声はあっという間に、あたかも燎原の火のごとく燃えさかります。社会党・総評を中心とする「反対」闘争は日に日に増殖し、国会に上程された「警職法改正案」はついに審議未了となります。柏村にしてみれば、政府がいよいよ腹を決めたというから、それで改正案を出したのに、「政府に裏切られた」という思いは否定できなかったようです。

警察当局の岸政権に対する不信感は、抜き差しならぬものになっていきます。「警職法改正案」が審議未了になったあと、岸政権から「もう一度国会に提出したい」という要請を受けますが、そのときの柏村の応答は、警察側の岸不信がいかに強いものであったかを物語っています。

柏村さんはインタビューでこう振り返ります。「(「警職法改正案」が)失敗したあと、ある有力政治家がですね、この間は本当に申し訳なかった、政府が責任をもって(改正案を)通すといっておきながら通さないで、と謝ってきた。もう一度(改正案を)出してくれ、今度は必ず通すから、というんだ。それを私は断った」「全国の警察官が罵倒されたわけなんです。反対運動でね。……警察不信にもっていこうという一つの動きがあったんです。だから私は、まだほとぼりも冷めないうちにそんなこと（「警職法改正案」の再提出）など絶対できないといいました」。

こうして生まれた警察・政府間の溝は、実は一年半後の「五・一九採決」を経てあの騒動のなかで顕在化します。赤城さんはインタビューで、当時警察当局が置かれた状況についてこう証言しています。「警察庁長官と警視総監は（アイク訪日時の警備については）自信がないという。とても自分たちでアイゼンハワーの安全を守る自信はないということだった」。陸上幕僚長として「自衛隊出動」問題に大きくかかわった杉田一次《いちじ》氏も、赤城さんと同じようなことをいっています。「警察は治安維持に自信がなかった。人数は集めたけれども、どうも本気ではないようにみえたのです」（佐瀬稔『自衛隊の三十年戦争』講談社、一九八〇年）。

警察に対するこうした評価について、柏村さんは強く反論します。「私は自信がもてないなんていうことは、一度もいっていない」。彼はこうもいいます。「（「警職法改正」の失敗の）しっぺ返しに柏村は警備にあまり力を入れなかったというような趣旨を書いているものもあるが、一国の警察の中心にいる人間が、過去のことで、しかも国家の大事にそんなことを根にもってやるなんてバカなことは……」。

それにつけても柏村という人は、直言・剛直の人物のようです。あの騒動のなか、しばしば岸首相に呼ばれているのですが、柏村さん自身の証言によりますと、あるとき彼は首相に直接こういい放ちます。「いまの反対闘争というのは、とにかく岸首相のやることだから怪しからん、ということです。この空気というのは、総理、あなた自身に対する反対運動なんですよ」。

確かに、治安維持に一義的責任をもつ警察はこのように岸政権に不信感をもち、岸政権もまた警察に不安と懸念をもっていました。政治の次元で事態を収めることを不可能とみた岸政権、しかも警察力ではこの騒動を収めることができないとみた岸政権は、ついに「自衛隊治安出動」を模索するに至るのです。

治安出動への圧力

本来「自衛隊出動」には、防衛出動、災害派遣、そして治安出動などがあります。もともと治安出動は、まずはそれが警察の主たる責任であるということからも、自衛隊においては前二者に比べて重視されていなかったといえます。実際自衛隊自身、治安出動についてはあくまでもこれを警察力への「後方支援」として位置づけていました。本来自衛隊に与えられている主要任務は、防衛出動すなわち「外部からの武力攻撃」を前提とする野戦であり、そして次に災害派遣であったからです。

つまり自衛隊にできることは、敵を殲滅《せんめつ》・鎮圧することです。したがって国内では内乱・内戦でも起きない限り、その技術は役に立ちませんし、むしろ事態を悪化させる可能性さえあります。しかも自衛隊には、警察のように群衆と接触しもみ合いながらこれを取り締まるなどという経験はなく、逮捕権もありません。となれば結局のところ、自衛隊の役割は、治安出動にあたっては警察を前面に立ててこれを「補助」するということになるわけです。

当時陸上幕僚監部第三部長として治安出動の作戦を担当していた和田盛哉さんは、こう証言しています。「たとえ治安出動の命令が下っても、やはり第一線で行動するのは、これは警察にお願いしたい。自衛隊のほうは、その後方を受けもってやる。通信連絡、輸送、それから補給、こういう希望をしておったわけです」（NHK取材班によるインタビュー）。

第一管区第一部長として治安教育訓練に当たっていた池渕良次さんも、この辺の事情をこう振り返っています。「その当時（治安）出動しても、どう対処すべきか基準がありませんから、現場に出動したはいいが、どうすればいいのか分からない状況でした」（同）。つまり警察は、警職法によって暴力への対処根拠をもっていますが、自衛隊にはこの種のものはないというのが本当のところでした。

こうしたなか、総理大臣の指揮監督下で隊務を統括する赤城長官は、「六・四闘争」に前後していよいよ「治安出動」の圧力にさらされていきます。赤城さんはインタビューで、「自衛隊を出せというのは、三回あったんです」とのべています。しかし、「自衛隊を出せ」といっても、それらが総理の「命令」でなかったということははっきりしています。なぜなら、総理の「命令」は絶対ですから、当時もしこの「命令」が正式になされていたなら、私たちは「自衛隊治安出動」を歴史の事実としてあのとき目撃したはずだからです。赤城さんがいう「三回」のなかには、総理の「命令」が入っていなかったことだけは確かなのです。

しかも、これら「三回」のうち少なくとも二回については特定することができます。いや、赤城さんが最晩年に出した回想記(『This is 読売』一九九〇年五月号)を読みますと、更なる「一回」がようやくみえてきます。「三回」を「三件」と読み換えたほうが、さらによく分かるような気がします。

一件目は、当時の蔵相佐藤栄作と通産相池田勇人からの圧力です。六月に入るか入らないかの頃から、つまり「五・二六闘争」を経てからでしょうか、佐藤と池田は、閣議の前後などに赤城をつかまえては「出動」を迫ったというのです。赤城さんは私とのインタビューでこう証言します。「佐藤と池田が『自衛隊を出せないものか』というわけだ。その頃は私のほうが強かった。彼らは週に一回か二回私のところに来て、アレ(自衛隊)は出せないものか、どうだろう、というんだ」。

赤城の側近水野清は、当時の模様についてこう回想します。「(赤城さんは)俺は、兄さん(岸首相)のためにやっているのに、弟(佐藤蔵相)からあんなにいわれて心外だよ、といっていた」(NHK取材班によるインタビュー)。また赤城は、普段「仲のよい」池田からも、強く「出動」を促されたことに「不快感」をみせていたというのです。

それにつけても佐藤・池田両大臣が、なぜこれほどまでに強くしかも幾度となく赤城に「自衛隊出動」を促したのでしょうか。両者のこの行動が岸首相の意向を代弁していたのではないかという説もあります。しかし何といっても重視すべきは、彼らが自分たちの恩師である吉田茂の「出動」強行論を背にしていた、ということです。吉田はあの物情騒然のなか、岸に書簡を出していたます。書簡をみれば、吉田がデモ隊の「強権的排除」をいかに強く主張していたかが分かります。

吉田は筆墨で認《したた》めた巻紙の書簡を、通常は郵送ではなく直接相手宅に届けます。岸が総理在任中、吉田から一二通の書簡を受けていますが、たまたま私はこれらをみる機会に恵まれました。「岸首相閣下」と宛名書きされた一二通のうちの一通が、あの「樺事件」直後(六月一六日付)吉田の執事によって岸邸に届けられます。吉田は欧米外遊からの帰国(六月一四日)早々、「出動」に逡巡する岸首相にこう檄を飛ばします。

すなわち、「デモ擾騒《じょうそう》事件捜索糾弾の為ニ、全学連、総評、社会党等、騒動ニ関係指嗾《しそう》せる一味を一勢《ママ》ニ収監取調ニ着手」(ルビは筆者)すべきこと、そして「唯ニ警察隊のみならず自衛隊、消防を動員」すべきことを、吉田は強く岸に迫るのです。吉田は、外遊中も佐藤・池田とこの問題でしばしば連絡をとりながら、そのつど両大臣に指示を出していたといわれます。佐藤・池田が赤城に対して折にふれ「出動」を要求したその背景には、この吉田の強硬論があったといえましょう。

幹事長からの要請

赤城長官に対する「自衛隊出動」圧力の二件目は、政権党幹事長川島正次郎が「出動」を要請したときです。赤城にいわせると、これは「ハガチー事件」に前後してあったようです。赤城さんはこういいます。「岸さんは、ずっと自衛隊を出す腹だった。だから、佐藤さんや参謀の川島さんに打診させたと思う」（前掲『This is 読売』）。その川島さんですが、彼はこう振り返ります。「そうしたある日、私はこっそり国会を抜け出し、東京・六本木の防衛庁に車を飛ばした。……私は赤城君と顔を合わせるなり「デモ隊鎮静のために手を貸してくれないか」ときり出した」（東京新聞編「川島正次郎」『私の人生劇場』現代書房、一九六八年）。

赤城インタビューによれば、川島幹事長はこういいます。「（自衛隊が何もしないから）評判が悪くて……何とかならんか」。この川島氏の「要請」に対して、赤城長官はこう応じています。「自衛隊はこれまで税金泥棒といわれて、唾を引っかけられてきた。だから自衛隊を出せば、武器をもたなければならない。しかし武器をもたせれば、何十万という群衆のなかで、一度機関銃をバーンとやれば、全国に騒乱が広がり、革命的になるかもしれない。かといって武器をもたない自衛隊は警察より弱い。（自衛隊を）出すのは反対だ」。

しかも長官は、「俺だけの意見ではダメだから、陸海空三幕僚長を呼んで、あれですよ、川島をここに入れて、彼らに意見をいわせた」というわけです。三人の幕僚長の意見はすべて「出動」に反対でした。とりわけ陸上幕僚長杉田一次の「出動反対」は際立っていたようです。部下の和田盛哉さんはこう振り返ります。「私は（出動反対については）赤城長官もそうだと思いますが、本当は杉田幕僚長だと思います。（出動反対に）相当強い堅固な考えをもっておられました」（ＮＨＫ取材班によるインタビュー）。

杉田一次は旧陸軍大佐、第一七方面軍参謀の地位にあった人物です。二・二六事件のときは参謀本部の大尉でしたが、同事件の鎮圧部隊第一師団の参謀を兼任して反乱軍鎮圧に当たった人でもあります。戦後はＧＨＱ内の「Ｇ２戦史室」から自衛隊に入り、岸内閣になって東部方面総監から陸幕長に昇進しました。

この杉田の「出動反対」は、隊内のほぼ一致した空気を反映するものでもありました。和田によれば、「陸幕内でいろいろな準備会議をやるときでも、「私はいやだ」、「私はいやだ」とみんないうんですよ」（同）。和田自身、杉田にこう主張しています。「私は命令が出たら、出動する準備は整えます。しかし、幕僚長は「出動」のないよう処置して欲しい」（同）。

いずれにしても、赤城に「出動」を促すため防衛庁に乗り込んだ川島は、三人の幕僚長の「出動反対」には相当感じ入ったようです。川島氏はこう回想します。「私もふくめて自衛隊出動の是非を論じ合ったが、結果は「出動すべきではない」ということに落ち着いた。私の意図と反する結果に終わったが、ほぼ一時間半、その議論は真剣そのものであった」（前掲『私の人生劇場』）。

川島幹事長が得た結論はこうでした。「（出動しても）催眠弾《ママ》も使えない。ほかに方法も見当たらず、結局内乱とならない範囲内では、自衛隊を使うことはできないことが判明した。私は各幕僚長の意見を聞いて納得し、再びデモの渦中にある国会に引き揚げるほかなかった」(同書)。

総理からの「打診」

防衛庁長官に対して、自衛隊を出すよう求めた三件目のケースは、自衛隊の「最高指揮官」岸首相による出動の「打診」ないし「要請」でした。岸が仮にひとたび防衛庁長官に出動「命令」を出せば、長官はそれに従って、自衛隊を直ちに出動させることになります。逆にいいますと、赤城長官に対する同じ「打診」・「要請」といっても、総理のそれは、いま触れた二件の事例とはその性格において全く異なるものです。なぜなら、「命令」権をもつ総理大臣からの「打診」・「要請」、いや単なる「相談」でさえも、つねに「命令」と表裏分かち難く結びついているからです。

それだけに、岸首相の言動は慎重でした。赤城さんは私にこういったものです。「岸さんも(自衛隊を)出せといったことはないといっているが、確かに、出せとはいっていない。出せと命令があれば、私は辞表を出す」。繰り返しになりますが、岸首相は「六・四闘争」前後から「ハガチー事件」(六月一〇日)を経由して「樺事件」(六月一五日)で院外闘争がピークに達するなか、結局防衛庁長官に出動「命令」を出すことはありませんでした。しかし、「命令」の一歩手前といってもよい「打診」・「要請」なら、確かに赤城長官は岸首相からこれを受けた、ということです。「アイク訪日」を予定通り実現したいという、岸政権のそれまでの固い意思が「ハガチー事件」

以後大きく揺らいでいったことは、間違いありません。しかしそれでも岸は「予定通りのアイク訪日」に依然執念を燃やします。岸政権の致命傷となった「樺事件」が起こる直前、（赤城によれば、「六月一四日か一五日のこと」ですが）、赤城は岸と会談します。そのときの模様を赤城氏はこう振り返ります。「南平台の首相私邸に呼ばれたわたしは、岸首相からじきじきに、自衛隊出動の強い要請を受けた」（赤城宗徳『今だからいう』文化総合出版、一九七三年）。

赤城さんは続けてこういいます。「わたしは、この事態においても、アイク訪日に自衛隊を出動させるべきでないことを直言した。悲壮な、まったく息づまるような一瞬であった。岸首相は腕組みをしたまま、黙って聞いていたが、最後にはついに納得してくれた。しかし岸さんは、あくまでアイク訪日は断念しなかった」（同書）。

赤城が「自衛隊出動」の圧力を「三件」、つまり三つの方面（佐藤・池田、川島幹事長、岸首相）から受けたことは前出の通りですが、岸首相に限っても、これまた少なくとも「三回」の要請・打診が彼からあったようです（前掲『This is 読売』）。もちろん岸から赤城へのこの種のアプローチは、上記「樺事件の直前」が最初ということではありません。「五・一九採決」後、岸が絶えず最悪の事態を想定して、「自衛隊出動」の可能性を赤城長官と対峙しつつ探っていたことは間違いないからです。

しかし「樺事件」の翌日（六月一六日）、事態は一変します。赤城さんの次の証言は、「樺事件」の衝撃のほどをよく示しています。「（樺事件の）翌日臨時閣議の席で（自衛隊出動を）いわれたら、出さざるをえない。そんなときにはどうしようかと、一晩悩んだ」「(実際に)臨時閣議になったわけですよ。そのときに自衛隊を出せと(岸首相から)いわれるんじゃないかと思ったが、「出せ」とはいわない。それよりも岸さんは、こちらから大統領の訪日を遠慮しよう、断ろうというんだ。こういう発言をこの閣議の冒頭にしたんです」。

「自衛隊出動」を断念するについて、前記の通り一度は「納得」した岸首相でしたが、その直後「樺事件」の痛棒を浴びせられた彼が、デモ鎮圧のための最後の賭けすなわち「出動」を決行して「アイク訪日」を断行するかもしれない——この悪夢に赤城は「一晩悩んだ」というわけです。

しかし岸は、それまで執拗にこだわっていた「アイク訪日」・「新安保条約成立」という名の「二兎」を追うのを諦めます。岸は「アイク訪日」を捨てて、新安保条約の「自然承認」(六月一九日)をひたすら待つという戦略に切り替えたのです。そしてこのとき、新安保条約完成と引き換えに密かに内閣総辞職を決意するわけです。あれほどまでに関係者に緊張を強いた「自衛隊治安出動」問題は、これをもって、とりあえず終止符を打つことになるのです。

国民への「畏《おそ》れ」

ところで、この「自衛隊治安出動」問題については、いまだ謎の部分が多いといえます。例えば赤城長官にまつわることですが、彼が終始「出動」に反対を貫いたと一般にいわれていますが、果たしてそうであったか、これを疑問視する声は以前からくすぶっていました。赤城氏自身は、「わたしは、当時自衛隊の出動には、もともと反対だった」(前掲『今だからいう』)といっていますが、この頃防衛局長として赤城を補佐した加藤陽三さんは、インタビューで次のように振り返ります。

「赤城さんが岸総理から自衛隊を出すかどうか相談を受けている。……私(加藤陽三)は出すことに反対でしたが、赤城さんは初めは賛成しかけた。恐らく岸さんにある程度(出動について)話していたんじゃないですかね。(赤城さんは)自衛隊を出したい意向だったですね。結局われわれが「出してはならない」ということで(出動を)止めたわけです。……そうはいっても事態がどう発展するか分からないから、一応の準備をしようじゃないか、ということでした。まず国会の周辺に鉄条網を張ろうという案が出ました」。加藤さんはもう一度繰り返します。「どうも初めは赤城さんは(出動には)やむをえないという気持ちだったと思う」。

はっきりしているのは、この「自衛隊出動」に関する限り、制服・非制服を問わず、防衛庁内の大勢が「出動」に消極的であったこと、これが長官の「出動」慎重論を強く支えたということです。とくに防衛事務次官の今井久の「出動反対」は、前記杉田陸幕長のそれとともに、赤城長官の意向に強く影響を与えたといえます。

今井久は旧内務省出身にして、赤城と同じ茨城県人でした。赤城長官の秘書官であった水野清は、今井の行動をこう回想します。「自衛隊ができて一〇年近く経って、せっかく災害派遣だとかいろいろなところに出動して国民の理解を得つつあったときに、例えばカービン銃に弾を込めてデモを鎮圧したということになれば、大変なことになる。過去一〇年の苦労が水泡に帰する。こういうことを今井さんはよく(赤城長官に)説明していました。赤城さんはそのとき、「そうだよ、君のいう通りだ」というようなことをいっておられた」。水野によれば、今井は折に触れ、「大臣、(出動は)絶対駄目ですよ」と強く忠言していたというのです(NHK取材班によるインタビュー)。

こうみてきますと、自衛隊出動が「阻止」された背景には、皮肉にも、といっていいかどうか分かりませんが、政治家よりも制服組をはじめとする防衛庁官僚のある種抑制された行動があったということです。そしてその行動の根底には、「同胞相撃つことは避けるべき」(杉田一次)という道義的抑制が働いたのは事実です。しかも重要なのは、こうした道義的抑制が自衛隊内における「組織防衛」という「自利」への強い意思に結びついていた、ということです。

一九六〇年当時といえば、陸海空三自衛隊がつくられて(一九五四年)、わずか六年しか経っていません。マッカーサー元帥が吉田首相宛書簡で命じた「警察予備隊創設」(一九五〇年)から数えても一〇年の歴史しかありません。事実上自衛隊は陸海空三軍から成る戦力保持の「軍隊」でありながら、歴代の保守政権はこれを、憲法九条が禁じる「陸海空軍その他の戦力」には当たらないとしてきました。当時日本社会党を中心とするいわゆる革新陣営からすれば、実態として戦力をもっている自衛隊はそれ自体「違憲」ということになるわけです。

つまり六〇年安保当時、自衛隊は国の基本法である憲法に照らしても、また社会的コンセンサスからみても極めて苦しい立場に立たされていました。自衛隊が「税金泥棒」といわれ「唾を引っかけられてきた」という、前出赤城長官の言葉は決して誇張ではありません。それでも自衛隊は、災害派遣などを通じて国民の理解・共感を少しずつ得るようになってきました。「自衛隊出動」問題が浮上したのは、まさにこの頃だったのです。

前出和田盛哉さんはいいます。「(自衛隊が出動すれば、民衆との間に)トラブルもあり、失敗もある。自衛隊の評価を下げてしまうのではないかと、われわれは心配しておったわけです」「(出動すれば)われわれもいろいろな方法を講じてある程度の成果を収めるということはできると思いますが、しかし自衛隊に対する(国民の)感情は、やっと培ってきたものがまた崩れてしまうという可能性が大でした。これは国の全般的な防衛体制ということから考えると、マイナスになりますからね」(ＮＨＫ取材班によるインタビュー)。自衛隊とりわけその幹部級が、内局とともにいかに組織防衛に神経を使っていたかが分かろうというものです。

つまり自衛隊は、当時その組織の脆弱性を知っていたからこそ「出動」に抑制的でした。そして何よりも、自衛隊は国民に畏れを抱いていました。しかし、この国民への「畏れ」が将来にわたって不変であるとは誰もいえません。戦前戦中の旧軍隊がそうであったように、いつか自衛隊が組織としてその強靱性に自信過剰となり、その「使命感」に自己陶酔するようなことにでも万一なれば、しかもたまたまそのとき六〇年安保と同じような危機的政情に出くわしたとしたら、さて自衛隊はどう出るでしょう。

自衛隊の行動よりももっと重要なのは、政治的エリートたちの意思決定です。「出動」の可否に直接かかわる岸首相や赤城長官らの胸奥には、いろいろな選択肢が渦巻いていたことは確かです。しかし彼らは、さすがに「出動」という名の最後の一線を前に辛うじて自己抑制の力を働かせました。戦後一五年、まだまだ戦争の記憶さめやらぬ一九六〇年のこのとき、戦前戦中の「失敗」がこの「最後の一線」を前に彼らを踏みとどまらせる力になっていたのかもしれません。

それでも「アイク訪日」・「新条約自然成立」に向かって状況が日々悪化して国会がデモ隊に包囲されたことから、何人かの閣僚はしきりに「戦車を国会に向けて前進させろ」と防衛庁に迫ったといわれています(池渕良次)。政治家の責任は重にして大です。政治家が広く歴史に通暁し、知性と胆力をもってその意思決定に最大値の合理性を貫徹させる、ということが求められるゆえんです。

もう一つの事実

いずれにしても、「六〇年安保」騒然のなか、自衛隊が「出動」に消極的であったことは事実です。しかしだからといって、自衛隊が「出動」への備えをしていなかったかといえば、決してそうではありません。いやそれどころか、戦闘集団としての自衛隊は、万一総理から「出動命令」が出たなら、それに応えて直ちに任務遂行する準備を進めていたことは、これまた一方の事実だったのです。

もともと自衛隊においては、治安出動が防衛出動や災害派遣に比べて重要視されていなかったということは、前にのべた通りですが、それでも一九五五年頃から治安出動のための演習は始めています。しかし、この治安出動に正面から取り組もうという問題意識が自衛隊にはっきり芽生えたそのきっかけは、五八年秋すなわち前出「警職法」騒動のときです。岸内閣の安保改定作業が進むにつれて、自衛隊は出動のための資材調達や訓練などを本格化させ、六〇年の「五・一九採決」の頃にはすでに出動準備を「完整」していたといわれます。そして「ハガチー事件」の頃には、あらゆる状況に処する態勢を整えていたのです。

まず、練馬駐屯地（東京都に所在）および朝霞駐屯地（東京都と埼玉県にまたがって所在）を中心におよそ二万人の隊員が待機しました。北海道から土嚢《どのう》や鉄条網を大量に取り寄せ、暴動鎮圧の前面に押し立てるための戦車およそ三〇両を集めています。アイク訪日に備えて、ヘリコプター一〇ないし二〇機が用意されました。これは、万一の場合天皇と大統領を羽田から皇居まで搬送し皇居内で歓迎式を行なう事態を想定してのことです。

非常時とはいえヘリコプターで天皇と大統領を皇居に運ぶというのは、いかにも奇策ですしリスクもありました。米大統領がヘリコプターで皇居に舞い降りたとなれば、デモ隊がその皇居を取り囲む事態は十分ありうるからです。これについて和田さんは次のように回想します。「何といいましてもやっぱり皇居は防衛上、わりと地理的に考えるといい状況ですからね。お濠があるし、暴徒がどうのこうのということはあまり心配することはないけれど、しかし皇居・皇室に対する国民感情にいくらかマイナスの要素が出てくるかもしれないということは考えました」(NHK取材班によるインタビュー)。

いずれにせよ自衛隊の出動準備が、出動に消極的なその本音とは裏腹に、岸首相の「出動命令」を前提に本気で進められていたことは確かです。しかし前にお話しした通り、自衛隊の「治安出動」にかかわる役割は、あくまで警察の「後方支援」として位置づけられていました。しかもこの「後方支援」には、二つの仕事があったということです。

一つは、自衛隊自身は実際には出動をせずに、警察の任務遂行を円滑にするため主として「補給」を担う、ということです。事実自衛隊は、全国から東京に集められた警察官のために隊舎六〇〇〇人分、毛布四万三〇〇〇枚、食糧二〇万食、車両二三五〇両等々を提供しました(杉田一次『忘れられている安全保障』時事通信社、一九六七年)。

「後方支援」のいま一つの仕事は、仮に自衛隊が実際に出動したとしても、可能な限り警察を前面に押し立てつつ警察の足らざるところを補助するということです。問題は、その現場で警察が力尽きたときです。当然自衛隊は、第一線でデモ隊に直接対峙しなければなりません。双方が興奮状態のなかで衝突し、何かのきっかけから隊員が銃を発射して死傷者でも出れば、大惨事発生は必定です。

結局のところ、自衛隊の「治安出動」は回避されました。岸首相が「アイク訪日中止」を決断したことによって、自衛隊は辛うじて治安出動を免れたのです。歴史はどう転んでいくか分かりません。赤城は後年こう述懐します。「もしあのとき自衛隊に出動を命じていたら、デモを激発してどんな事態になったろうかと冷や汗をかく思いであるし、自衛隊と国民とのミゾは文字通り深まり、今日の自衛隊の健全な発展はなかっただろう」（朝日ジャーナル、一九六九年一月一二日）。

ともあれ、岸内閣の「安保改定」がもたらした戦後史最大の政治的騒乱のなか、この「自衛隊治安出動」問題は、あるいは内乱になったかもしれない事態を、一個の「問題」にとどめたまま歴史の彼方へと消えていったのです。

五　「バルカン政治家」といわれて——三木武夫の異議申し立て

「議会の子」

岸内閣が安保改定を推進していたとき、三木武夫がいわゆる三木・松村派の領袖として、終始「反岸」・「反主流」を貫いたことは、よく知られています。その三木さんを一九八二年初夏のある日、都内の事務所に訪ねました。「安保改定」を含むさまざまな問題をめぐって、政敵岸信介とどのようなやりとりがあったのかを中心にヒアリングするのが、三木さんにお会いする目的でした。

三木武夫といえば、何といっても国会議員在職年数からすれば、当時最古参の議員の一人でした。衆議院初当選が日中戦争開始の一九三七年、のちに「在職五〇年」(一九八七年)で表彰されることになった政治家です。「議会の子」といわれるゆえんです。

太平洋戦争の始まる前年、すなわち一九四〇年には第二次近衛内閣が発足します。この年近衛文麿を総裁とする大政翼賛会の結成をみますが、代議士三年目の三木武夫は同翼賛会の議会局(近衛新体制運動を推進するための議員集団)のメンバーになります。そして同議会局廃止後は、翼賛議員同盟(翼同)の一員として戦時体制を支えるのです(明治大学史資料センター監修、小西徳應編著『三木武夫研究』日本経済評論社、二〇一一年)。三木は代議士初当選後、「日米戦うべからず」すなわち「非戦論」を唱えますが、だからといって、終始一貫「非戦」・「反軍部」の政治家であったとするのは必ずしも事実を語るものではありません。

一九四二年のいわゆる翼賛選挙では、確かに三木は「非推薦」候補でした。体制側の「翼協」(翼賛政治体制協議会)から推薦されなかったからです。翼協「推薦候補」の大半が当選したのに対して、体制批判の「非推薦候補」の当選率は一五％にも満たないものでした。鳩山一郎、尾崎行雄ら「非推薦候補」は、官憲のあらゆる苛烈な選挙妨害を乗り越えて当選を果たします。ですから戦後民主主義において、かつての「非推薦」が一つの〝勲章〟になったことは間違いありません。三木にとっても「非推薦」は、戦後政治のなかで彼に何かと有利に働いたことは事実です。

しかしよく考えてみますと、翼同に入って戦時体制に協力してきた三木武夫が翼協から推薦されなかったこと(他にもこうした事例は少なからずあったが)自体が不思議です。実際彼は、当時官憲当局からも、「時局ニ順応」し「国策ヲ支持」し、「反政府的言動ナキ人物」であると評されています(吉見義明・横関至編『資料日本現代史４』大月書店、一九八一年)。それにもかかわらず彼が「非推薦」になったのは、主として地元徳島における選挙区の事情からのようです(前掲『三木武夫研究』)。鳩山らのように体制に対する抵抗のゆえに「非推薦」になったのではなく、三木は体制側にあって「推薦」を切望しながら、不本意にも「非推薦」になったのです。それでも三木は、最下位ながら見事に当選を果たしました。

この当選によって「議会の子」三木武夫は、辛うじて政治生命をつなぎ、敗戦後は幾多の選挙を勝ち抜いて、そして幾多の権力闘争の果てについに総理の座を射止めます。いまその三木さんが私の眼前におられるのです。

面会の部屋に入って、まず意表をつかれたのを覚えています。三木さんは茶をすすりながら悠然と煎餅をかじっていました。少し背中を丸めて、それほど大きくない体を椅子に沈めながら黙々と昼下がりのおやつを楽しんでいる様子でした。

型通りの挨拶のあと、私は早速インタビューを始めました。三木さんはこちらの質問に例の野太い声でゆっくり答えてくれました。「世の中で一番嫌いな奴は、三木だよ」と喝破したのは岸信介氏でしたが、同氏の嫌ったその三木さんが、いま目の前でのんびり煎餅をつまんでいる。何となく好々爺にみえる目の前の三木さんと岸発言との落差に少々戸惑いながらも、なぜか可笑しくもありました。

岸への警戒心

私は、岸信介なる政治家をどう思うか、と三木さんに訊いてみました。答えは意外なものでした。「岸はソツのない人で、直接会っていても不愉快な思いをしたことはないですよ。池田（勇人）のほうがギコチなかった。岸のほうが円転滑脱《えんてんかつだつ》のところがある。頭がいいからね。岸は人間としては洗練されている。それに比べると池田は洗練されていないというか、粗削りだった」。

三木さんの岸評は、どういうわけか池田勇人を引き合いに出しながら、これまたソツがないのです。三木さんの物言いは、このようにとりあえずは当り障りのないものでしたが、話が進むうちに、岸の三木嫌いと同じく、三木の岸嫌いも相当のものであることが分かります。

それは二つの側面からいえるようです。一つは三木が一貫して岸の「権力主義的体質」(三木武夫)に強い警戒心を抱いていたこと、二つ目に岸とはどういうわけか「肌合い」が合わないということです。前者はいわば思想ないし政策の問題であり、後者は感情の問題です。彼ら二人の関係は、これら二つの要因が分かち難くないまぜになって表出されていったということでしょう。

石橋内閣を引き継いで岸が首相に就いたのは一九五七年二月、それから四カ月後の六月末、岸はワシントンでの日米首脳会談から帰国してすぐさま、党・内閣の人事改造に着手します。訪米前まで手をつけずにいた石橋内閣の布陣を、いよいよ岸は自前の人事に一新しようとしたのです。岸の人事工作の眼目の一つは、いうまでもなく政敵三木武夫を権力の中枢から遠ざけることでした。

石橋政権時からの幹事長である三木を権力から遠ざけるといっても、この実力者を野に放つわけにはいかないとみた岸は、三木を内閣に取り込んでおくのが最善の策と考えたようです。しかし、現職幹事長の三木は、意外にも、「党に残る」として「政調会長」を要求します。つまりその狙いは、岸の「権力主義的体質」からくる政策にある種の歯止めをかけようとすることにあったのです。三木さんはこう振り返ります。「岸という人は、多少警戒する人物だと思っているからね。だから政調(会長)というのは大事だ」「(岸を)抑えるというわけではないが、あまり(政策を）極端なほうにもっていってはいけないからね」。

しかし、三木が「党に残る」と岸に求めたそのこと自体、実は岸にとっては難題でした。なぜならこの人事で岸は、「ともかく、どうしても党三役から（それまで幹事長であった）三木（武夫）をノックアウトしなきゃいかん」と意を決していたからです。しかし結局は、「三木政調会長」で落着します。「三木を政調会長にしたのはある程度の妥協だった。仕方なしに……」という岸さんのこの述懐は、政策立案の肝心要《かんじんかなめ》のところに「反岸」の領袖を当てざるをえなかったその無念さを表わしています。

軍国体制に加担

三木が岸政権の発足早々から、岸に強い警戒心を抱いていたことは、次の証言からも明らかです。「全体として岸政権の性格というものが、国民に非常な疑問をもたせた。この内閣（首班）は（太平洋戦争の）開戦のときの閣僚でしょ。最初は本人も慎重に構えていたけれど、そのうち、地金が出てくるという感じを国民はもった。岸が戦後総理にまでなるということは、ニクソンがカリフォルニア州知事選（一九六二年）で負けたにもかかわらず大統領になったことよりももっと凄いこと、他に誰もいないよ。開戦のときの閣僚がね、（戦後に）内閣を組織したというものは、誰もいないよ」。

三木はこのように、岸信介の戦争責任を問題にします。戦前戦中の軍国体制を推進した岸の

「権力主義的体質」に、彼は警戒心を隠しません。とはいえ、三木武夫も軍国体制に加担していたことは明らかです。しかも、一代議士として岸の間近にあって岸と同じ方向を向いて仕事をしていたというのは、歴史の事実です。三木の議会演説（一九四三年二月）が示すように、「国防力強化」を図って「大東亜共栄圏」を樹立し、日本を「指導的地位」に置くべしというその主張（竹中佳彦「政党政治家・三木武夫の誕生」『法政論集』第三〇巻、北九州市立大学法学会、二〇〇三年）は、基本的には岸の戦争遂行策とまさしく軌を一にするものでした。

実際、岸商工相のもとで商工省委員を務めたのは三木です。前節で少し触れましたが、一九四二年東条内閣は、各省に政治家や民間人から成る委員会をつくって戦争遂行に当たりました。三木は商工省委員として商工省当局に協力することになるのです。

商工省はその後改組されて軍需省になりますが、三木武夫は、鈴木（貫太郎）内閣においては軍需参与官として終戦まで活動していました（大木操『大木日記』一九四五年五月二日の項）。参与官とは、大臣を補佐する次官級の勅任官です。この軍需参与官就任の三カ月ほど前になりますが、岸が事実上の党首である護国同志会のメンバーに三木は擬せられたこともあります（同書、一九四五年二月五日の項）。しかし三木は結局のところ、本土決戦のための協力体制を目指した大日本政治会に入るのです。

戦後政治の三木武夫は「リベラリスト」としてイメージされ、彼の行動はこのイメージを強めつつ、したたかに権力闘争を生き抜いてきたように思います。しかし戦後政治の「リベラリスト」三木武夫が、戦時体制に与した三木とどうつながるのかはやはり微妙な問題です。

政治家の「肌合い」

ところでこの三木・岸の敵対的関係には、思想ないし政策における違いのほかに、もう一つの理由があります。前出の通り、どうやら政治には「肌合い」というものが案外重い要因になっているらしいのです。事実三木さんはインタビューで、政治家には「肌合い」というものが「重要だ」と明言します。岸とは「肌合い」が「異質」であるとも、彼はいいます。岸さんが「三木とは性格が違うんだろうな」という言葉とこれは重なります。

そういえば、岸と池田勇人の関係もまたそうでした。本章第一節で触れたように、岸さんにいわせれば、池田とは「やはり性格的に合わんのだろうなあ」ということになるのです。この岸・池田関係は、第三者からみてもはっきりしていたようです。「肌合い」が、状況によっては大小さまざまな力となって政治家の行動に影を落としていくのです。

三木さんはインタビューで、池田と自分が「思想的には違う」のだが「肌合いの合う」関係であることを強調していました。当時自民党の自他ともに認める実力者河野一郎とは「つかみ合いみたいなケンカをした」こともあったが、河野の「人間的な」ところには好感をもっていたというのです。やはり「肌合い」なのでしょうか。

「つかみ合いみたいなケンカ」とは、原発すなわち原子力発電所を国有化するか民営化するかをめぐる対立を指しています。岸内閣発足の頃、日本に原子動力炉を導入するにあたって、その経営体を「公社」にするか「民営」にするか、両論が激しく対立するのですが、三木は「民営」を主張し、河野は「公社」ないし「特殊法人組織」を支持します。三木さんは、インタビューでこう振り返ります。「(原発が)国営になったら、大変なことになる。民営化して創意工夫を促し施設所有の会社に責任をもたせたほうがいい」。結局のところ、「民営」を主力とすることで決着するのです。

東日本大震災(二〇一一年三月)による津波で起きた、福島第一原発の放射能被害が日本ばかりでなく世界に深刻な問題を突きつけましたが、この原発導入の出発点において「民営」か「公社」かで、政治の世界ではこんな「つかみ合いみたいなケンカ」があったというのは、興味深い話です。

「バルカン政治家」の本領

さて、戦前戦中における三木・岸関係はともかくとして、戦後政治史において両者がいわば不《ふ》倶《ぐ》戴天《たいてん》の関係にあったことは、否定できません。岸は巣鴨の獄窓を出るや、一貫して吉田の「ポツダム体制」・「サンフランシスコ体制」の打破と「独立の完成」を標榜し、内外共産主義の脅威から日本を守るための保守勢力結集に執念を燃やします。前(第二章第二節)にも触れましたが、岸は三木武吉らとともに保守一党体制、つまり「自由民主党」の結成を主導したのです。これが日本社会党の統一と相俟って、自社対決のいわゆる「五五年体制」を導いていくのです。

ところで、岸が力を尽くしたこの保守結集のプロセスに立ちはだかったのは、実は三木武夫や松村謙三たちでした。それまで小党を渡り歩いてきた三木は、「追放」解除されて政界に復帰した松村らとともに「保守二党論」を唱えます。三木は岸の進める保守一党体制すなわち自由民主党結成に真っ向から反対し、ときには裏面で岸の行動に抵抗するのです。

それでも三木が松村らとともに新党すなわち日本民主党に、そしてその後自由民主党に加わったことは、岸にとっていま一つ釈然としないものがあったようです。岸さんはこう回想します。「大体私は、三木とは思想が違うんだ。彼は日本民主党をつくるときからずっと私に反対しているんです。性格的に僕とは合わないんだろうな。向こうのほうでもそういっていると思うんだ」。

三木武夫が保守一党体制に反対して「二党論」を主張したことは、いまのべた通りですが、もともと政治家三木武夫は、一部例外はありますが、一九三七年の衆議院初当選以来、大政党にではなく、むしろ小党・小会派に属してきたところにその特徴があります。「一部例外」とは、前述のように、一九四〇年以後の翼賛体制に三木も加わったことを指します。

小党・小会派を率いて合従連衡《がっしょうれんこう》し、多彩な政治術を駆使してみずからの地歩を拡大していくその姿は、政治家三木武夫の真骨頂であります。ギリシア、トルコなど中小国がひしめいて権謀術数と合従連衡を繰り返す「ヨーロッパの火薬庫」バルカン地方をもじって、三木が「バルカン政治家」といわれるゆえんはここにあります。小会派なるがゆえの利点を最大限に活かしてみずからの政治目的を実現していく、その熟達した政治術は並のものではありません。

この三木の本領は、とくに戦後いち早く発揮されます。彼は戦後初の総選挙（一九四六年四月）で当選したあと、「協同民主党」（一九四六年五月結党）に参画します。同党の前身は、日本協同党（一九四五年一二月結党）です。日本協同党は中谷武世《なかたにたけよ》、赤城宗徳、船田中ら岸シンパ（護国同志会系）をはじめ千石興太郎《せんごくこうたろう》ら協同組合主義者たちが集まって結成されるのですが、参画者のほとんどすべてが「追放」に遭います。壊滅状態の日本協同党は「協同民主党」という名の新党として再出発し、三木はここに参加するというわけです。

三木は協同民主党結党後一〇カ月にして、新党結成に動きます。みずからの党と同じ「協同主義」を掲げるこれまた小党の国民党（一九四六年九月結党）とともに、彼は「国民協同党」をつくって書記長に就くのです（一九四七年三月）。しかし衆議院議員七八人の新党は、結党直後（一九四七年四月）の総選挙でわずか三一名の小党へと凋落します。

同選挙後、三木が比較第一党の社会党（片山哲委員長）や第三党の民主党（芦田均総裁）と組んで片山連立政権（三木武夫は逓信相に就任）をつくったことは、よく知られています。三党連立の片山政権とそれに続く芦田政権がそれぞれ短命に終わった四八年一〇月、今度は民主自由党の吉田茂が第二次内閣を組織します。そして翌四九年一月の総選挙で単独過半数を得て圧勝した吉田は、いよいよ本格政権すなわち第三次吉田内閣を発足させて講和・安保両条約締結へと向かうのです。

吉田圧勝は、当然のことながらその裏側に敗者がいることを意味します。社会党の惨敗（四八議席)とともに、三木武夫率いる国民協同党もまた見る影もない結果(一四議席)に終わったのです。そして、これまた総選挙で衰勢をみせた民主党の党内分裂に乗じたのが、吉田です。吉田は、同党「連立派」(犬養健《いぬかいたける》ら)を民主自由党に吸収して党名を「自由党」に戻したのです。吉田の政権基盤がますます強化されたことは、いうまでもありません。

一方一四名の泡沫政党になった三木の国民協同党は、朝鮮戦争二カ月前の五〇年四月、民主党内で「連立派」と激しく対立していたいわゆる「野党派」(芦田均ら)などと合同して「国民民主党」を旗揚げします。

かくして、二年後の五二年(二月)この国民民主党は、次の一手として、「追放」解除組とりわけ旧民政党系の大麻唯男《おおあさただお》や松村謙三らと合体して「改進党」を結成しますが、この改進党こそ、折からの岸の新党運動と重なっていくのです。保守合同完結(自由民主党)への前段階、すなわち日本民主党結成に向かって岸らと三木の改進党は合流していくというわけです。

つまり、自由党と日本民主党が並走する「保守二党」体制の実現です。三木の足はここで止まります。しかし岸はさらなる高みを目指します。日本民主党を「踏み台」にして、「保守合同」反対の一部吉田勢力を除いても、自由党と大合同を果たすことです。「保守二党論」の三木と「保守一党論」の岸、両者宿命の対決はこうして抜き差しならぬものになっていくのです。

「安保改定」に異議申し立て

三木は、現実を貫く力の原理を熟知する政治家です。その意味では、誰よりも現実主義者です。しかし三木武夫は、独自に政策課題を構築してこれを果敢に実現していくというタイプの政治家ではありません。それよりも、「リベラリスト」として民主主義を守る立場から「異議申し立て」をして、これをみずからの権力闘争に組み込んでいくところに彼の真骨頂がある、といってよいでしょう。その意味で、岸のなかに「権力主義的体質」をみる三木にとっては、岸その人が格好の標的であったことは確かです。とくに岸が政治生命を賭けて取り組んだ「安保改定」の政治過程で、三木の本領が発揮されたのは当然です。

もともと三木にとって、「安保改定」はそれほど関心を引く問題ではありませんでした。三木さんはインタビューでこういいます。「私は五七年六月の岸訪米の頃は、安保改定が必要だとは思わなかった」。つまり三木さんにとって、この時点で旧安保条約に変更を加えるべきだという問題意識はなかった、ということです。三木さんはこうも語ります。「ただね、改定草案の条項(付属文書)のなかに「事前協議」が出てきたもんだから、これはやはり(旧条約よりは)ベターだということになった」。

三木武夫

旧条約の本質的欠陥の一つは、米軍が在日基地を自由自在に使うこと、すなわち占領既得権を継続することにあります。「核持ち込み」を含む基地使用の自由裁量権が米軍にあるということ、つまり日本の主権はこれによって完全に毀損されているということです。この本質的欠陥については、安保改定を手がけるそもそもの出発点から岸が問題にしていたことでもあります。

五八年一〇月(四日)東京で始まった安保改定日米交渉で、先手を打って新条約の草案を日本側にぶつけてきたのはアメリカです。この草案には基地の「自由裁量権」を放棄して、基地使用については日本側と「事前協議」をする旨明記されていたのです。すなわち米軍隊の日本への配置と、同軍隊の装備における重要な変更(「核持ち込み」)、および戦闘作戦行動(新条約第五条の場合を除く)のための在日基地使用については日本との間に事前協議をもつ、というものです。

事前協議制度そのものについては、アメリカの希望通りこれを新条約の本体に含めず、「付属文書」に留めることで日米は早々に合意しますが、実は最も重要な問題が日米交渉の最終局面に至るまで残るのです。つまり日米間で実際に事前協議がもたれたとしても、日本側が場合によってはノーといえる権利があるのか、という問題です。

アメリカ側の資料によりますと、とくに軍部は、日本側の「拒否権」については「いかなる事情においても認めない」という立場でした(JCS. 2180/120, 5 Sep. 1958)。基地の自由使用という既得権への米軍部の執着は、当然のことながら相当のものでした。このアメリカ側の強い姿勢に岸政権が押され気味であったことは事実です。しかし、政権党内における「反岸」勢力とりわけ三木らは、当時「反主流派」に回っていた河野一郎らとともにこの「拒否権」導入問題で岸を攻めたてます。

三木はこう主張したものです。「核兵器の持ち込み禁止はもちろん、極東平和のための米軍出動について、事前協議には、当然のことながら、拒否権が含まれることを米国政府との間で明確に話をつけておく必要がある」（朝日新聞、一九五九年一〇月二五日付）。

また私とのインタビューで、彼はこうもいいます。「日本の基地を使って（米軍が）戦闘行為に出たりする場合、その事前協議に拒否権があるというのなら、安保改定の一つの進歩と思っていた……。マッカーサー大使に私は話したことだが、両方の国が事前協議するというだけでなしに、日本がノーといえる、それだけの権利を有しないなら、安保改定の意味はない」。

事前協議における日本側の「拒否権」を確保せよ、という一部自民党内の要求は、日米交渉の終盤、すなわち五九年夏以降とくに強まります。その急先鋒の一人が、三木であったというわけです。三木はこの「事前協議」問題をもち出しては、河野ら岸批判勢力を巻き込みつつ岸に政治的ダメージを与えていったのです。

三木が岸内閣の安保改定作業に批判の矢を放ったいま一つの論点は、いわゆる「極東」の範囲にかかわるものです。日米間で調印されたばかりの新安保条約案は、六〇年二月から国会で審議されますが、この「極東」の範囲をめぐって激しい論戦が展開されます。本章第二節で触れた通り、政府は野党側からの追及を受けて、「極東」の範囲に具体的地名を入れたり出したりするという混乱に陥ります。

こうした経緯のなかで、当時中国と台湾との間で領有権争いになっていた金門島や馬祖島を「極東」に含めるという政府見解に対して、「親中国」の三木・松村(派)は鋭く反発します。係争中の金門・馬祖を「極東」に含めれば、仮に武力紛争になって、しかもそれが日本の安危にかかわらない場合でも在日米軍の出動が正当化されてしまうこと、そしてそのことが中国を無用に刺激し日本を紛争に巻き込むことになる、というわけです。

またこれとの関連で、三木はこうも主張して岸批判に走るのです。すなわち、「極東」とはあくまで抽象的概念であって、具体的地名を指すものではなく、むしろ重要なことは、「事前協議」の内容を日米間で明確にして在日米軍への制約条件を整えることだ、というのです。

三木さんはこれについて、インタビューで次のように回顧します。「この島(金門島・馬祖島)を「極東」に入れるか入れないかで議論していたので、僕はそんな馬鹿なことはないよ、日本の安全というのは主体的であって、どの島が入るか入らないかの問題じゃない。日本の安全のために、金門・馬祖が影響をもつかどうかということである。初めから、島が入る入らんを決めるのではない。あくまで日本の安全と関連づけて考えるべきだ、こう主張したわけだ」。

「事前協議」といい「極東」といい、三木の岸批判は政策論としてそれなりに筋の通ったものでした。それだけに彼の言動が、党内における「反岸」・「反主流派」を触発し岸攻撃に勢いをつける契機になったことは確かです。とくに事前協議における「拒否権」の問題について、岸は批判勢力からの圧力を無視できなくなるのです。日米交渉の最終局面で（一九五九年一一月から一二月にかけて）、ついに政権側は窮余の一策を編み出します。

つまり岸は、山田（久就）外務事務次官を通じて、この問題を来るべき日米首脳会談（一九六〇年一月）にもち込むことでアメリカから了解を得ることにしたのです。そして日米両政府は、首脳会談後の日米共同声明のなかに日本側の「拒否権」を挿入することで合意します。共同声明は「拒否権」についてこう記しています。「事前協議にかかる事項については米国政府は日本国政府の意思に反して行動する意図のないことを保証した」。

こうして「事前協議」における「拒否権」は、少なくとも形式上は担保されました。しかし事前協議制度の実質的運用ということになると、それがほとんど機能しなかったことは、その後の歴史が証明しています。しかも、これに関連して各種「密約」が日米間で交わされていたことも、近年公開された資料によって明らかになっています。

政策と権力闘争

ところでいまのべたように、三木の岸批判は、これを政策の次元でみる限り一定の合理性をもつものであり、岸の政策形成に少なからぬ影響を与えたことは間違いありません。しかし、三木らの主張がいかに論理性をもっていたとしても、いや、むしろそうであるからこそ、その主張を押し出す彼らの意図が、同時に権力闘争的様相を帯びていたことは自明です。石橋派とともに反主流の三木・松村派は、岸との政策上の相違を見事なまでに「反岸」という名の権力闘争へと溶け込ませていったのです。

安保改定をめぐって三木の「反岸」は、確かに徹底していました。あらゆる問題を「反岸」の素材にしていくその政治的言動は際立っていました。「事前協議」や「極東」の範囲問題に限らず、例えば三木は、国会に「条約修正権」があるとする河野一郎らの「反岸」に乗じてそれと共闘します。つまり政府が調印した新安保条約案については、政府側が主張するように、国会がこれを一括してその是非のみを議決するのではなく、逐条ごとに修正権をもつのだというのが三木らの異議申し立てでした。

しかし三木らは、この「条約修正権」論議が下火になったとみるや、今度は新条約の国会承認に伴って「付帯決議」を加えるべしという新たな問題を岸に突きつけます。すなわち、新条約がソ連・中国に矛先を向けたものではなく、あくまで防衛的性格のものであることを「国会の意思」として決議すべきことを要求したのです。三木さんはインタビューでこうのべています。「僕は安保条約は防衛的な条約だと思っている。そうでなければ、憲法九条の精神に合わないもの。「専守防衛」といってるんだから。防衛的性格でなければ、「戦争放棄」に合わないんですよ」。

与党内野党の意味

このように新条約承認への道にあれやこれやと障害物を置く三木が、そのつど岸を苛立たせたことはいうまでもありません。政策形成を積み重ねていく岸首相にいわせれば、その行動にことごとく異議・異論をもち出してこれを「権力闘争の具にする」三木らの言動は、「〝ためにする議論〟であり、いやがらせ」であり、そして「主流派にダメージを与えその後の党内の主導権を握る」ためだったのです（前掲『岸信介回顧録』）。

三木がオーナーである三木・松村派は、それ自体党内勢力としては小集団でした。しかし岸が三木を恐れるとすれば、それは彼の行動が党内だけでなく党外に影響を与えて「岸批判」に新しいエネルギーを注入していくだろうからです。岸はこう述懐します。「与党の中から野党まがいの意見が出されることは野党を勢いづけ、マスコミを面白がらせ、ソ連や中共の干渉を誘発するので、極力押さえる必要があった。三木武夫、松村謙三氏らの発言は、国会においてしばしば野党側の質問の中に引用された」（同書）。

確かに三木武夫は、同じ政権与党内にあって「野党まがい」の言動に終始していた感がありました。もし日本があのとき西欧流の議会制民主主義のなかにあったとすれば、三木は野党党首であってもおかしくはありません。というのは、「国権の最高機関」である国会でのあの自社対決すなわち体制対反体制の対決は、少なくとも議会制民主主義の枠を越えるものでした。むしろ議会制における野党の役割は、皮肉なことに与党内の反主流派がこれを担っていたともいえるのです。

日本社会党は、左派主導のソ連型社会主義の政党です。ソ連・中国・北朝鮮の側に立ち、反資本主義であり「反米」です。したがって社会党は、日米安保条約の「廃棄」・「解消」を求めます。一方与党の自民党は、アメリカを中心とする資本主義陣営の側にあって、しかも安保条約の存在を認めたうえでその改定を求める立場です。

ですから、体制の根幹にかかわる政策、とりわけ安全保障政策をめぐって与党と野党が闘う共通の土俵は、日本の議会には初めからなかったといってよいでしょう。政党間の妥協などあろうはずはありません。結論は最初から決まっているのですから、過半の議員数を擁する岸政権からすれば、あとは野党の意見よりも、与党内をまとめることのほうが重要になるのです。

だからこそ内閣の首班は、与党内の分裂を避けるために、ときには「反岸」・「反主流派」の要求や圧力を不本意ながらも受け入れるのです。岸の「安保改定」に対する三木のさまざまな「異議申し立て」は、あるいは議会制民主主義における野党の役割を代行していたのかもしれません。その後自民党内の派閥領袖は、三木武夫も含めて次々に首相になりました。これを「疑似政権交代」と称したのは、いいえて妙ではあります。

六　外務官僚と政治――下田武三と東郷文彦の流儀

アメリカ局と条約局と

国際社会の前線に立って日本の国益を追求する実務の先兵は、いわゆる外務官僚です。日本の対外政策の根幹ないし主要部分について決定し実践するのが、選挙で選ばれた政治家だとすれば、外務官僚はその政策決定の細部を詰め、その実践の実務関連を担当して政治家を補助する立場にあるといえましょう。

もちろんこうした仕事の分担は、実際には截然《さいぜん》と分化しているわけではありません。政治家と官僚の職務分担は、そのときどきの政治状況や、直面する政策課題、そして両者の力関係によって変化します。ですから官僚の仕事は、本来政治家がなすべき領域にも入っていきますし、官僚にしか踏み込めない領分にあってある種特権的ないし独断的な行動として表出されることもあるのです。

岸内閣の時代、つまり一九五〇年代後半から一九六〇年代に入る頃、外務省のなかでもとりわけ重要視された部局は、アメリカ局（一九五七年三月までは欧米局）であり条約局でした。一九五二年日本が主権を回復して本格的に対外政策を展開するようになりますと、日本外交の直面する多くの課題のうち、まずは対米関係にかかわるものが質量ともに圧倒的な比重を占めたからです。

つまり日米安保体制が日本の国益ないし日本の命運を決定的に左右するものであったことからすれば、これを直轄するアメリカ局と、対米関係の処理に伴う各種条約・協定を扱う条約局がともに重視されたというのは、全く自然の成り行きであったというわけです。とりわけ一九五七年成立の岸内閣が、吉田茂の安保条約・行政協定を全面的に見直していわゆる安保改定に着手したのですから、安保条約改定をめぐる日米交渉の矢面に立つアメリカ局および条約局が俄然繁忙になったとしても不思議ではありません。

そもそもこの安保条約は、独立国家間で調印された条約に間違いはないのですが、しかしそれは、一方の当事者である敗戦国日本が戦勝国アメリカに占領されているなかでつくられた、というところに特徴があります。しかもこの条約は、敗戦国日本が戦勝国アメリカと結ぶべき講和条約とセットにして作成されたものです。

要するに、日本にどのような形で「独立」を与えるかを決める講和条約と、「独立」予定の日本をアメリカがどう守るかを決める安保条約が同時につくられた、ということです。したがって、安保条約の中身が勝者と敗者の関係を映し出しているのは、ある意味で当然です。当時の首相吉田茂が安保条約の完成案文をさえ国民に伏せて、調印後初めて公表したという事実は、この条約の内容が「独立国」日本にとって決して自慢できるものではなかったことを示しています。

確かに旧安保条約は、独立国家間の条約にしては、相当の不平等性と不合理性をもっていました。ただ前にも触れた通り、このアメリカ優位の条約は、アメリカの一方的な恣意によってのみ生まれたというわけではありません。日本側、といっても「八・一五」(敗戦)を飛び越えて戦後に命脈をつないだ保守勢力や社会党右派などは、敗戦後二年も経たないうちに早くも、日本の安全を「昨日の敵」アメリカに保障してもらうことを希望していました。米ソ冷戦がいよいよ明確な姿を現わしてきたからです。

「対米従属」の安保条約

敗戦の半年前(一九四五年二月)、「降伏」を天皇に勧告した近衛文麿の上奏文にこんな一節があります。「この国体護持の立前より最も憂ふべきは、敗戦よりも敗戦に伴ふて起ることあるべき共産革命に候」。戦後の指導層が最も怖れたのは、共産国ソ連の侵略です。実際に敗戦の苦汁を飲んで丸裸になった日本にとって、ソ連・中国の共産主義と思想的に共振する日本共産党や社会党左派などは別にして、ソ連の対日武力侵攻はまさに差し迫った問題でした。

背に腹はかえられない日本が自国防衛にアメリカの力を借りたいと望んでいたのには、こうした事情があったのです。ただでさえ弱い立場の日本は、「独立」後も対米依存せざるをえないという心理に支配されていたということです。それだけに日本側は、アメリカが「日本防衛」という一点を保障するなら、あとはアメリカの要求を大抵は受け入れざるをえない、というわけです。米ソ冷戦が本格化するなか、日本を「対ソ防壁」にしようとするアメリカと、そのアメリカを対ソ防衛の「番犬」(吉田茂)にしたい日本との間に国益の一致があったことは事実です。

しかしいざ安保条約が公表されますと、国民はその内容における日米の非対称ぶりをいまさらながら思い知らされます。まず第一に、アメリカはやはり日本を対等の独立国とはみていなかったということです(前文)。「武装を解除されている」日本は、「固有の自衛権を行使する有効な手段をもたない」(同)からです。だから、「暫定措置」として米軍が日本に駐留するというのです。

日米非対称の第二のものは、こうです。そもそも米軍が在日基地を自由に使用するその目的には、大きく分けて二つあります(第一条)。一つは「外部からの武力攻撃」に対する「日本国の安全」に「寄与する」ためと、内乱・騒擾を鎮圧するためです。つまり米軍は日本の安全に「寄与」はするが、日本を「防衛する義務あり」とは、条約のどこにも書かれていません。アメリカは、日米両国間に集団的自衛の関係が存在するとは認めていないのです。「戦力」・「交戦権」禁止の憲法をもつ日本との間で対等に防衛し合うという関係を築くことはできない、というのがアメリカ側の主張でした。米軍駐留のいま一つの目的は、「極東における国際の平和と安全」に「寄与」するということです。アメリカはこのいわゆる「極東条項」を条約交渉の最終段階で突如もち出してきました。米駐留軍による基地使用の目的は、「日本の安全」のみならず、条約地域を越えて「極東の安全」へと拡がったのです。日本の過重負担は明らかです。

日米非対称を表わす第三のものは、日本が米軍以外の第三国軍隊に日本駐留を認める場合は、アメリカの「事前同意」を要するというものです(第二条)。主権国家日本の姿は、ここにはありません。第四は、駐留米軍に有利な諸権利を盛り込んだ「行政協定」の設置を規定したことです

（第三条）。そして最後に、この不平等条約はその有効期間を明記せず、事実上無期限に続くということです（第四条）。いずれにしても、占領時代に固められた、敗者と勝者の関係はこうして主権国家同士の相互防衛条約ではなく、アメリカ主導の単なる「駐軍協定」となって結実したのです。

社会主義勢力やメディアだけでなく、日本の世論がおしなべてこの条約に批判的であったことはいうまでもありません。そのなかでもとりわけ鋭敏にかつ直接的にこの条約の矛盾と対峙したのは、当然といえば当然ですが、外務官僚、わけてもアメリカ局と条約局の官僚たちでした。ただアメリカ局と条約局とでは、そもそも安保条約が抱える不合理性への問題意識において一定の相違があったことは否めません。ですから後述のように、安保改定へのアプローチについても両局間にそれ相当の齟齬《そご》があったことは事実です。

つまり、アメリカ側との折衝・交渉を主たる任務とするアメリカ局に対して、安保条約・行政協定にかかわる国会審議などを含めて国内政治に深くかかわる条約局は、同条約の不合理性に由来する諸問題を真正面から受け止める立場にあったのです。「駐軍協定」としての不平等条約と、それを緻密に内実化した行政協定への国民の不満に条約局内の危機感は高まります。実はその代表格の一人が、当時の条約局長下田武三でした。

下田武三の危機感

下田氏にお会いしたのは、一九八一年夏のことです。その日私の足は、銀座にある「日本プロフェッショナル野球組織」の事務局へと向かいます。下田さんが外務省を退官して最高裁判所判事を務めた後、二年前(一九七九年)に同「組織」のコミッショナーに転じていたからです。下田さんとのインタビューがようやく実現することになったのです。

「なかなかの政治家」――これがコミッショナー室でお会いした下田氏についての第一印象でした。このインタビューの一〇年余り前になりますが、彼は佐藤栄作内閣が推し進めた「沖縄返還」日米交渉のときの駐米大使です。下田の歯に衣着せぬ発言は、しばしば物議を醸しては新聞紙上を賑わしていました。官僚であることの一線を越えて、「沖縄返還」にかかわる政治的・党派的な発言をしていたからです。しかも交渉相手であるアメリカの立場をときに代弁するかのような発言ゆえに、彼は「下田駐米アメリカ大使」などと揶揄《やゆ》されてもいました。ですから、役人であるよりも政治家の振る舞いをする人物、というのが下田についての一般的なイメージでした。

下田は、講和・安保両条約発効後まもなく(一九五二年)条約局長に就きます。下田局長の在任は岸内閣誕生(一九五七年)直前までの五年間に及びますが、その在任中の仕事を一言で要約すれば、安保条約・行政協定の「欠陥」処理に追われ続けた五年間であったといってよいでしょう。

下田さんは「五年間の経験で旧安保の悪い点は嫌というほど痛感」したとして、インタビューでは次のように回想します。「安保条約にかかわる国会審議の際に、外務委員会や予算委員会で、つねに野党の共産党・社会党から安保条約に対する非常な批判・攻撃が出たわけです。安保は日本の安全を守ってくれる掛け替えのない条約であるけれども、こう頻繁に野党やマスコミが攻撃するということは、日本の安全にとってやはり面白くない」。

確かに安保条約に対する批判は、早くも同条約の批准国会で一気に火を噴きます。「アメリカの日本防衛義務」の欠如、内乱等への米軍介入、そして条約の「無期限」による日米不平等の恒久化等々への非難・攻撃は、以後その火勢を増しこそすれ衰えることはありませんでした。

下田さんは続けてこうもいいます。「野党の批判ももっともな点が多々あるわけです。野党が批判しマスコミが批判し、そして(その批判は)われわれの見地からしてももっともなことだと。日本のためにならないし、アメリカのためにもならないような欠点を含む安保条約は改定すべきである、というのが外務当局の意見だったんです」。

下田局長が「安保改定」なるものを意識して明示的かつ本格的に取り組んだ最初の仕事は、いわゆる「重光・ダレス会談」です。鳩山内閣の外相重光葵は、一九五五年すなわち講和・安保両条約発効三年目の夏、アメリカ国務長官ダレスとワシントンで会談します。折しも鳩山内閣は、

下田武三

国際法上いまだ戦争状態にあるソ連との国交回復を目指して同国と交渉中でした。ですから、重光の対ダレス会談の目的は、米ソ冷戦のなかソ連との和解交渉をアメリカ側に了解してもらうことにあったのです。
しかし重光には、同会談に託したもう一つの重要な目的がありました。「安保改定」です。そしてこの「安保改定」提案を陰で

演出したのが、下田局長であったというわけです。下田さんはこう証言します。「重光訪米の一番大事な目的は、「安保改定」にあったんです。少なくとも「安保改定」を日米外交の重要議題としてもち出すこと。そういうのが重光さんの大きな狙いだったわけです」。安保条約の欠陥を「嫌というほど痛感」していた下田局長は、それまで温めていた安保改定構想をいよいよ重光にブリーフィングするときを迎えたのです。

重光・ダレス会談

当時欧米局(アメリカ局の前身)の第二課長(安保条約・行政協定担当)として下田局長と密に接触していた安川壮氏は、重光がワシントンに持参した「安保改定」構想について、「あれは条約局長のものというよりは、下田さん個人のものであり、〝下田構想〟といってもよいものだ」と証言しています。

安川さんが下田構想を敢えて「下田さん個人のもの」だったというのには、それなりの理由があります。つまり重光がダレスに申し出るべき「安保改定」については、本来ならまずは主管局の欧米局に相談があってもよいはずなのですが、重光は省内組織をいとも簡単に無視してかなり自由に人を動かしたようです。

戦前戦中の外交官あるいは外相として冠たる事績を誇り、あのミズーリ号上では政府代表として降伏文書に署名した〝大物外交官〟重光葵からすれば、久しぶりに戻った外務省は、いわば天上にあって睥睨《へいげい》すべき古巣だったのです。安川さんはインタビューでこう回想します。「重光さんというのは、昔の外務大臣でね、（私のような）外務省の課長なんて相手にしないわけです。一番重光さんの信任が厚かったのは、下田条約局長でした。これは戦前から重光さんを知っていましたから。戦前を知らないような奴は相手にしない。千葉（皓《こう》）欧米局長はね、重光さんとは全然面識がなかったんです。だから千葉さんのところ（欧米局）が（安保政策では）むしろ中心だったんですが、重光さんはもっぱら相談を下田さんのほうにもっていったわけです」。

つまり下田構想は、確かに「下田さん個人のもの」でした。しかしいくら「個人のもの」であっても、重光外相がこれをオーソライズしてみずからの構想としてダレスにぶつけたのですから、この構想が重光・下田の「合作だ」といわれるのは当然です。いずれにしても、重光・ダレス会談で重光外相が提起したこの下田構想は、後述のごとくダレスから即座に拒否されるのですが、後に岸政権が追求した「新条約」構想に驚くほど似ているという点で重大な意味をもっていたことは、記憶されてよいでしょう。

下田さんは、こんなふうにも回想します。「条約局は沢山の何百という新条約を締結し、あるいは戦前条約の改定をしていた。（その経験からいうと）条約改定よりも、白紙から書いたほうが楽なんですよ。ですから汚い安保、さんざん悪口をいわれた旧安保の効力を継続させながら、同時に覚書か何かでちょこちょことどこかを改正するなんてやり方は姑息《こそく》極まるんです。全面改正でなければいかんと思っていました」「日本からこういう案でいこうと（アメリカに）提案したほうが、アメリカも全くフレッシュに考えますからね。旧条約には悪いシミが残っていますから。そんなシミは、たとえ改定議定書で改正されても嫌ですからね。そんな占領中の産物はサッサと解消して、全く新しいものでやろうという考えでした」。かくして下田構想は、吉田の安保条約を全面的に書き改めて双務性の強い「新条約」にするということになったのです。

ところで、この「下田構想」を懐中に入れてダレスとの会談に臨んだ重光ですが、彼の問題提起はダレスの極めて冷淡な応対によって直ちに脇に押しやられます。この会談には、前出(第二章第二節)の通り、実は政権与党である日本民主党の幹事長岸信介が鳩山首相の側近河野一郎(農相)とともに陪席していました。岸さんによれば、この日本側の「安保改定」提案は、「(ダレスの)木で鼻をくくるような無愛想な態度」をもって拒絶されたというのです。

要するにダレスの主張は、防衛努力に不足する日本、そして海外派兵禁止の憲法をもつ日本とどうしてアメリカが双務条約を結ぶことができようか、というわけです。いい換えれば、ダレスは日本が「防衛力増強」と「憲法改正」を実行しなければ、相互防衛条約を目指す安保改定などできませんよ、といいたかったのです。

確かに、重光に対するダレスの態度は峻厳でした。この「門前払い」ともいうべきダレスの対応は、ダレス自身をして「あんまり説教がましいことをいい過ぎて相すまなかった」といわしめるほど激しかったようです(Transcript of a Recorded Interview with the Honorable Ichiro Kono, Spencer Davis, Sept. 30, 1964, The J. F. Dulles Oral History Project, Princeton Univ. Library)。

この会談に同席した安川壮さんは、ダレスの人間性をうかがわせるこんなエピソードを語ってくれました。「ダレスは大変高飛車にやっつけたわけです、重光さんをね。ところがその会談が終わったあくる日、重光大臣がワシントンの飛行場を発つとき、ダレスが見送りにきたんです。これは異例のことですよ。どこの国でも通常は外務大臣の出迎えはあっても見送りはしないものです。日本だってしないですよ。……ダレスは重光さんを飛行場まで見送りにきたんです」。「高飛車にやっつけた」重光に対するダレスの気遣いが手に取るように分かるではありませんか。

安保改定の原点に立つ

いずれにしても、戦後日米関係のなかでこの重光・ダレス会談が極めて重要な位置にあることは間違いありません。なぜなら、まず第一にこの会談は、独立回復後初めて日本が臨んだ日米外相会談であったこと、第二に、米国占領既得権を色濃く反映した日米安保条約ひいては日米安保体制の「転換」を、同会談で日本側が正面からアメリカに迫ったからです。そして第三に、これは最も重要なことですが、この日米安保体制「転換」を申し出た重光の問題提起は単なる一過性のものとして終わることなく、次のステージに引き継がれたからです。つまり、後の岸内閣に安保改定への道を用意することになったということです。

重光・ダレス会談に日本民主党幹事長の岸信介が同席していたことは前に触れましたが、彼がこの会談から一つの〝啓示〟を受けたということは重要です。重光の「安保改定」提案に対するダレスの「門前払い」を目の当たりにした岸幹事長は、逆にその場で「安保改定」の決意らしきものを固めたというのです。日本が憲法改正への道を進み防衛力増強を果たせば、「安保改定」に応じてよいともとれるダレスの示唆は、岸に次のような感慨を抱かせたのです。「私は、ダレスのいうことももっともだと思いました。……やはり日米安保体制を合理的に改めなければならない。その前提として日本自身の防衛という立場を強化するとともに、日米安保条約を対等のものにすべきだ、という感じをそのとき私はもちました」。

岸政権がその発足(一九五七年二月)と同時にあれほど矢継ぎ早に安保改定のための行動を展開することができたのは、まさに重光・ダレス会談を起点とする一定の予備段階があったからだといえます。実際、岸政権はその誕生の翌月(三月)には早くも、「日米安全保障条約改訂案」なるものを作成しています(第一九回公開外交文書)。

この「改訂案」の最大特徴は、アメリカの「日本防衛義務」や、(基地使用についての)「事前協議制」が明記されたことに加えて、旧条約のいわゆる極東条項が削除されていることです。日米の共同防衛地域のほかに、「極東」のために日本基地を米軍が使うことの危うさを岸は懸念していたのです(しかし結局のところ、新安保条約では極東条項は削除されなかった)。いずれにしても、この「改訂案」が下田構想とつながっていたことは事実ですし、しかもそれが岸による安保改定作業の原点になっていたことは確かなのです。

駐米公使が国会対策

さて、岸首相がマッカーサー駐日米国大使との間で条約の「全面改定」＝「新条約」で一致したのは、岸政権発足の一年半後すなわち五八年八月です。安保改定の政治過程で最も重要な日米合意であったといえましょう。二カ月後の一〇月四日には新条約づくりのための日米交渉が東京で始まりますが、紆余曲折を経て交渉の最終妥結をみたのが、一五カ月後の六〇年一月でした。この間下田武三は、駐米公使としてワシントンに駐在していましたので、安保改定に直接かかわることはなかったようです。

しかし人の運命は分かりません。六〇年一月一九日、新安保条約は日米間で調印され、同条約が批准のための国会審議にかけられますと、やがて下田公使は帰国命令を受けます。「藤山外相の国会答弁を補佐せよ」というのが、帰国命令の趣旨でした。駐米公使が国会審議に駆り出されるというのは、どう考えても不自然ですが、その「不自然」がこうしてまかり通ったその裏には、ある事情があったのです。

本来なら、国会審議で大臣答弁を補足・補強するための答弁に立つのは、現職の条約局長です。ところが、当時の条約局長高橋通敏の答弁ぶりに与党自民党の一部からクレームがついたのです。高橋局長の「代打」として下田を起用すべしという声が高まったのは、このときです。ついに山田久就次官は、前任の条約局長下田武三を帰国させたというわけです。

高橋さんはインタビューでこう回想します。「私の国会答弁に不満の自民党タカ派が、アメリカから下田を呼べと要求したんです。私は外相に局長の辞任と国会答弁の辞退を申し出ました。しかし藤山さんからは、「下田君には主として自民党対策をしてもらうので、君には従前通りの仕事をして欲しい」と慰留されました。また局内の藤崎(万里)君(参事官)らに「いまあなたが辞めると負けだ」といわれ、思いとどまった」。

これについて下田さんはこうのべています。「いままでの安保に対する攻撃から考えると、新安保条約の批准案件というのは、これはもう自民党・政府としても大変なものであるということで、ついてはたまたま藤山さんは素人外務大臣で心許ないから、下田公使に一時帰朝を命ずるというので、私は飛んで帰ったわけです」。

下田さんはこうもいいます。「いやしくも現役の条約局長がいるのに、その局長に答弁させないで、まだ外国に身分のある人間が出しゃばるのはよくない。私はあくまで陰の参謀として藤山大臣を助けるからということになったんです」。かくして下田さんは「毎日毎日大臣の答弁資料をつくる」とともに、「口裏を統一するためにそれを総理にも上げる」といった陰の仕事を引き受けたというわけです。

しかし一方で下田武三は、やはり「政治家」です。自民党の反主流派領袖として岸政権に事あるごとに楯突いていたあの三木武夫への説得工作に彼は動きます。下田のもう一つの仕事でした。彼はこう振り返ります。「(自民党の)外交調査会会長の賀屋(興宣《おきのり》)先生、自分で(三木さんに)話せばよいのに、下田君は三木さんを知っているからといって、私が使いに行ったものです。三木派の総会や麴町の三木事務所に何回行ったか分かりません。今度の新安保条約は旧条約に比べてこんなに改善されているんだと訴えるためです。三木派が反対投票しないまでも(新条約の)通過に協力しないとなると、野党の反対・気勢に油を注ぐことになるからね」。

しかし下田の三木対策は、結局のところ失敗します。海千山千の三木のことです。下田さんによれば、三木は自分(下田)の話を「ふんふんと一生懸命聞いてくれた」のですが、「最後まで態度は不鮮明」であったというのです。三木があの有名な「五・一九採決」に欠席して、岸に最後まで抵抗したことは周知の通りです。

ともあれ下田は本来は官僚でありながら、政治的にそしてときには党派的立場から行動を起こした人物です。「安保改定」をめぐって同氏が単に三木対策だけではなく、自民党の他派閥はもちろん、社会党や社会党から分立した民社党に至るまで幅広く政治工作に動いている事実は、「政治家」下田武三の本領をよく示しているといえましょう。

外交とは何か

下田が身につけているこうした政治性は、どこからくるのでしょうか。彼の行動の根源には、彼独自の外交観があったように思います。一九五〇年代の五年間、条約局長として旧安保条約の「欠陥」に労苦を強いられたためか、外交が国内政治と密に連動しているそのメカニズムに彼はある種の確信をもっていました。

下田さんはこう証言します。「外交というのは、結局国内とつながっている。外交はみずからいかにお化粧して綺麗でございますといってみたって、所詮その中身は日本の現実なのです。……汚れた醜い国内政治をそのまま背負ってやる外交でなければダメだというのが、私の考えなんです。これは外務省では少数派です」。つまり下田さんによれば、戦後日本の民主主義は、欧米とは違って未熟であるがため、その影響を受ける外交がロジカルであるはずはない、というわけです。

下田さんはこうもいいます。「(軍部独裁で議会が弱体であった戦前のほうが)それなりに外交はロジカルだったし、だから(外交官は)非常に自信過剰になったんです」「外務省の戦前の大先輩、例えば広田(弘毅《こうき》)さんにしろ、幣原《しではら》(喜重郎《きじゅうろう》)さんにしろ、吉田さんにしろ、彼らは、外交の泥沼で苦心したわれわれの苦労を味わってはいませんよ」。

外務官僚に限らず、およそ官吏たるもの、みずから過度の政治的・党派的行動を起こすことは、それ自体問題です。しかし実際には、官僚がその矩《のり》を越えて政治的言動に出ることは多々あります。本来なら政治家のやるべきことをその政治家がやろうとする意志や能力がない場合、官僚は政治の領域に出ざるをえない、ということになります。下田の場合、彼独特の政治的意思が、その政治的意思を必要とする当時の激動の政治と奇しくも共振したのだともいえるのです。

東郷文彦と義父

外交に連動する国内権力闘争にむしろ進んで身を置こうとする下田の立ち位置が外務官僚の一つの典型だとすれば、それと対照をなす官僚の一人が、多分東郷文彦ではなかったかと思います。東郷文彦といえば、彼が外務省の戦後史において最も有能な官僚の一人であったという評価に異議を唱える人は少ないでしょう。彼の長年にわたる外務官僚としての主たる事績は、やはり対米外交にかかわるものです。アメリカ局安全保障課長として安保改定日米交渉の第一線に立って岸内閣を助けました。それから一〇年、今度は北米局長・アメリカ局長として「沖縄返還」日米交渉の矢面に立って佐藤内閣を補佐しました。外務官僚東郷文彦とは、「安保改定」「沖縄返還」という二つの外交課題、つまり戦後日本最大級の外交課題をめぐってアメリカ側と四つに組むことになった人物です。

東郷が日米外交にそのキャリアを賭けたとすれば、実はもう一人の「東郷」も日米外交に心血を注いだ外交官として想起されます。その人こそ、東郷文彦の義父すなわち東郷茂徳です。茂徳は吉田茂より六年ほど遅れて、一九一二年外務省に入省します。彼はドイツ人女性と結婚して愛娘いせをもうけますが、そのいせと結婚して東郷姓を名乗ったのが、旧姓本城文彦です。岳父茂徳に対する文彦の尊敬と敬慕の念が並大抵でないことは、文彦さんとの雑談のなかでもしばしば感じたものです。

しかも印象深いのは、岳父に寄せる文彦の特別の想いが、ときとして吉田茂への複雑な感情と絡まることです。吉田の東郷茂徳批判が、文彦にある種割り切れない感情を植えつけていたのです。吉田が東郷茂徳を批判したのは、米国務長官ハルから発せられたいわゆる「ハル・ノート」(一九四一年一一月)をめぐってです。「中国、仏印からの日本軍撤収」要求などを含むこのハル・ノートを手にした東郷外相は、同ノートを「最後通牒」とみて開戦を決意しますが、吉田はこれに強く抗議します。吉田は、ハル・ノートが決して「最後通牒」というものではなく、したがって日米間にはいまだ交渉の余地が残っていることを東郷に訴えます。東郷外相が吉田のこの面訴を斥けたことを、吉田自身戦後も厳しく批判しているのです。

茂徳は東京裁判で「禁錮二〇年」の判決を受け、A級戦犯として拘禁中に病死しますが、命を削るがごとくして歴史に生きた茂徳への吉田の「仕打ち」は、文彦に消しがたい不快感を与え続けたようです。文彦は晩年その回想録で、敗戦直前に「ソ連仲介」による日米和平を企てた東郷外相らへの吉田の冷評を取り上げて、「斯うした批判はどう云う意図で為されたにせよ、少なくとも玄人の言うことではない」(東郷文彦『日米外交三十年』世界の動き社、一九八二年)と切り捨てます。戦後政治の「大立者」吉田茂に対するエリート官僚のせめてもの抵抗であったといえましょう。

安保「微調整」論

私が東郷文彦氏と最初にお会いしたのは、一九八〇年の一二月でした。東京駅近くの新日鉄ビル最上階に着いて案内されたのは、同社の顧問室でした。外務省を退官して、東郷さんがこの顧問室におさまったのは、ごく最近のようでした。初対面の日、東郷さんは大変リラックスした様子でした。長年の外交官生活に幕を閉じて、いわばセカンド・ライフを楽しんでいたのかもしれません。

下田武三が外交と政治の宿命的連動の現実を受け入れて、それに適応する行動をみせたとすれば、東郷はこれとは全く違ったタイプの官僚であったといえます。彼は「国会というのは僕は逃げ回っていたからね」というように、下田が取り組んでいたあの国会対策とはほとんど無縁でした。東郷からすれば、外交とは国内政治から離れてみずからの論理を追求しなければならない代物なのです。

例えば安保条約改定という外交問題は、外交の次元でのみ決着がつけられるべきであり、外交を権力闘争の材料にしつつ、ときにこれを権力のための権力争いへと矮小化していく国内政治とは一線を画さなければならないのです。国内政治の混乱によって安保改定の日米交渉が阻害されたことについて、私が「なかなか面白いですね」と水を向けますと、東郷さんは例のべらんめえ調で、しかも冗談めかしにこう応じます。「ちっとも面白くねえや」。

東郷文彦

東郷氏は、岸内閣発足とほぼ同時期にジュネーヴ（総領事館領事）から帰国して本省に戻ります。「欧米局」から組織がえされたばかりのアメリカ局第二課長（のちの安全保障課長）が彼の転出先でした。欧米局を前身とするアメリカ局は、職掌柄日米関係の円滑化を重視する立場から、どちらかといえば現状維持の傾向があるようです。東郷氏の前任（欧米局第二課長）であった安川氏によれば、欧米局では例えば前記下田構想、すなわち一九五五年八月重光外相がダレス国務長官に提起したあの安保「全面改定」構想には「時期尚早との考えがあり、批判的」であった、というのです。

安川さんはこう証言します。「私なんかは、（下田構想にあるような）安保条約の全面改正というよりも、米軍による在日基地の自由使用という不平等性の是正が一番重要なポイントであると考えました。これは、元の条約を変えなくてもできるんです。日本側は新たな義務を負うわけではないから、行政的な取り決めでできるんです。アメリカ側は逆に手を縛られるのだが、彼らもこれを議会に出さなくてすむわけです。私などはむしろこれを事務的に処理しようという考えでした」。

安川の後任としてアメリカ局に入ったばかりの東郷も基本的には安川らの考え、つまりそれまでの欧米局の路線を踏襲するものでした。「日米協調」の立場から、同じ現状変革でもあまり波風を立てずに漸進的に事を進めていこうとするアメリカ局の姿がみえてきます。

五八年八月（二五日）安保条約の「全面改定」＝「新条約」を目指すことで岸首相・マッカーサー大使間で合意に達したことは前述の通りですが、実はここに至るまでに、安保条約改定に向けて東郷課長主導の安保「部分改定」論、すなわちあの欧米局路線を汲む「微調整」論が着々と形を整えていたことは注目されます。この「微調整」論が重要なのは、これが上記岸・マッカーサー合意すなわち「全面改定」合意の三週間余り前(七月三〇日)に、藤山外相がマッカーサー大使に示したある提案と完全に符合するからです。つまりこの日藤山外相がマッカーサーにのべたことは、条約「全面改定」ではなく、条約の本体を残したまま不都合な部分を改善するにとどめたい、というものでした。

この外相の対米提案は、これより二カ月ほど前から省内で練られていたものです。岸内閣にとって最初(そして最後)の総選挙(一九五八年五月二二日)直後、「実際はアメリカ局を動かして」(中島敏次郎条約局首席事務官)いた東郷は、省内文書で一つの呼びかけをします。つまり、安保条約改定を検討するための非公式グループを立ち上げてはどうか、というものです。アメリカ局(森治樹局長、田中弘人参事官、東郷課長)と条約局(高橋局長、藤崎参事官、井川克一課長)から計六人が集まってタスク・フォース(「六人チーム」)が生まれたのは、この東郷のイニシアティブによるものでした。

この「六人チーム」がまとめた結論は、東郷みずからのべているように、いわゆる「条約改訂の提案ではなく……安全保障問題についての日米両国間の調整と云う字句が当たっていた」(前掲『日米外交三十年』)というほどのものでした。

この「微調整」論には、次の二点が集約されています。一つは「条約の本質的欠陥」すなわち「アメリカの日本防衛義務」の欠落を条約改正によってではなく、事実の積み重ねによって改めることです。つまり、在日米軍と自衛隊の間に密接な協力関係をつくることによって、米軍の日本防衛を事実上アメリカになさしめるというものです。いま一つは、域外への在日米軍出動や日本への「核持ち込み」については主権国家日本の「発言権を確保する」という、いわゆる事前協議制を導入することです。

こうして東郷主導の安保「微調整」論は、前出七月三〇日のあの藤山・マッカーサー会談における藤山発言へとつながっていくのです。しかし、意外なことが起こります。前述八月(二五日)の岸・マッカーサー会談(藤山外相出席)が、藤山率いる外務省のこの「微調整」論を完全に覆してしまったのです。同会談で岸首相が「出来れば現行条約を根本的に改訂することが望ましい」(同書)とその決意を米大使に表明したからです。東郷が後に「岸総理の大号令」とのべているのは、実はこのことを指しているのです。

確かに東郷主導の安保「微調整」論は、こうして岸首相の「全面改定」論の前に潰えます。とはいえ興味深いのは、この「微調整」論が「六人チーム」(アメリカ局と条約局の混成体)の人的構成にも表われているように、アメリカ局・条約局間で一応の一致をみていたという事実です。ただその底流をのぞきますと、対米配慮に傾くアメリカ局と、国会対策を含めて国内政治に視線を向ける条約局とでは、安保条約に向き合うその姿勢に違いがあったことは否めません。

高橋条約局長の次席(参事官)であった藤崎万里さんはこう語ります。「結局はね、条約局は(米軍)駐留の権限を制約し、(米軍の)自由を制限する方向です。アメリカ局は、米軍が働きやすいようにするということです。根本的にはね、政治的な立場の違いというものが（両局間に）あったんです」。

マッカーサー大使の怒り

この両局間の違いが表面化したのは、むしろ条約改定のための日米交渉が始まってからです。例えば「アメリカの日本防衛義務」をめぐる問題、すなわち新条約第五条（条約地域）の問題です。第五条は一〇月四日の日米交渉開始後比較的早くまとまりますが、それは、当初日本に「太平洋地域」防衛を求めていたアメリカが、日本の集団的自衛権行使は憲法上不可能とみてこれを早々に取り下げたからです。したがって第五条は、相互に守り合う条約地域が「日本国の施政の下」にある領域に限られ、アメリカ領土を含まないということになったのです。

つまりアメリカは日本領土を丸ごと守るが、日本は憲法の制約上自国しか守ることができないというわけです。これでは対等の「相互防衛条約」にはなりません。防衛対象の不釣合いを何とか解消して、形だけでも「相互防衛条約」にするためにはどうすればよいか。「日本のなかのアメリカ」すなわち日本領土内の米軍や基地を日本が守る、という奇策はここから生まれるのです。

しかし問題が起こります。一〇月四日の第一回日米交渉でアメリカから出された新条約草案（「一〇・四草案」）への対案ともいうべきものが、一一月二六日の日米交渉（非公式）で条約局から提出され（「一一・二六草案」）、これがマッカーサー大使の逆鱗《げきりん》にふれるのです。アメリカ局の東郷が

「案のための案」であり「全くひどいもの」であったと酷評したのは、この条約局案すなわち「一一・二六草案」だったのです。東郷が書き記した会議録によりますと、マッカーサー大使はこの「一一・二六草案」を一見するや、次のように強い怒りを表明します。「若し此の草案を日本側の案としてワシントンに送るならば、今回の交渉はそれで終了である。野球の試合が終わったと同じである」(外交文書「十一月二十六日藤山大臣在京米大使会議録」)。

とくにマッカーサーが問題にしたのは、「一〇・四草案」にあったものが「一一・二六草案」では削除されていたということです。すなわち、敵の「武力攻撃」に対して「共通の危険に対処するよう行動する」という「一〇・四草案」の文言が、条約局草案では落とされていたのです。東郷さんはインタビューでこう証言します。「「共通の危険」が条文に入らないなら、条約に魂が入らないではないかというのが、大使の主張であった」。

条約局は恐れたのです。集団的自衛権行使をイメージさせる「共通の危険」を第五条に含めれば、国会で野党から攻撃されるだろうという恐れです。旧安保条約にかかわる国会答弁にそれまで幾度となく苦汁をなめてきた条約局のこの「一一・二六草案」は、外部からの攻撃があった場合でもアメリカに一定の距離を置くという立場をとることによって、できるだけ国内批判を回避しようとするものでした。結局のところ、日米はどのような案文を得たのでしょうか。これについて東郷さんは証言します。つまり「「共通の危険」と、条約地域を日本だけにすることをどう両立させるかについて(日米が)何度か話し合った」結果が新条約第五条、すなわちアメリカは日本領土を、日本は「日本のなかのアメリカ」(在日米軍基地)を守るという条文になったというのです。

「行政協定改定」と権力闘争

さてアメリカは戦後、被占領国日本と講和条約を結んでその日本に独立を与え、今度は独立国日本と安保条約を結んで占領時代の既得権すなわち「在日基地使用権」を引き続き維持することになったのですが、米軍の基地使用細目は「行政協定」なるものによって決められました(旧安保条約第三条)。

この行政協定は、旧安保条約調印から若干遅れてつくられましたが、文字通り「行政府間の協定」という性格上、国会の承認を必要としませんでした。しかし、新安保条約の調印とともにできあがった「行政協定に代わる別個の協定」(新安保条約第六条)、すなわち「地位協定」は条約と同じ手続きによって国会の承認を得ることになったのです。ただ、地位協定がこうして誕生するに至ったその道筋は、決して平坦なものではありませんでした。

そもそも「行政協定に代わる別個の協定」という話は、少なくとも安保改定日米交渉の開始時、日米政府間にはありませんでした。いや正確にいいますと、アメリカ側は日本が「行政協定改定」提案を出すことに最初から警戒していたのです。東郷さんはインタビューでこういいます。「(アメリカは)防衛分担金の項目は廃棄するが、あとは(行政協定を)そのまま続けなくては困る、というわけだ。（日本側も）それまでずっとそういう考えできているわけなんだけれども、それをまあ……」。後に東郷とともに行政協定の全面改定作業に加わる井川克一さん（条約課長）もいいます。「行政協定には手をつけない、という（アメリカ側との）口約束があったことは確かです」。

ところが、条約交渉開始から数カ月を経た頃、事態は突然動きます。政権与党である自民党内が、また騒がしくなったのです。すなわち五九年に入って間もなくのことですが、与党内派閥領袖たちが「行政協定改定」をもち出して岸政権を揺さぶることになったからです。

「行政協定改定」についてまず口火を切ったのは、党内実力者の河野一郎です。河野は岸政権誕生に力を尽くし、しばらくは同政権を支えていたのですが、五九年に入る頃から「反岸」・「反主流派」に転じて、事あるごとに岸首相の安保改定作業に立ちはだかります。その河野が、二月一四日の記者会見でこう明言します。「国民の日常生活に直接関係する行政協定の改定こそ最も大事なことである」（朝日新聞、一九五九年二月一五日付）。

この河野発言が連鎖反応を呼ばないはずはありません。一週間後の二月二二日には、池田派率いる池田勇人が、河野発言に呼応します。こうなりますと、「反岸」の急先鋒三木武夫も黙ってはいません。池田発言から一〇日後の三月四日、三木は行政協定の「全面改定」を主張して、河野・池田両者とほぼ一線に並ぶのです。

しかもこうした動きをみて更なる力を得た河野は三木発言の翌日、それまでの持論、すなわち「行政協定を条約と同時に改定せよ」という主張を一歩進めて「同時全面改定」を打ち出します。

このことは、「行政協定」がいよいよ権力闘争の格好の材料として浮上してきたことを示すものでした。三者の主張にニュアンスの違いはあっても、彼らが完全に一致していたのは、行政協定の「同時全面改定」という〝正論〟を新たに政権側に突きつけることによって、岸の安保改定作業を遅延ないし失敗の方向にもっていこうということでした。

マッカーサー大使はいら立ちます。東郷さんによれば、大使は交渉相手である政府与党内に目立ってきた「内輪もめ」に、こう苦言を呈したというのです。「野党が（安保改定に）反対するのは分かるが、与党のなかがバラバラではとてもこんな話し合いはできない」。東郷さんは続けます。「マッカーサーは藤山さんにも岸さんにもいったことがあります。与党ぐらいまとまっていなければ駄目じゃないですか、とね」。

マッカーサー大使からみれば、以前から日本側に念を押していた「行政協定不変」（第二四条と第二五条二項(b)を除く）が、政権を支えるべき与党内でいままさに揺さぶられているのです。東郷氏はいいます。「（一九五九年）二月に入って（自民）党内がだんだんうるさくなるわけだから、藤山さんがマッカーサーとたびたび会っても、もっぱらそういう（党内抗争の）話でね、条約のほうの話はそんなになかった」。

いずれにしても、行政協定の「同時全面改定」を要求する与党内「反岸」勢力の声は、日に日にその勢いを増します。政権側は、「行政協定には手をつけない」という米側との「口約束」の手前、この「反岸」勢力の圧力に暫くは抵抗するのですが、しかしその圧力に抗し切れず、いやむしろこれを逆手にとってついに方向転換をします。あの河野発言から二カ月後の四月五日、岸首相はこうのべます。「(行政協定を)改定する点を特に限定しないで幅を持たせて交渉に臨むことになろう」(朝日新聞、一九五九年四月五日付)。行政協定の「同時全面改定」の始動です。

しかし、岸政権がこの「同時全面改定」の決意を公言したとき、実はこれより以前に、東郷を中心とするアメリカ局が条約局とタイアップして行政協定の全面改定、すなわち「地位協定」草案づくりをすでに終えていたというのですから、驚きです。

もっと驚くのは、「行政協定改定」の口火となったあの河野発言よりもはるか以前に、東郷らが行政協定の全面改定に向けて独自の立場から動き出していた、という事実です。東郷さんはこう回顧します。「河野さんが(「行政協定改定」を)いい出す前に、政府(外務省)内部で地位協定に向けて手をつけているんです。もし行政協定を(政権側が)変えるとすれば、ということでね」。東郷ら官僚側が政治の動向をむしろ先取りする形で、行政協定の大胆な改定に着手している姿がここにあります。

ところで行政協定改定作業の途中で、東郷は条約局の中島(敏次郎)首席事務官を伴って西ドイツを訪れています。当時西ドイツは、いわゆる「ボン協定」を完成するためアメリカと交渉していました。西ドイツに駐留するNATO軍の地位にかかわる協定が、アメリカとどういうやりとりでつくられるのか、東郷の西ドイツ出張は、これを同政府から聞き取るのが目的でした。

東郷さんはこう回想します。「ボン滞在の三日間、朝から夕方おそく迄関係部局で罐詰となって次から次と先方の説明を聞いたり問題点を討議した」（前掲『日米外交三十年』）。アメリカが西ドイツに対して何をどのように譲歩したか（あるいは譲歩しなかったか）、東郷らはその情報を生かして地位協定づくりのための対米交渉に臨んだというわけです。つまり、「ドイツに与えているなら、（アメリカは）日本にも当然同じ待遇を与えてしかるべきだ」とアメリカ側に迫る論法が、この西ドイツ訪問によって得られたというわけです（中島敏次郎著、井上正也他編『外交証言録　日米安保・沖縄返還・天安門事件』岩波書店、二〇一二年）。

「ふんどし」をつくる

そして、外務省は、いよいよ例の「ふんどし」をつくることになるのです。行政協定における五七件の改定点を列挙し、しかも改定点それぞれに注釈を書き込んだ半紙を幾枚もつなげて、最後には五メートルほどの巻紙、すなわち「ふんどし」になったというわけです。

この「ふんどし」をつくった井川条約課長によりますと、整理された五七件に及ぶ改定点をマッカーサーに提示したところ、「マッカーサーが激怒した」というのです。東郷さんもこう証言します。「（日本の改定案をみて）マッカーサーは不愉快だったんだ。それじゃまるで話が違うじゃないかってね。しかしまあ、ともかく（日本側の案を）検討しようということになった」。

かくしてこの「行政協定改定」も、条約交渉と同じくすべて藤山・マッカーサー会談の俎上に載せられるのですが、協定の性格上、技術的・実務的項目が多かったため、実質的には東郷が交渉の矢面に立つことになったのはいうまでもありません。

「ふんどし」の製作者井川克一さんは、東郷の交渉ぶりをこう評します。「僕はよく東郷さんに冗談をいっていました。あなたは僕が一生懸命説得する十個のうち一つしか聞いてくれないが、立派なのは、この一つを聞いてくれると、猛然としてアメリカと渡り合ってくれる、とね」。

岸内閣の安保改定作業で東郷がいかに精力的に動いたか、そのことは彼の書き残した膨大な外交文書を一瞥しただけでも得心がいきます。吉田茂の講和・安保両条約交渉における西村熊雄（条約局長）がそうであったように、東郷は岸内閣の安保改定交渉のあらゆる局面に参画しますが、その内容を克明に記録・分析している彼の筆致には、鬼気迫るものがあります。

縦の罫線を引いた用紙に一行書いては一行空けるというスタイルは、東郷独特のものです。端正な文字を几帳面に置いていくそのペンの運びにほとんど乱れはありません。しかし、たまさかその書きぶりにいつもの勢いがなく、文字がか細く泳いでいることがあります。東郷が過密な仕事に体力を奪われながら疲労に耐えていたであろうその姿をつい想像してしまいます。外交官東郷文彦が刻んだペンの轍《わだち》は、ほかならぬ彼自身の汗馬の労を縁どっているかのようでした。

第四章　社会主義者たちとその証言

一　日本社会党の最左翼から――岡田春夫と飛鳥田一雄の急進思想

日本社会党の凋落

二〇年近く前の一九九六年一月のことですが、「日本社会党」はみずからの党名を変更して「社会民主党」（社民党）になりました。

今日、この社民党は、直近の衆議院選挙（二〇一四年）で二名、参議院選挙（二〇一三年）では一名の当選者を出しました。同党の全議席は、参議院の非改選二議席を合わせてわずか五議席ということになります。旧社会党すなわち社民党は文字通り泡沫政党になってしまいました。戦後日本の政治を長年みてきた私としては、いろいろ考えさせられるものがあります。

そもそも社会党が看板を塗り変えて新しい党名に「社会民主」を冠することは、それなりに深い意味をもっていました。同党が政策一新とそれに相応しい新党名を掲げて、党勢低落から反転攻勢に打って出ようとしたからです。つまり日本社会党が、旧来のソ連型社会主義を捨てて新しく西欧流の社民主義を取り入れようというその意気込みを、党名変更は表わすものでした。

実際日本社会党は、この党名変更の八カ月前すなわち九五年五月には、すでに政策転換を公式に闡明《せんめい》しています。いわゆる「九五年宣言」(第六二回臨時党大会採択)です。同宣言は、それまで「違憲」としていた自衛隊を「合憲」とします。日米安保条約をそれまで「解消」としていたものを「堅持」としたのです。そして同「宣言」は、社会党がマルクス・レーニン主義と共振するそれまでの「(プロレタリアート中心の)階級政党」から変身して、広く「寛容な市民政党」として「市場経済」と「公正な自由貿易」を目指す旨を謳ったのです。

重要なのは、どんな事情で社会党がこのように一八〇度の転換をしたのか、ということです。本章第三節で少し詳しく触れますが、「九五年宣言」の一〇カ月ほど前(一九九四年七月)、社会党党首の村山富市を首班とする自社さ連立内閣(自民党・社会党・新党さきがけ連立内閣)は、それまでの保守歴代政権の政策を踏襲せざるをえない立場に追い込まれてしまいます。村山首相はみずからの政党、つまり社会党の核心的政策を党議も経ずに突然一方的に放棄し、自衛隊を従来の「違憲」から「合憲」にするなどのいわゆる「政策大転換」を果たしたのです。つまり「九五年宣言」は、実は村山首相の「政策大転換」を党として追認したものにほかなりません。「社会民主党」への党名変更は村山の「政策大転換」に辻褄を合わせたのだ、といわれるゆえんです。

しかし起死回生のための党名・政策の変更も、同党の宿痾《しゅくあ》ともいうべき党内抗争を止めることはできませんでした。「社会民主党」になって八カ月後の九六年九月、党はまたしても分裂します。同党所属の衆議院議員六三名のうち、およそ半数が鳩山由紀夫ら主導の新党「民主党」に流れたからです。しかも分裂直後（一九九六年一〇月）の総選挙は、社民党に致命的惨敗の斧鉞《ふえつ》を与えます。この選挙で同党が獲得した議席数はわずか一五、これは党史最大議席数一六七（一九五八年総選挙）に比べると、いや党勢凋落が決定的になった五五年体制最後の総選挙（一九九三年）で得た七七議席に比べても、目を覆わんばかりの惨状でした。いまの社民党は、往年の社会党の党是すなわち「非武装中立」を掲げて先祖返りしていますが、冒頭で触れたように衆参合わせて五議席とあっては、党の存在そのものが風前の灯《ともしび》であるといわれても仕方ありません。

もちろん今日の社民党は、日本社会党が戦後長年にわたって築いてきた党史の延長線上に位置しているにすぎません。党史の最末端に細々と立っている社民党が、かつての社会党と紛れもなく同一政党であるとすれば、社民党の最近史をまずは頭の一隅に置きながら、かつて戦後史の一大勢力であった日本社会党の航跡を主としてオーラル・ヒストリーによって確かめてみるのも意味あることかと思うのです。

左右対立の歴史

そもそも日本社会党が戦後単一の社会主義政党として誕生したのは一九四五年一一月、敗戦から三カ月後のことです。分裂と抗争を繰り返した戦前の無産政党がまずは一つの政党にまとまって「日本社会党」をつくったのです。あれほどまでに四分五裂していた戦前の社会主義政党が、いくら敗戦の衝撃があったとはいえ、「大同団結」して単一政党になったということは、それ自体一つの奇跡でした。

しかし奇跡はときに脆《もろ》いものです。社会党は結党後、いや結党前の準備段階から戦前の「四分五裂」が顔を出します。「党名」をめぐる左右両勢力の確執は、その典型といってよいでしょう。党の名前を「社会党」にするか「社会民主党」にするかの争いでした。左派は「社会党」を、右派は「社会民主党」をそれぞれ主張したのです。もともと党結成の主導権を握ったのは、戦前の社民系(社会民衆党系)の流れを引く西尾末広ら右派でしたが、「大同団結」という名の同床異夢は、肝心かなめの党名決定プロセスで早くも左右激突という形で表面化するのです。

結局のところ、この左右対決は創立準備委員会での投票にもち込まれます。「日本社会党」がわずか一票差で採用され、ほとんど使われることのない英語名を「日本社会民主党」(Social Democratic Party of Japan)にするということで決着します(後に結党大会で正式決定)。共産主義に共鳴しつつ社会主義に進む旧日無系(日本無産党系)中心の左派勢力が「日本社会党」を勝ち取り、資本主義の漸進的改良を目指す右派が英語名の「社民党」に甘んじる、という結果になるのです。

それから半世紀後の一九九六年、前出の通り右派宿願の「社民党」へと党名変更を果たしたとき、社会党が党再生の体力をすでに失っていたというのは、いかにも歴史の皮肉ではあります。いずれにしても、党名をめぐる結党時の左右対立は、以後延々と続く抗争・分裂の党史を象徴する出来事となったのです。

日本社会党が結党以来経験した「分裂」は、前記九六年九月の分裂を除いても恐らく五回はあったでしょう。しかもこれら五回すべてが、結党時から六〇年安保までの一五年間に起きています。単純計算すれば、三年に一度は内紛の果てに脱党ないし分党の憂き目に遭ったということです。そしてうち三回が左右二分ないしはそれに近い形で割れた大分裂であり、残り二回（一九四八年三月社会革新党として、同年一二月労農党としてそれぞれ独立）は比較的小規模のものでした。

前者すなわち大分裂のなかで最も激越で深刻な分裂は、何といっても一九五一年調印の旧安保条約と六〇年調印の新安保条約をめぐってのそれでした（他に大分裂としては一九五〇年一月の左右分断）。とりわけ岸信介による安保改定で最大野党社会党がみせた路線闘争絡みの左右内紛・離党劇は、党史上最大の「事件」の一つであったといえましょう。

当時社会党は、六つの派閥から成っていました。右派には西尾（末広）派と河上（丈太郎）派の二派閥が位置していました。そして左派には野溝《のみぞ》（勝）派、和田（博雄）派、鈴木（茂三郎）派＝社会主義研究会、松本（治一郎）派＝平和同志会の四派閥がありました。敢えて大雑把ないい方をすれば、これら六派閥は、最右派の西尾派から最左派の松本派へと次第に左傾化していくという構図です（ただし野溝派のイデオロギー的位置づけについては定説はない）。

もちろんこうした構図はそのときどきの問題・争点によって流動化します。人の所属派閥が入れ替わったり、また左右両派のカベを越えて派閥間の合従連衡もあります。しかし、少なくとも安保改定時にはこの派閥間構図が党内政治を動かす主たる原動力になったことだけは確かです。

「岡田春夫」の記憶

ところで、社会党の戦後史において一貫して党内主導権を握ったのは左派勢力です。右派は結党時から四九年に入る頃まで、すなわち片山哲内閣時(一九四七年五月―四八年三月)を含むわずかな期間、例外的に党内優位にあったにすぎません。六〇年安保当時、左派勢力は上記の通り四つの派閥を抱えていましたが、そのなかでも最左翼の平和同志会は日本共産党に最も近い存在でした。この平和同志会には、当時十数人の議員がいましたが、どちらかといえば知識人の集団であったといってよいかもしれません。それだけに理論家が多くその政治行動も急進的な傾向にあったといえましょう。この平和同志会のメンバーとして、安保改定時岸政権を苦しめた代表格が、黒田寿男《ひさお》、田中稔男、飛鳥田一雄、そして岡田春夫といった面々でした。

私が岡田氏と最初にお会いしたのは、一九八一年の秋口(九月)でした。ちょうど岡田さんの宿敵岸信介氏とのインタビューが進行中のときです。田中氏、飛鳥田氏らに加えて岡田氏にインタビューを申し入れたのは、岡田氏が安保改定のとき社会党内で最も盛んな行動力、したがって最も強い影響力を発揮した政治家の一人であったからです。また彼が、社会党結党の頃から党内急進派として党史に重い足跡を残してきた人物でもあったからです。

岡田さんにインタビューができると決まったとき、私は特別の感慨をもったものです。個人的な話になりますが、小学生の頃、「岡田春夫」は私のなかのどこかですでに刷り込まれていたように思うのです。岡田は北海道から戦後第一回目の総選挙に出馬し初当選しますが、彼の名前を知ったのは、いまから考えると、大選挙区制（一九四六年四月の戦後第一回総選挙で適用され、北海道は二つの選挙区に分割された）から中選挙区制（一九四七年四月の戦後第二回総選挙以後適用され、北海道は五つの選挙区に分割された）に変わってからのように思います。いずれにしても私の脳裏に刻まれている「岡田春夫」は、戦後間もない衆議院選挙戦でかしましくも連呼されたあの「オカダ・ハルオ」でした。

　岡田は北海道美唄《びばい》の出身ですが、当時ここを含む選挙区は、中選挙区制になってからは北海道第四区といわれていました。私は小中学生のときには芦別に住んでいましたが、この第四区は芦別、美唄、夕張をはじめ室蘭、苫小牧の方面までを包摂する広大な地域に及んでいました。中学に入った一九五二年、いわゆる「抜き打ち解散」による総選挙がありました。このとき第四区では、以後長年にわたってライバル同士となる有力候補がすでに出揃っていました。保守陣営からは篠田弘作や南条徳男らが、革新側からは岡田春夫のほかに渡辺惣藏《そうぞう》らが候補者として名を連ねていたのです。

岡田春夫

　「猿は木から落ちても猿だが、政治家は選挙に落ちればタダの人」とは、ある大物政治家の有名なセリフですが、政治家はいつも、「タダの人」になるかもしれないという悪夢に怯《おび》えています。いったん選挙になれば、政治家が死に物狂いの闘いモードに入るのはこのためです。だからでしょうか、岡田に限らずこれら候補者があの選挙カーから放つ必死の連呼は、少年の心に刻まれていまも離れません。とくに「泣きの惣藏」こと渡辺惣藏さんが選挙戦の最終盤になると、決まって泣き声まじりで有権者に切々と大呼するあの姿は忘れられません。岡田さんは渡辺さんのように泣きはしませんでしたが、「タダの人」への瀬戸際に立つ一大決戦で、選挙カーから千切れんばかりに手を振って走り去ったその姿もまた、子供の目には特別に映ったものです。

さてその岡田さんを訪ねた先は、実は衆議院副議長室でした。当時岡田さんは、野党第一党社会党の指定席であった副議長職を務めていました(慣例として副議長就任とともに無所属になる)。戦後最初の総選挙以来、ただ一度の落選(一九六九年総選挙)を除いて議席をもち続けてきた岡田さんのことですから、「国権の最高機関」である国会の副議長に就くこと自体、何の不思議もありません。しかし私の気持ちは、少し複雑でした。社会党最左派にして反体制派、そして「革命」を追い求めてきた岡田春夫の思想と行動からすれば、飛鳥田ら平和同志会の人々と同様、議会制民主主義の守護者とは必ずしもいえないその岡田さんが、さて、議会における副議長のイスにどんな心地で座っているのかなあと思ったりもしたものです。

社共統一戦線のために

岸内閣の「安保改定」に反対した自身の政治行動について、岡田さんの証言は実に率直でした。岡田さんにとって、日米安保条約を「破棄」することは、すなわち「民族解放」を意味します。彼は持ち前のゆったりした口調でこういいます。「(安保条約は)民族の主権の問題だ。安保条約によって日本の主権は、アメリカに支配されている。日本は完全独立ではない、ということです」「理論的にいえば、当面の革命というものは、社会主義革命ではない。いわゆる民族・民主革命、ブルジョア革命の徹底的解決でなければならない。(中略)それは、社会主義への過渡期の革命としての民族的な意味をもつ。その限りにおいて日本の完全独立の問題は重要です」。

つまり岡田さんの「民族・民主革命」論は、日本共産党のそれと重なります。岡田さんは、共産党との関係についての私の質問にこう答えます。「(共産党とわれわれは)近い。非常に近かった。戦略問題では一致していました」「(共産党とは)非常に多く接触がありました。ただ(反権力運動における各局面での)戦術問題では意見の不一致が随分ありました」。

これに関連して同じ平和同志会の飛鳥田一雄さんもまた、社会党左派と共産党との間には連絡パイプがあったことを認めたうえで、インタビューではこう証言しています。つまり平和同志会と日本共産党の違いは、「ない」というのです。飛鳥田さんにいわせれば、「僕らのほうが本当のマルクス主義者だと思っていました」というわけですから、社会党最左翼の人びとには、自分たちこそ共産党以上に共産主義者であるという自負心が、あるいはあったのかもしれません。

事実平和同志会、とりわけ岡田をはじめ黒田寿男、飛鳥田一雄、風見章《あきら》を中心とする党内最左翼は、六〇年安保当時、確かに共産党と同じく「革命」を志向していました。岡田さんはこういいます。「その頃社会党の左派であるわれわれとしては、社会党首班の社共統一戦線政府というものを考えていました。この統一戦線政府の樹立が日本の革命の道であるというわけです」。

しかもこの「統一戦線」は、実は岡田さんたちが敗戦後一貫して追求してきたものです。社会党は結党時から右派・左派間の対立だけでなく、右派、左派それぞれの陣営内で分裂します。左派からは黒田寿男、岡田春夫らが党から除名されて（芦田連立内閣が提出した一九四八年度予算案に――社会党執行部の方針に背いて――反対し、六名が除名された）、労働者農民党すなわち労農党を立ち上げますが（除名された六名を含む衆参一八名をもって一九四八年一二月結党）、この労農党こそ社共統一戦線の推進グループになるのです。

岡田さんは労農党結成の頃をこう振り返ります。「共産党の一部は、われわれが社会党のなかで闘うについては、非常に援助してくれた。労農党結成に反対だった共産党は、われわれを吸収しようとした」。しかし岡田さんたちは、「共産党への吸収」に抵抗します。彼はその理由をこう証言します。「共産党だけでは革命ができるわけがない。社会党と統一戦線を組まない限りは、日本の革命は不可能だと考えたんです」。

岡田春夫らは、社会党から除名されたことをむしろ奇貨居《お》くべし、みずから社共統一戦線の触媒になろうとします。岡田さんはいいます。「われわれが社会党と共産党の間に立って、サンドウィッチの役割を果たすということです。そのことは何も共産党のためとか社会党のためではなくて、日本の革命のためなんだという立場で一貫していたわけです」。

日本社会党から分岐したこの労農党を終始主導したのは、黒田寿男です。彼は党首として労農党の先頭に立ち、理論・行動両面の精神的主柱となります。しかも黒田だけでなく岡田を含めて同党は、徹底的に「親中国」でした。毛沢東を崇拝し、文化大革命（一九六六年から七七年まで続いた中国の極左的文化・政治闘争。毛沢東みずから指導する大衆組織によって劉少奇《りゅうしょうき》ら実権派から権力を奪回した）を称賛します。労農党が党首黒田寿男を社会党のように「委員長」ではなく「主席」としたのも、「中国共産党毛沢東「主席」にあやかって」（岡田春夫『国会爆弾男　オカッパル一代記』行研出版局、一九八七年）のことでした。

労農党は結局八年間の党史を歴史に刻んで終わりました。一九五七年三月、奇しくも岸内閣誕生の翌月、同党のメンバーが党解散の後古巣の社会党に戻ったからです。「戻った」理由は、意外に分かりやすいものでした。一つは党の指導者黒田寿男が一九五五年（二月）の総選挙で落選し党の求心力が弱まったこと、そしていま一つは総評の高野実や社会党の風見章らから同党への復帰を強く勧められたことがあります（同書）。

しかし何といっても最大の理由は、経済的なそれでした。岡田さんとのインタビューによれば、「組織的には、もう労農党ではやっていけなくなった。財政的に立ちゆかなくなった」というのです。「しかし……」と岡田さんは続けます。「われわれは（社会党に）戻ったけれど、思想は変えない。つまり（社共）統一戦線を今度は社会党内でやるんだということです」。

岡田さんはまた、回顧録でこう書いています。「社会党を戦闘的にするために……私と堀眞琴《まこと》、鈴木清一氏らは党内最左派の「平和同志会」、石野久男、木村禧八郎氏らは、鈴木茂三郎氏の「社会主義研究会」に入った。黒田さんだけは、どの派閥にも入れないで、ときどき黒田さんの部屋に集まって、情報を持ち寄り、対策を練った。ひとことで言えば、社共統一戦線派のフラクション本部である」（前掲『国会爆弾男　オカッパル一代記』）。

フラクションのこと

フラクション（秘密分派）といえば、共産党から送り込まれたフラクションが社会党内に相当数浸透していたことは、岡田さんもはっきり認めています。彼はこう証言します。「社会党書記局のなかに紅会《くれないかい》という会がある。それは共産党のフラクションです。ある程度公然たる事実になっているので、これは名前をいっても……高沢（寅男）君なんかそうです」。「高沢君」とは、書記局から後年代議士になった人物ですが、終始社会党最左派として活動します。

安保改定をめぐって西尾派が党内路線闘争の末、民社党結成へと向かっていたあのとき、西尾陣営は高沢らの名前を挙げて「党内フラクション」を問題にします。岡田さんはこう振り返ります。「西尾末広が党分裂の際、「共産党との二重党員を摘発する」といって高沢君らのことに言及、大騒ぎになったんです」。

かくいう岡田さん自身も、「共産党フラクションではないか」と一時嫌疑をかけられました。

彼はいいます。「私なんか（社会党と共産党の）二重党籍だって盛んにその頃いわれました。現実に私は共産党に籍をもったことはない、一度もね。戦前といえども、戦後といえどもです。だけど事実上、共産党と全く同じ行動をとったけれどね」。

つまり、岡田春夫が「共産党フラクション」とみられるほど共産党と同一歩調をとったことは確かです。とりわけ社共統一戦線をつくるための努力にかけては、つねに一貫していました。岸内閣の頃、平和同志会の風見章は「統一戦線」をテーマにして共産党議長の野坂参三と「しょっちゅう会談をしていた」（岡田春夫）が、「この会談に必ず（風見氏の）随員として参加した」のは、岡田でした。社会党左派と共産党との「蜜月」の時代は、こうして戦後暫くの間続いたわけです。

ともあれ岡田さんによりますと、六〇年安保が終わる頃までは「思想的にはマルクス・レーニン主義の革命をやるんだという考えですから、その限りでは共産党もわれわれを信用していましたし、互いに連絡し合っていました。社会党本部にいる（共産党）フラクションが、断片的ではあるが、われわれに連絡を寄こしてくれた」、というわけです。

つまり、共産党の指令下にあるフラクションが仲介役になって、平和同志会を中心とする社会党左派勢力と共産党とは情報を共有していたというのです。しかし共産党フラクションの浸透先は、何も社会党に限ったことではなかったようです。岡田さんはこう証言します。「自民党のなかにだって、共産党のフラクションは沢山いました。だから政府のあれこれの話は入ってきました。五五年体制で二大政党制だったが、いろいろな政党に（共産党フラクションは）入っていました」。岸政権時、共産党から安保改定阻止国民会議にオブザーバーとして派遣されていた鈴木市蔵氏（日本共産党幹部会員）も、後年私とのインタビューでこう証言しています。「自民党だけでなく警視庁のなかにも自衛隊のなかにも、フラクションはいましたよ」。

共産党との溝

ところで「社共統一戦線」の動きも、六〇年代に入りますと低調になります。共産党と社会党最左派との間に思想面での違いはなくても、すでに安保改定における個々の戦術問題、とりわけ反「安保」の運動方式について両者間には明らかに齟齬が出てきました。例えば、一九五九年一一月あの「ベトナム国会」の最終盤でデモ隊を国会構内に先導したとして、社会党の浅沼書記長らが懲罰委員会にかけられるという事件がありましたが、これを正当化する社会党と、社会党の「過激な」行動を批判する共産党は激しく衝突します。

これについて、岡田さんと同じ平和同志会の飛鳥田さんは次のように証言します。「私は大衆の国会乱入を肯定しているほうだった。自由にやればいいという考えだった。あのときデモ隊を止めたのは、共産党であった。共産党のあの行為には大変憤慨した。闘うときにやめてしまうのは形式主義であり、大衆のエネルギーをもっと爆発させるべきであった」。

安保改定過程のなかで露呈した、社共の「統一戦線」ならぬ両者の対立は、やがて中国問題すなわち一九六六年に始まった文化大革命の評価をめぐって決定的になります。文化大革命を積極的に評価する岡田ら社会党左派と、同革命を厳しく否定する日本共産党との非難応酬は、激しいものでした。岡田さんはこう証言します。「あれは文化大革命の始まる頃だから、六七年か六八年頃からでしたか、むこう(共産党)は革命の裏切り者呼ばわりを私にもするようになった。だから(それ以後は)全然連絡はありません」。

いずれにしても、岸内閣が推進した安保改定をめぐる政治過程で、社会党左派勢力とりわけ岡田、飛鳥田ら平和同志会を含む同党最左翼が共産党を「日和見」と非難するほど急進化していったことは事実です。しかもここで重視すべきは、これら最左翼の思想と行動が反「安保」過程のなかでやがて党内では無視しえない力になっていったということです。例えば後節(本章第二節)で扱ういわゆる「日中共同の敵」問題が、これをよく示しています。一九五九年三月社会党第二次訪中団の団長浅沼稲次郎が北京で「米帝国主義は日中共同の敵である」旨の発言をしますが、これが社会党と中国の関係を劇的に近づけ、なおかつ折からの「安保改定」反対闘争の急進化に重大な弾みをつけたのです。実は、この歴史的な浅沼発言を陰に陽に主導したのが、平和同志会の岡田、風見、そして田中稔男ら最左派であったことは否定できません。

安保七人衆

さて、岡田春夫とともに社会党最左翼を代表する政治家といえば、飛鳥田一雄を挙げないわけにはいきません。これまでにも飛鳥田インタビューを引用しましたが、彼は岡田と同じ社会党最左翼にして平和同志会のメンバーでした。岸政権時、党内では「安保七人衆」(「安保五人男」というい方もあった)といわれるグループがありました。岸首相がワシントンで署名してもち帰った新安保条約が国会審議にかけられたとき、社会党は安保改定阻止特別委員会(黒田寿男委員長)をつくるのですが、そのなかでもとりわけ精力的に活動した〝中核戦闘部隊〟の七人を指して「安保七人衆」と呼んだのです。

「安保七人衆」の「七人」とはどういう人たちなのかは、いろいろな見方がありました。衆目の認めるところ、黒田寿男、岡田春夫、飛鳥田一雄、石橋政嗣《まさし》、そして勉強会の根城として自邸を提供していた松本七郎などの名前がいつも挙げられていました(その他横路節雄、戸叶《とかの》里子などが名を連ねることもあった)。ただ、岡田とともに飛鳥田が、この「七人衆」のなかの中心的メンバーであったことは間違いありません。

飛鳥田は、一九五三年春のいわゆる「バカヤロー解散」による総選挙で神奈川から立候補、初議席を得ます。そして七七年から八三年までの六年近く、党委員長の任にあった人物です。党委員長就任の前には、横浜市長を一五年間(一九六三年から七八年まで)務めました。横浜市長時代には、市長が市民の意見を聞くための「一万人集会」(一九六七年)を市議会側の猛反発を斥けて強行しましたが、このことからも分かるように、飛鳥田の思想的核心部分には、つねに「直接民主主義」があったといってよいでしょう。

飛鳥田さんは、やんちゃな顔をのぞかせながら、少々荒っぽくこう喝破します。「間接民主主義ってやつに限界があるってことは、六〇年安保の時に代議士やっててしみじみ感じてたんだ。いくら政府をやっつけたって、カエルの面にしょんべんだろ。（横浜）市議会だってね、それまでのような沈滞したものなら、無くていいって思ってたんだ。本当に」。つまり「いつでもパリ・コミューンが模範さ」というわけです（飛鳥田一雄『飛鳥田一雄回想録』朝日新聞社、一九八七年）。

「議会制民主主義は必要悪」

その飛鳥田さんを訪ねてインタビューしたのは、一九八四年六月つまり党委員長辞任からおよそ一年が経った頃です。一カ月間ほどの間に数回にわたって集中的にお付き合いいただきました。確かに私の質問に対する飛鳥田さんの応答は、岡田氏と同じく彼が社会党最左翼として共産党とほとんど変わらない思想の持ち主であることを示していました。

五九年のいわゆる「ベトナム国会」会期中の「国会乱入事件」に対する、前記飛鳥田の評価にも出ているように、彼は議会制民主主義には懐疑的です。岸首相の「五・一九採決」が議会制民主主義の否定であるとして、以後新条約批准までの一カ月間、激しく権力側と闘った社会党とりわけ左派は、実は飛鳥田に限らずどこかで議会制なるものを冷視していたといえます。飛鳥田さんはインタビューでこう明言します。「やっぱり議会制民主主義は、敢えていえば必要悪だと思う。目下議会は必要だとは思うが、ただ議会と大衆をどう接着するかが問題だ」「これだけの人口があれば、そう簡単には議会制度をぶち破れるとは思ってはいませんよ」。

となれば、飛鳥田氏にとっては、議会がそれなりに機能するには大衆参加の直接民主主義もまた必要だというわけです。間接民主主義と直接民主主義が相互補完の関係にあるべきだというのです。しかし一方で飛鳥田さんが「大衆のエネルギーを爆発させよ」と叫ぶとき、「間接」と「直接」の補完関係は崩れ、ともすれば後者の暴走を許してしまうということもありえます。「議会で秩序立った議論をして議決するという教科書的議会主義はあまり問題にしなかった。社会党の議会軽視に対する国民の批判、反発は全然眼中になかった」という飛鳥田さんの証言は、岸政権の「安保改定」に反対して急進化していった当時の社会党の立ち位置をよく示しているようでもあります。

いずれにしても社会党側は、「五・一九採決」から一カ月間、あの激しい大衆デモをもって岸首相退陣を迫ったのですが、当時首相はこれに対抗して次のように反論しました。「いかにも日本にクーデターか革命が起こるようにみえるだろう」が、「後楽園では当たり前に野球が行なわれ」、銀座では若者が「そぞろ歩きをしているじゃないか」、と。もちろん、社会党側はこれに猛反発します。ところが、飛鳥田さんはインタビューで興味深いことを打ち明けてくれました。つまり彼は、「実は当時(岸氏と)同じことを感じていたよ。悔しいけどね」、と岸首相のあのときの〝状況判断〟に同調していたことを告白しているのです。

そしてこう続けます。「(大衆行動は)必ずしも成功するとは思っていなかった。それが単に革命につながるとも思えなかった」「しかし党内には革命が近く起こると思っていた人はいたんです」。

いずれにしても飛鳥田さんは、議会と院外大衆闘争との関係については、ときに後者を決定的優位に置くことを主張します。しかも彼にとってそもそも大衆とは、教育・啓蒙の対象であり、もしそこに議会があるなら、教育・啓蒙された大衆がその議会に積極的に働きかけるべきだ、というのが彼の立場のようです。

こうした彼の態度には、大衆を上から目線でみるある種のエリート意識があることは否定できません。しかし同時に、「大衆の理解なしに政治は動かない」という信念には強いものがありました。飛鳥田さんはこう主張します。「(安保改定について)われわれが分かっていても、そこには本当の大衆性というものがないのではないか。だから大衆に分からせる方法をどうしたらよいか、苦悩することになる。毎晩毎晩、労働組合とか町の研究会で安保の話をするが、安保の有害性をはっきり示すには、階級的立場に立たない限り本当のことはいえない」。

飛鳥田一雄

トピック主義

かくして「大衆に分からせる」には、「普通の論理ではなく、〝週刊誌〟でいこう」、ということになるのです。つまり飛鳥田さんにいわせれば、こうなります。

「『極東』の範囲については魚屋のオジサンも八百屋のオジ

サンもみんな小学校や中学校で習っている。つまり、「極東」については誰でも世界地図で慣れ親しんできたものだ。だから「極東」の範囲という問題は、すべての国民が理解できるんです。……あの議論はわれわれ自身バカバカしいと思ったが、ポピュラリティーというか大衆性はあった」。そして飛鳥田さんはこうものべています。「トピックを並べていって、ああ面白い、面白いとなる。トピックを渡り歩くと、自然に大衆の頭のなかに安保の恐ろしさというものが入ってくる」。

こうした文脈のなかで、六〇年安保における飛鳥田の行動を思い返しますと、例えば新条約の批准国会で彼がとくに「極東」の範囲を取り上げて岸政権を追い詰めていったことにも矛盾なくつながっていくのです。「極東」の範囲問題は、前章までに何度も話題になりましたが、これなどは飛鳥田が得意とする「トピック主義」の典型であったということでしょう。岸さんがインタビューで、苦々しくも「愚論の範囲」として切り捨てたこの「極東」の範囲問題は、横路節雄とともにこれを主導した飛鳥田にとっても、みずから明言しているように、「バカバカしい」ものだったのです。それでも彼がこの「極東」の範囲を重要視したのは、「政治問題は目にみえ、触って実感できなければ大衆性をもちえない」という信念によるものでした。

つまり、新安保条約第六条の極東条項は、前出の繰り返しになりますが、ある国・地域の紛争が「極東における国際の平和及び安全」を危うくするとアメリカ自身が判断すれば（条約上日本との事前協議を必要とするが）、米軍は在日基地をその国・地域の紛争処理のために使用できるというものです。「極東」は米軍の「目的」の範囲であって、米軍の「使用」の範囲ではないのですから、そもそも「極東」の範囲を決めること自体、「バカバカしい」のです。政府与党と野党は「極東」の範囲というこの「バカバカしい」問題について、衆議院の審議日数およそ一〇〇日間のうち半分の五〇日間を費やしました。戦後日本の議会制民主主義は本当に機能しているのか、と疑われても仕方がないでしょう。

しかし飛鳥田らに苦しめられた岸首相は、後年インタビューでこんな意味深長なことをいっています。「「極東」の範囲なんていうのは、苦労した格好になっているけれども、あれは愚にもつかなかったね。しかし、政治というのはおかしなもので、議論としては大した結果をもたらさなくても、これが揉めるとね、肝心の問題が割合スーッと通ってしまうということがあるんです。非常に問題のある争点がね」。岸氏はこうのべて、より本質的な問題、例えば憲法九条下の「武力強化」や、新安保条約における「事前協議」の問題のほうが審議のテーマとしては重要であったと述懐しています。

米ソ冷戦の国内版ともいうべき五五年体制、この五五年体制における自民党と社会党の対立は、それが資本主義とソ連型社会主義の妥協なき政治闘争であっただけに、しかもそれが国家の命運にかかわる安全保障政策に絡むとなればなおのこと、議会という論争・議決のための器では到底解決できるものではなかった、ということかもしれません。

二　野党外交を動かしたもの――「平党員」田崎末松と中国

冷戦下の日本社会党

いわゆる五五年体制なるものは、これまでにものべたように、一九九三年の細川「非自民連立政権」誕生に至るまで三八年間続きました。同体制の出発点となった一九五五年以後の三八年間は、自民党と社会党のいわば「疑似二大政党制」の時代といわれます。同体制最初の総選挙（一九五八年）における自民党の議席占有率は六一・五％、社会党のそれは三五・五％でした（石川真澄・山口二郎『戦後政治史　第三版』岩波書店、二〇一〇年）。つまり議会勢力は、自民党を1とすれば、社会党はおよそ$\frac{1}{2}$ということになります。この勢力比は、少なくとも一九八〇年代に入るまでは、社会党に衰勢の傾きがあったとはいえ、おおむね変わることはありませんでした。五五年体制が「$1\frac{1}{2}$体制」といわれ、「二大政党制」に「疑似」がつくゆえんでもあったのです。

五五年体制のなかで、こうして社会党が議会構成力において自民党の半分ないしそれ以下に甘んじていたにもかかわらず、同党がその実勢力以上に時代の造形力をもっていたという事実は否定できません。とりわけ資本主義と共産主義の闘い、覇権と覇権の闘いとして現われた米ソ冷戦のなかで、共産国のソ連・中国と共振する野党第一党日本社会党の存在は、それなりに重いものでした。

つまり左派優位の社会党が目指したものは、日米同盟関係を廃棄して、日本の中立化（あるいは、共産化）を図ること、そして日本にソ連型社会主義を打ち樹てることでした。アメリカおよびそれと結ぶ日本保守勢力が、体制転換を狙う左派主導の社会党をいかに警戒し敵視してきたかが分かります。

「日中共同の敵」発言

このように米ソ国際冷戦と自社国内冷戦が密に連動している構図を、はしなくも浮き彫りにした「事件」があります。岸政権時の、いわゆる「日中共同の敵」問題です。社会党による「反安保改定」闘争において、その行方を左右する重大なエポックはいくつかありました。しかし、同党を〝震源〟とするこの「日中共同の敵」問題は、それがアメリカに衝撃を与え、自民党政権を大きく揺さぶり、そして何よりもそれが折からの「反岸」・「反安保改定」を急進化させただけでなく、その後の社会党左傾化の起点になったという意味では、戦後史のなかで最も重い歴史的事件の一つではありました。

そもそも事の発端は、一九五九年三月社会党第二次訪中団の浅沼稲次郎団長（社会党書記長）が北京で発言したその内容を自民党幹事長福田赳夫が問題視し、すぐさま浅沼に抗議電報を発したことにあります。みずからを団長とする二年前の第一次訪中団（一九五七年四月）に続いて再び北京に現われた浅沼は、三月九日中国人民外交学会の張奚若《ちょうけいじゃく》会長と会談した際、次のように挨拶します。「米国は中国の一部である台湾に力を拡大し、日本においては沖縄を占領している。米国は日中共同の敵だ」。この浅沼発言は、実は新聞に載った内容そのものなのですが、記事の切り抜きをわざわざ福田のところに持参した人物がいるのです。駐日アメリカ大使のマッカーサーでした。

福田さんはインタビューでこう証言します。「紀尾井町の料亭でマッカーサー大使と会食中、マッカーサーは一〇センチ四方の毎日新聞の切り抜きを私にみせて、「日本の社会党が国外に使者を出して書記長にこんなことをいわせている」と苦々しくのべたので、私はこれにヒントを得て北京に電報を打った」。

福田から抗議電報を受けた浅沼は、同電報を突き放すかのように、三日後の三月一二日には政治協商会議大講堂で一五〇〇人の聴衆を前に、同じく「共同の敵」発言をします。すなわち浅沼は、台湾と沖縄がそれぞれ中国および日本の一部であるにもかかわらず、本土から分離されているのは「アメリカ帝国主義のため」であり、「米帝国主義についてはお互いは共同の敵とみなして闘わなければならない」と主張したのです。

この浅沼演説は、すぐさま中国側から劇的な歓迎を受けることになります。それまで社会党に対する中国共産党の対応は、決して温かいものではありませんでした。中国にとって日本でのパートナーはあくまでも日本共産党でした。中国にとって日本社会党は、資本主義国における社会主義ないし「社会民主主義」の政党であって、少なくとも共産主義の政党ではなかったということです。

この浅沼訪中団が北京の空港に到着したときの中国側の「応対」について、ある団員はこう書き残しています。「中国側の表情は氷のように固く、冷たく、代表団（われわれ）が温かい出迎えを期待した甘さに厳しい鞭があてられたということであった。すぐさま心の中で「これは相当なもんだぞ」というつぶやきがほとばしった。恐らく団員のすべてがこう感じたであろう」（『社会党訪中使節団の真相――団員の秘められたメモから』今日の問題社、一九五九年）。

しかし浅沼の「日中共同の敵」発言は、中国と社会党の「冷ややかな」関係を完全に変えてしまいました。中国にとっていまや社会党は、軍事同盟たる日米安保条約をともに廃棄にもっていく「盟友」になったのです。つまり日本社会党は、「反安保改定」闘争において国際的孤立から脱するまたとない機会を与えられたというわけです。

自民党政府は、戦後一貫してアメリカに依存はしても、同国と対等になることはありませんでした。六〇年代前半までの日本共産党は、中ソ両国共産党の影響下にありました。日本社会党も国際的孤立を託《かこ》つこそすれ、みずから自立の道を求めるということはありませんでした。社会党書記局の山口房雄さん（国際部長）はインタビューでこう回想します。「社会党は対外依存の強い政党であり、自主性に乏しかった。日本共産党がソ連ととくに親密にしていたので、とても社会党はかなわないという気がしていた。自民党はアメリカと密着しているし、私のような実践者の実感としては、社会党の力不足を痛感していた。したがって中国が社会党の「安保改定反対」をサポートするかどうか、わが党はつねに東シナ海の向こうをみていた」。

かくて、浅沼の「共同の敵」発言によって中国から熱烈歓迎を受けた社会党訪中団は、当時党の命運を賭けて闘っていた「反岸」・「反安保」に絡んで有力な援軍を得たことになります。浅沼の気分は高揚していました。同行した党書記局の広沢賢一さんはインタビューでこんなことをいっています。「福田(赳夫)さんが抗議の電報を打ったものだから、浅沼さんはナニクソということになったんです。帰国するとき、彼は私の人民帽を「オイ、貸せ」というんです。人民帽をかぶって飛行機を降りるというんですよ。そんなことをしたら大変なことになる、と皆がいったんですが、彼は(人民帽を)かぶってタラップを降りたんです」。

羽田で人々がみた浅沼の人民帽は、右派のリーダー浅沼稲次郎が左派の浅沼へと完全に変身した姿を象徴するものでした。敷衍《ふえん》すれば、一年後(一九六〇年三月)委員長になる浅沼の左スイングは、すなわち社会党全体の更なる左傾化に拍車をかけていくのです。

長崎国旗事件

それにしても重要なことは、浅沼の「共同の敵」発言がいわば真空のなかで突然生まれたというわけではない、ということです。「共同の敵」は、歴史のあらゆる出来事がそうであるように、それ相当の「下地」といいますか、「助走段階」があったということです。一〇カ月ほど前(一九五八年五月)に起こったいわゆる長崎国旗事件こそ、実はこの助走段階の起点になっていたといってよいでしょう。

長崎国旗事件とは、長崎市のデパートで開催された「中国の切手、切り紙、ニシキ絵展」（日中友好協会主催）で中国国旗を一青年が引きずり降ろした事件です。国交のない日中関係にあって中国国旗を国旗と認めない警察当局は、犯人を簡単に取り調べただけで釈放しました。この処置をめぐって中国は激しく抗議し、すべての貿易契約を破棄します。それまで中国側が抱いていた岸政権への敵対意識は、この事件によって極点に達したのです。

日中間のこうした最悪の事態に直面して密かに行動に出たのが、野党第一党の社会党でした。しかもこれは、社会党の公式行動ではありません。党内の一派閥が書記長浅沼稲次郎を秘密裏に抱き込んで、彼にある「計画」を了解させこれを実行に移したからです。歴史がときには「水面下でつくられる」とするなら、その一つの典型がここにあります。

「平党員」田崎末松のスピーチ

さて、この「水面下」において最も重要な役割を果たしたのは、田崎末松という人物です。田崎末松といっても、一般には全くといってよいくらい知られていません。彼は陸軍中野学校（スパイ養成所）を経て、戦時体制下中国大陸に渡り、参謀本部課報謀略班の情報将校（陸軍少佐）として対共産党工作にかかわります。戦後は一九五三年の「バカヤロー解散」による総選挙で郷里の兵庫県から立候補しますが、落選の憂き目をみます。彼が社会党員になったのは、自身の言葉でいえば、「日本再建のための変革の主軸を日本社会党に求め」たからにほかなりません（田崎末松『国家と安全保障の原理』平和戦略綜合研究所、一九八〇年）。

彼は、一九五六年ストックホルムで開かれた世界平和評議会に日本代表団（平野義太郎団長）のメンバーとして参加します。その帰途団員すべてがソ連経由で北京に招待されますが、田崎が中国共産党政府と接触したのは、これが初めてでした。北京では、中国最高峰の知識人郭沫若《かくまつじゃく》が主催するレセプションで、田崎は感動のスピーチをします。田崎は、眼前にいる人物を郭沫若から紹介されたその瞬間「背すじに電流が走るような異様な感激を覚えたのであります」と語った後、彼が戦時中華北戦線にあって「その首級《しゅきゅう》を狙った」のが、いま自分の前にいる衛立煌《えいりつこう》将軍であったと告白したのです。

田崎のスピーチは続きます。「衛立煌将軍！　この方こそ、わたくしの華北戦線二カ年のあいだ一刻たりとも忘れることのできなかった、敵戦区の総司令官」であったこと、「だが、首級はおろか、ついにその影さえ見ることはできなかった」こと、しかしいまその敵将が「同じこの平和のテーブルに居られる……わたくしの驚きと喜び、これこそ平和ならではの感を一層深く」するものだ、というのです（同書）。

スピーチが終わるや、郭沫若と衛立煌が田崎に駆け寄って彼を抱きしめます。満場に拍手が巻き起こったのは、いうまでもありません。無名の一社会党員が中国の心を摑んだ瞬間でした。中国政府が日中農業交流の「日本側窓口」に田崎を選ぶのに、それほど時間はかかりませんでした。

ほどなく彼が超党派の国会議員や農林省の支援を得て「アジア農業交流協会」を立ち上げたのも、またその後同協会事務局長としての実績を背景に、しかもあの長崎事件を奇貨として中国・社会党間を結びつけたのも、そのきっかけは、一見ささやかにみえる、同氏のあのスピーチにあったというわけです。

中国側との約束通り、彼は以後たびたび稲作技術指導団を中国に引率するとともに、周恩来からの「直接の要請」によって、日本に中国農業技術団を招聘《しょうへい》します。中国に日本の稲作技術を導入することは、当時食糧難に喘いでいた中国にとっては高く評価されるべきものでした。こうした過程で彼が中国の要人、とりわけ周恩来総理から絶大な信頼を得ることになったのも、決してゆえなしとはしないのです。

田崎末松

私が田崎氏にインタビューしたのは、一九八二年六月から八月にかけてでした。お会いしたのは、都内にある彼の事務所でした。著書執筆に寸暇を惜しんでいる様子は、部屋に独特の緊張感を醸し出していました。いったん口を開くや、速射砲のように次から次へと繰り出す理路整然たるその語り口は、田崎さんの頭脳明晰のほどを物語るものでした。

さて、長崎国旗事件が起こる数日前、田崎は三五名を数える例の技術指導団を率いて、中国へと出発しますが、同事件の第一報に接したのは、北京に着いた翌日でした。国務院の係官は田崎さんにこういいます。「実は大変な事件が起こりました。誠に残念ですが、日本の人たちは全部引き上げてもらわなければなりません」。北京到着の直後で、まだ旅装も解いていない田崎さんは、「長崎国旗事件というものが起きて、日中関係は中絶した」という係官からの情報を耳にするや、彼にこう問い詰めます。「私たちは帰るんですか」。

中国側の方針は、すでに決まっていたようです。田崎さんによれば、係官はこう応じたといいます。「いいえ、あなたのミッションは別問題です。どうぞ既定方針通り進めてください」。こうして「北京の日本人は全部引き上げた後も、われわれ技術指導団は各班に分かれて、稲作の指導に当たることになった」というのです。かくして、農林省の試験場長級を主体とする三五名の団員は、五班に分かれて中国各地に送り出されます。北京に残った田崎末松が、農業使節団のオーガナイザーから政治「工作員」に変身するのは、このときでした。日中両国を自由に往来できる「特権」を使って、いよいよ彼は行動に出ます。

「佐多訪中」の模索

田崎さんは、インタビューでこう回想します。「廖承志《りょうしょうし》さん(国務院外事弁公室第一副主任)以下、対日関係の要人たちに打診したんです。どうだろうか、こういうもの(長崎事件による日中関係悪化)に打開の道をつけることは絶対に不可能なんだろうか、と彼らの胸を叩いたんです。彼らは大丈夫とはいいません……慎重ですから。しかし、そこに何かかすかに(肯定的な)感触のあることが段々分かってきたんです」。

そしてこのかすかな「感触」は、田崎のなかで少しずつ「確信」に近いものになったであろうことは、彼のその後の行動が示しています。長崎事件から二カ月後の一九五八年七月、彼は「ある特別な〝目算〟をもって」日本に帰るや、すぐさま知己の山口房雄（党書記局国際部長）とともに佐多忠隆（前国際局長）、勝間田清一（政審会長）と鳩首協議に入ります。田崎が向き合ったこれら三人が同じ和田派であったのは、決して偶然ではありません。田崎が戦後兵庫県で酪農を営んでいた頃、当時経済安定本部長官（片山内閣）であった和田博雄に近づきその知遇を得ていたからです。

田崎は三人にこういいます。「実は（日中打開の）感触はある。しかし農業交流協会を代表するにすぎない田崎末松では、これはどうもウェイトがない。役不足だ。私は一つ案を携えてきた。（社会党）使節団を中国に送りたい。それが社会党の正規の代表団では困る。もし天の岩戸が開かないときは、党のメンツもあるから、（委員長や書記長のレベルではなく）国際局長の経験者あたりが（非公式に）中国を訪問して向こうと話し合い関係改善を図るなら、ある程度の成果はあると睨《にら》んでいる。どうだろう」。続けて田崎は、前国際局長の佐多忠隆に向かってずばりこう問いかけます。「あなた行きますか」。

結論から先にいいますと、三人は「じゃあ、やってみようじゃないか」ということになります。いわゆる「佐多訪中」の始動です。田崎から面と向かって打診された佐多は、最初は必ずしも「快諾」というわけではなかったのですが、書記局国際部長の山口房雄は積極的でした。山口さんは私とのインタビューで、田崎提案を「社会党が一旗揚げる」絶好のチャンスとみたと証言しています。ただし、これには重大な条件がつきます。鈴木委員長には「秘密」で事を運ぶ、ということです。

派閥ごとにタテ割りになっていた書記局にあって、山口は元来鈴木派所属でした。しかし彼は、いわゆるビルマ米事件〔ラングーン（現在のヤンゴン）で開かれたアジア社会党大会（一九五三年）に参加した左派社会党関係者が、ビルマ米輸入に関連して「（日本政府が指名した商社の他に）大阪のS商社を割込ませ、この代償に政治資金を頂く算段」をしたのではないかと取り沙汰された事件――読売新聞、一九五三年二月一四日付〕を機に鈴木と責任の所在をめぐって対立します。ですから、「佐多訪中」が取り沙汰された当時、すでに山口は鈴木派のライバル和田派に移っていました。「鈴木打倒」に燃える彼は、中国側が鈴木にどちらかといえば「信を置いていない」とみていただけに、この田崎提案を「鈴木はずし」すなわち和田派のイニシアティブで進めることを決意したのです。

議会制民主主義における野党第一党の日本社会党が一個の組織体としてどれほど近代化されていたか、これは少々疑問の残るところです。野にある政党とはいえ、いやしくも公党たるものが外交行動に出るとき、単なる「私議」によって事態が運ばれるというのは、不思議なことです。しかしそれはともかくとして、山口の行動力は、田崎のそれに比べて勝るとも劣らぬものでした。山口は早速策をめぐらします。前国際局長が非公式にしかも秘密裏に中国を訪問するといっても、早晩これが表面化するのは必定です。しかも、中国側との間に何らかのコミットメントが生じるのは、これまた間違いありません。となれば、そのとき予想される党内混乱をどう収拾するか。これが山口の懸念材料でした。

山口さんは、インタビューでこう証言します。「党内(抗争)をくぐるためにはバックアップしてもらう人が必要でした。とにかく鈴木(委員長)に一切知らせずにやり遂げるには、どうしても支えが必要です。そこで派閥闘争が絡むものには、野心家を使わなければと考え、それには浅沼書記長が適任であると判断した。浅沼ならきっと押し切ってくれる。私は佐多、勝間田、横路の他に(派閥領袖の)和田博雄にも相談しました」。

山口さんの証言は、次のように続きます。「浅沼さんに直談判したんです。秘書も部屋から出てくれた。浅沼は右派(河上派)と必ずしもしっくりいっていたわけではない。しかも委員長になりたい意欲は、十分汲みとれた。浅沼さんは「体を張って(佐多訪中を)支える。君にすべて任せる」といったんです」。次の「委員長」に意欲的な浅沼が、デッドロックに乗り上げている日中関係の打開にみるべき一石を投じたとなれば、彼への声望もまた、それなりに計算できる――山口さんにしてみれば、みずからのこうした「計算」は、多分浅沼氏のそれでもあると確信していたに相違ありません。

訪中資金と旅券

「佐多訪中」のお膳立ては、少なくとも党内対策に関する限り、一応整いました。その間田崎は、日中間を往復します。中国側への工作は功を奏し、やがて「佐多訪中受け入れ」の連絡が中国から届きます。佐多・田崎二名の訪中を歓迎するというものでした。ただ、これをもって山口らの「佐多訪中」準備が終わったわけではありません。解決されなければならない懸案がまだ残っていたからです。

一つは、渡航資金です。隠密行動ですから、たった二人の海外出張とはいえ、その資金調達は簡単ではなかったようです。金策の相手は、驚くことに、社会党がつねに敵視していた財界、しかもその財界の最有力企業の一つである八幡製鉄（現在の新日鉄住金）の常務稲山嘉寛《よしひろ》でした。山口らが身を置く和田派の領袖和田博雄は、戦前は農林革新官僚として企画院にあり、戦後は第一次吉田内閣農相を経て片山内閣の経済安定本部長官を務めたあと、左派社会党に入党した大物です。しかもその配下にある佐多・勝間田も、戦前は和田と同じ企画院のエリート官僚でした。ですから社会党左派とはいえ、和田本人ないし和田派の一部が財界とつながっていても不思議ではない、ということかもしれません。

それはともかく、誰がどのように稲山にアクセスしたかについては、はっきりしません。山口さんはこう証言します。「佐多訪中も、カネは稲山さんから出ています。そのカネでもって田崎さんと佐多さんの旅費を賄い、他に僕が若干活動費をもらいました」。

二つ目の懸案は、外務省が佐多・田崎両者のパスポートをいかにスムーズに出すかということでした。山口らの要請に応じてまず動いたのは、外務省中国課長の岡田晃《あきら》です。余談ですが、岡田は社会党最左翼岡田春夫の実弟です。折しも「安保七人衆」の一人岡田春夫が安保改定問題で岸政権を厳しく攻撃していたことは、これまでに触れた通りです。国会議員のなかでも屈指の勉強家といわれた岡田春夫には、多くの情報が集まってきました。「国会爆弾男」といわれるゆえんです。その岡田への情報供給源の一つが晃ではないのかなどという話がまことしやかに伝えられたものです。もちろん真偽のほどは分かりませんが、こうした噂が出回るほど、岡田春夫の情報は威力のあるものでした。

それにつけても一幅の絵のような光景を思い出すことがあります。インタビューのために岡田（春夫）事務所を訪れますと、初老の紳士がそれほど明るくもない部屋の片隅で静かに本を読んでいるのです。あとで分かったのですが、すでに外務省の第一線を退いていた晃さんでした。それはともかく、田崎氏はこう振り返ります。「岡田晃氏は、中国課長としてパスポートを出してくれました。岡田さんとは大体阿吽《あうん》の呼吸でした」。

岡田晃が「佐多訪中」計画を藤山外相と同じく好意的に受け止め、したがって旅券発給についても異例の速さで処理したことは、田崎さんとのインタビューでも明らかです。これを示唆する証言は、次のように岡田晃氏自身の回想録のなかにもみられます。「（長崎国旗事件によって）日中関係が断絶し、藤山外相からは何とかこの難局を打開したい意向であるので知恵をしぼってみよとの指示があり、かつ、私自身も日中関係がこのまま断絶していくのは日本の将来のために、決してプラスにならぬとますます確信するようになり、何とか中国側と連絡がとれぬものかと考えだした」（岡田晃『水鳥外交秘話』中央公論社、一九八三年）。「佐多訪中」は、たまさか種々の僥倖が重なって実現した、といえるのかもしれません。

「政治三原則」

さて、佐多と田崎が北京に着いて中国側と会談に入ったのは八月初頭、長崎国旗事件から三カ月が経っていました。会談は、廖承志、趙安博《ちょうあんぱく》ら対日関係の実務的な責任者を相手に、「隔日ぐらいに毎回二、三時間ずつぶっ通しで」（佐多忠隆）行われました。

やがて中国側が「佐多訪中」を受け入れた目的がはっきりします。田崎さんはこう証言します。「いつも温容をたたえている廖承志さんがいつになく謹厳な顔をしてこういうんです。「本日は中国共産党並びに中国国民を代表して申し上げます。田崎先生、一言一句もらさずこれを筆記してください」とね」。廖承志が読みあげた「勧進帳」の中心は、いわゆる「政治三原則」というものでした。

「政治三原則」とは、岸政権が①中国敵視をやめること、②「二つの中国」をつくる陰謀を停止すること、③中日関係の正常化を妨げないこと、以上です（これらに加えてさらに三条件が提示された）。田崎さんによれば、廖承志はこういいます。「これは中国側の正式な態度で、これを日本政府に伝えてください。どうぞ社会党なり日本政府が受け入れるかどうかによって今後の中日関係は決まります。どうぞ社会党なり日本政府に伝えてください」。

中国側の要求は、あくまでも峻厳でした。一切の妥協を許さないこの冷徹な立場表明は、佐多らに対する冷遇ぶりにも示されていました。いつもなら日本からの要人にはよく会う周恩来首相に佐多が今回会見できなかったのは、その一つの表われにすぎません。佐多がみずからのべているように、「もちろん私は陳毅《ちんき》外交部長、周恩来総理らにも会って、いろいろ話をしたいと思って出かけて行った」にもかかわらず、「周恩来総理は北京にいない」という理由で断られたというわけです（『時事通信　時事解説版』一九五八年八月二二日）。

佐多・田崎両氏帰国後における国内の反応もまた冷たいものでした。とりわけ社会党内が「蜂の巣をつついたような状態」（田崎末松）になったのは当然です。両氏訪中そのものが、前記の通り党内手続きを経ずして秘密裏に行なわれたからです。しかも、二週間後に発表されたいわゆる「佐多報告」（佐多の「中国訪問報告書」。前記「政治三原則」を含めて中国側から示された六原則が盛り込まれている）は、党内だけでなく国内全体に重大な反響を呼びます。佐多は、自身が「袋叩きにあったよ」と苦り切るほどの批判を浴びます。中国からの「無理難題」を「一歩も後退を許さない」いわば最後通牒として、社会党いや日本が押しつけられたという印象を多くの国民が受けたのです。

風見訪中団の共同声明

しかし「佐多報告」をもって一応の決着をみた今回の訪中が、社会党およびその周辺にそれ相当のインパクトを与え、党内をある種活性化させたことは事実です。田崎さんはこう述懐します。「確かに私たちの訪中と「佐多報告」は、社会党や共産党を触発しました。佐多・田崎グループが（中国に）行けるなら、われわれも行けるのではないかという空気が随所に現われてきたんです。この流れの一つが、あの「風見訪中団」でした」。

確かに、佐多訪中から二カ月も経たないうちに、風見章を団長とする「風見訪中団」が北京に現われます。風見章理事長の日中国交回復国民会議が、中国に使節団を派遣したのです。風見は、戦前は近衛内閣の翰長《かんちょう》（書記官長）として新体制運動を指導し、日中戦争を推進した主要人物の一人です。その風見が戦後は「マルクス主義の文献を読みあさ」り（岡田春夫）、一九五五年左派社会党に入党します。日本政治家の思想・行動がいかに振幅柔軟であるかは、何も風見に限ったことではありませんが、同氏の行動軌跡をみますと、改めてその感を深くします。

いずれにしても、風見章がみずからに課した戦後政治のテーマは、中国への贖罪《しょくざい》と「日中国交回復」でした。かつて中国侵略を主導したものとしての「人道上の責任」に「深刻な反省」を表明したあの有名な「反省」の書（一九五八年七月中島健藏らと共同署名）は、中国から高く評価されます。こうして五八年九月、風見ミッションは実現するのです。

重要なのは、北京で調印された風見訪中団と中国人民外交学会との共同声明です。六カ月後同じ北京でなされた第二次浅沼訪中団の「共同の敵」論は、実はすでに風見訪中団のこの共同声明のなかに入っていたのです。「米帝国主義は日中両国人民の共通の敵である」という文言がそれです。

「共通の敵」を含むこの一文を起草したのが板井庄作という人物であることは、あまり知られていません。板井は戦後日本共産党本部に所属し、「六六年まで党員であった」と彼自身のべています。私が板井氏にインタビューしたのは、一九八六年の二月でしたが、彼の証言のなかでとくに印象に残っているのは、この「共通の敵」でした。

板井は共産党党員のまま、風見訪中団の団長秘書として北京を訪れます。そしてその準備作業として共同声明を起案することになるのです。まず原案のそのまた原案を板井が草し、これを北京で二つの方面と協議します。一つは北京に「民間大使」(周恩来)として滞在していた西園寺《さいおんじ》公《きん》一《かず》(日中文化交流協会常任理事)、いま一つは中国側の責任者です。板井さんはこう証言します。「共同声明についていえば、この原案を私のほうでつくり、西園寺も加わって手を入れてくれました。さらに中国側とやり合ってできあがりました。「共通の敵」云々は恐らく私たちがつくった文章のなかに入っていたと思います」。

風見が署名したこの共同声明のなかに「共通の敵」というあの歴史的なキーワードが入った背景には、実はこうした経緯があったのです。しかしこの風見訪中団の「共通の敵」が浅沼の「共同の敵」発言と事実上全く同じでありながら、日中両国内では前者がほとんど注目されず、後者が衝撃的な「事件」となったのはなぜでしょう。前者は一民間団体の主張であり、片や後者は野党第一党が発した公式発言です。将来政権を握るかもしれない最有力野党の指導者が天下に明示した言表は、やはり重かったということでしょう。

黒衣《くろご》、再び動く

いずれにしても、第二次浅沼訪中団は、それが佐多訪中や風見訪中などによって地ならしされていたとはいえ、その実現には更なるプロセスが必要でした。自称「泡沫党員」田崎末松の出番が再びやってきます。およそ一〇回にわたる訪中をすでに果たしている田崎は、「対中国工作員」をもってみずから任じているように、今回もまた中国・社会党間にあって彼ならではの行動に出るのです。「第二次浅沼訪中」実現のための「お膳立て」です。

風見訪中から数カ月後の五九年一月、田崎は中国人民外交学会の招きで北京を訪れ廖承志らと用談します。田崎によりますと、中国側は「佐多報告」とそれ以後の日本における次のような「新しい動き」を挙げてこれを肯定的に評価します。すなわち、社会党は、中国側の見解を忠実に伝えた「佐多報告」に基づいて日中打開に動いていること、前年秋の警職法反対闘争に日本人民が結集したこと、そして同党がこれまた前年秋の陳毅外交部長声明に対して「積極的中立政策」の表明をもって呼応したからだ、というのです。

中国側要人と協議して田崎が帰国しますと、社会党は国際局を含めた「合同会議」を開きます。そこで紹介された同氏の報告は、重要です。すなわちその内容の中心は、中国が長崎国旗事件以後における社会党の「態度、方針を高く評価」し、「(中国との)話し合いの共通基盤」はあるとみていること、そして「社会党が希望する使節団を正式に歓迎する」というものです。再度の「浅沼訪中」はこうして事実上の決定をみるわけです。

かくして浅沼団長が他の団員（左派の岡田宗司、田中稔男、勝間田清一、佐多忠隆、そして右派の曽祢益、中崎敏）とともに羽田を発ったのは、五九年三月四日深夜でした。田崎が「人目を避けるようにして」同じく羽田を出発したのは、使節団出発のおよそ二三時間前、すなわち同日午前一時でした。つまり田崎と団員とは全くの別行動であった、ということです。

田崎さんの回想はこうです。「社会党の訪中団編成で、私の処遇に関し小さなトラブルが起こりました。田崎を正式団員にすべきかどうかという……。代議士でもない、書記局員でもない、平党員であると。しかし私は私として（「浅沼訪中」を）工作したプライドがあるので、中国に対して私への招請状を別に出すようお願いした。そうしたら田崎宛に直接招請状が来たんです」。

田崎さんの話は続きます。「（団員のなかには）私を団員ないし随員から排除したことを喜ぶ人もいました。ところが団員たちが香港の飛行場に来てみると、ひと足先に着いた私が出迎えたものですから、彼らはビックリして「アレッ、田崎君だ」といいました。広東では孫平化《そんへいか》さんらと打ち合わせをしたあと、また彼らを出迎えました。浅沼氏らごく限られた人を除く団員たちは、みんな驚いていているわけですよ。北京でも先回りして私が彼らを迎えたものだから、田崎はなぜここにいるのかと不思議に思ったようです」。

浅沼発言への道

そもそも第二次浅沼訪中団の目的は、最悪状態にある日中関係打開の「国民外交」を社会党の手で進めることにありました。しかもそれによって社会党自体が中国から信頼を得て、折からの安保闘争への支援を勝ちとること、そして途絶状態にある日中貿易とりわけ漆などの輸入再開を果たすことは、何よりも重要でした。

こうしたなか、一つの動きが浮上します。あの「共同の敵」論です。前出風見訪中団が署名した共同声明の「共通の敵」は、浅沼訪中を前にいま一度その姿を現わすのです。浅沼訪中団に随行した広沢賢一さんは、インタビューでこう振り返ります。「日本の貿易業者、とくに共産党関係の人たちが、日中人民の連帯を表わすにはどうすればよいかを考えた。実は「共同の敵」は、そのための旗印になったんです」。そして、この「日中連帯の旗印」としての「共同の敵」を改めて社会党内にもち込んだのが、当時共産党と頻繁に接触していた旧労農党主席の黒田寿男(平和同志会)でした。

広沢さんによれば、「浅沼訪中の前、貿易業者などの会合で「共同の敵」がスローガンになっていました。これを黒田さんがそのまま社会党にもってきたんです。浅沼さんは政策審議会かどこかの会合で、黒田さんがこの話をしているのを聞いていました。浅沼さんは、中断されている貿易の打開は難しいぞ、と盛んにいっていました。浅沼さんとしても何かきっかけが欲しかったんです」。

いずれにしても、こうした日本国内の空気を背負って北京に乗り込んだ浅沼団長は、三月九日の前述張奚若（中国人民外交学会長）への挨拶に続いて、三月一二日の政治協商会議大講堂での演説で、再び「共同の敵」発言をすることになるのです。もちろんこれは、浅沼の出来心や気まぐれから出た言辞ではありません。団員の田中稔男は党内最左翼（平和同志会）の一人ですが、インタビューで次のように回想します。

「中国側の希望で浅沼が代表演説をすることになった。それで原稿を書かなければならない。起草は広沢賢一君だった」「団員で左派は僕一人でした。佐多、勝間田、岡田（宗司）は本当の左派ではない。中崎は会社の社長さんで、社会主義とは無縁の人です。曾袮さんは外務省上がりの役人で、イデオロギー的にははっきりした右派だ。私はね、中国側の意向を打診してみると、彼らはやっぱりこの際社会党が米帝にはっきり対決姿勢を打ち出して欲しいということだった。そこで僕は、広沢君に「共同の敵」は入れなければいかんよ、画龍点睛《がりょうてんせい》を欠いてはいかんといった」。

この田中証言は、田中が中国側と秘密裏に疎通し、党内最左翼として「共同の敵」論にいかに執着していたかを物語っています。これについては、田中と同じ平和同志会の岡田春夫も、北京に向けて出発する広沢と「「〝共同の敵〟は必ず入れようよ」と相談し合ったことがある」（前掲『国会爆弾男　オカッパル一代記』）と証言しています。

とまれ、浅沼に指示されて稿を起こすことになったのは、日頃浅沼から「ゴクサ、ゴクサ」

（「極左」の意）といわれていた広沢です。広沢さんはインタビューでこうのべています。「共産党とは仲がよかったし、ゴクサといわれたように、共産党のフラクションではないのか、あいつは怪しい、と盛んにいわれた」。

彼はこうも回想します。「ヌマさん（浅沼氏の愛称）が原稿の柱となるものを渡してくれたんですが、それには「共同の敵」は書かれていませんでした。僕の頭には、田中稔男にもいわれたことだし、やっぱり「共同の敵」というのを入れて、同時に「共同の課題」という文言も入れました。ヌマさんに選んでもらうつもりでした」「そのとき私は非常に迷った。国内のいろいろなことを考えると、「共同の敵」はちょっと激しいかなって……」。

広沢が稿を起こしている最中も、訪中団に対する外国側の工作・圧力がなかったといえば、それは嘘になるでしょう。いまのべたように、田中ら党内左派からの働きかけだけではありません。田中さんはこういいます。「ご当地中国では、若い工作員が（浅沼訪中）代表団の団員や随員に絶えず接触して〝意見交換〟していました。広沢君も中国側の工作員といろいろ話をしていましたよ。工作員は上の人の意向を体していろいろアレンジするわけだ」。

一方広沢さんはこんな話をしています。「ちょうどこの頃、北朝鮮（朝鮮民主主義人民共和国）の外交担当者といわれる人が北京に来ていました。日本の共産党や貿易業者ともつき合っているとのことだったし、浅沼さんとも非常に親しい人でした。田中稔男が僕に紹介してくれたのですが、そのときこの外交担当者の口から「共同の敵」論が出たんです」。広沢さんによれば、この人は広沢さんにこういいます。「この使節団が成功するかしないかは、人民の交流にとっても貿易にとっても試金石になります。是非成功させたい。私はヌマさんと昔からの友だちだ。だからいうのだが、岸政権下で日本人民はいつまで（中国との）貿易断絶・外交断絶に平気でいられるのか。中国にいわれたわけではないが、中国は、日本が米帝の手先になって自分たちに敵対していると疑っている。この際、「共同の敵」を表明すべきだ」。

広沢にこう訴えかけたのは、「黄方秀という朝鮮人」でした。「（彼は）かつて日本で生活していた」ことがあり、「しかも戦前の浅沼が無産運動家として深川から議員に立候補した際には、その選挙運動を手伝ったことがあるという人物」です（沢木耕太郎『テロルの決算』文藝春秋、一九七八年）。つまり「共同の敵」論は、浅沼演説が始まる前、すでに中国だけでなく北朝鮮をも巻き込んで激しい政治工作のターゲットになっていたというわけです。

ところで、以上のように使節団内外のいわば急進左派的な動きに対して、これを絶えず警戒していた人物がいます。団員の曾祢益です。曾祢が外務省エリート官僚から代議士に転身した社会党最右派（西尾派）の重鎮であることは、よく知られています。広沢さんはこう回想します。「曾祢さんなんかは、浅沼さんらの行動を割合警戒していました。日本を発つ前から「俺はお目付け役だ」といっていました。浅沼さんはそれを承知していたけれど、何もいわなかった」。

「共同の敵」を浅沼演説に入れるかどうか、それがいかに重大な意味をもつかは誰もが理解していたところです。いわんや演説をする当人、すなわち浅沼においてをやです。彼は広沢に命じます。「(最終原稿を)みんなにみせるな」。演説草稿を「必ず団員会議にかけて相談するものと思っていた」(曾祢益『私のメモアール』日刊工業新聞社、一九七四年)曾祢らを尻目に、浅沼は団員すべてに同草稿の事前参照さえも禁じたのです。演壇に立った浅沼が、広沢の用意した「共同の敵」と「共同の課題」のうち前者を「敢然と採った」ことは、眼前でこれを聞いていた聴衆のあの「嵐のような拍手」が何よりも証明していました。

周恩来の冷水

しかしこの浅沼演説は早速団員のなかに、そして東京の社会党本部や自民党政府に激震を呼び起こします。右派の曾祢・中崎は、浅沼演説直後北京宿舎での団員会議で浅沼に「詰め寄って、(「共同の敵」を)取り消せ」(同書)と迫ります。東京に戻った広沢が鈴木委員長に帰国報告をしたときのことを、広沢さん自身こうのべています。「(鈴木氏は)ヌマさんがああいう演説をして帰るとは思わなかったといって、お前は何をしに中国へ行ったのかと怒鳴られた」。

いずれにしても、浅沼演説に対するあの「嵐のような拍手」は、何も会場だけのものではありません。北京はもちろん地方都市にまで、浅沼の「共同の敵」発言は瞬く間に広がっていきます。それもそのはず、浅沼演説の原稿は「予めちゃんと中国側に渡っていて、翌日の朝のラジオも、人民日報にもその他の中国の新聞に全部載って」いたというわけです(前掲『私のメモアール』)。

浅沼演説以前に中国側が示した訪問団への冷ややかな態度は、手のひらを返したように一転

「熱烈歓迎」に変わったのです。それまで浅沼に会おうともしなかった周恩来は、浅沼演説の三日後(三月一五日)、訪問団との会見に臨んで浅沼演説を絶賛します。そして「(社会党がその再開を熱望していた)日中貿易は「配慮物資」といって、日本側がお困りだろうから漢方薬、天津栗、漆等を少しずつ友好商社に回してやろうということで、貿易が杜絶していたのを細々だが再開の格好をつけてくれた」(同書)というのです。

しかし周首相は、会見の最中驚くべき発言をします。彼は、会談相手である浅沼団長他六人の団員を差しおいて、随員でさえない田崎に向かって重大な問いかけをします。これについて田崎さんは、インタビューでこう証言します。「浅沼さんと淡々と話をしていた周総理が、末座に控えている私にパッと向き直って謎をかけてきたんです。「田崎先生、どうでしょう、藤山外務大臣は中国においでになると思いますか」と訊くんです。私はとっさに、「状況によります」と答えました。「中国が温かい手を差しのべてくれれば、外相は喜んでおいでになるでしょう。そうでないならノーでしょう」といいました。周総理は「田崎先生は上手いことをいう」と応じてきました。列席していた新聞記者たちは、みんなびっくりして、田崎とは何者だと呟いていました」。

ある新聞は翌日、田崎に対する周総理の発言をこう引きます。「田崎氏は藤山外相に頼まれてきたそうだが、こう伝えてくれ。政府間の交渉は拒絶しない。しかし話すなら政治を話さなければならない。政治を除いて何を話すというのか」(読売新聞、一九五九年三月一六日付)。この周発言は、田崎が岸内閣、とりわけ「佐多訪中」に際して「たった三五分間でパスポートを(岡田晃中国課長に)作らせた」(田崎末松)藤山外相、その藤山の「意向」を携えてきたことを周恩来自身が「暴露」してみせたというわけです。田崎が北京に向けて出発する前すでに藤山外相と直接協議していたのではないかという噂が、メディアや国会で後日取りあげられたのは、こうした背景があったからです。

確かに中国は、岸政権に最大限の敵意を隠そうともしませんでした。しかし同時に、周恩来の視線がそのとき社会党よりも岸政権の動向に注がれていたことは間違いありません。この会見で周恩来は、こともあろうに浅沼に向かっていまや社会党の「国民外交」の限界をこう直言するのです。「民間協定を通じて政府間協定を結ぶ道はふさがった。昨年の四、五月(「長崎国旗事件」)からの態度を変え国家間の関係を政府間で話合わねばならない。直接の政府接触によらなければならない、という考えだ」「われわれは国際間の慣例にも反して国民外交を通じて日本政府を動かそうとしたがダメで、かえって侮辱された。これからは国際慣例に従ってやる」(同新聞、同日付)。

つまり中国側は、社会党の「共同の敵」論を「熱烈歓迎」しつつも、一方ではこの「反米テーゼ」を打ち出した同党の「国民外交」に文字通り冷水を浴びせたのです。国益を求めてやまない中国外交のリアリズムがここにあります。中国にとって社会党との交流は、それ自体で完結するものではありません。それは、政府間交渉に至る一里塚にすぎないのです。同国の最終目的は、あの佐多訪中で示した「政治三原則」を実現することであり、そのための交渉相手は野党の社会党でもなければ民間団体でもなく、ただ一つ、国家権力（外交権）をもつ岸政権であったというわけです。

周首相が浴びせた「冷水」は、何も使節団にだけ向けられたのではありません。実はこの使節団の「工作員」田崎末松にも、周恩来は冷たく引導を渡します。田崎さんはこう振り返ります。「最後の打ち上げパーティのときでした。私はこれだけはよく覚えています。周総理が乾杯をしながら回ってきました。私のところに来ると、周さんが、「田崎先生、あなたの今度の大切な目的は、これで完全に達成されました。藤山先生に対する（周恩来の）伝言をもち帰ってくだされば、あなたの用は達せられます。これは民間外交の極致です」」。周恩来は田崎末松に対して、暗に今後は権力なき民間人としてではなく、「国権」を体して中国に来るよう促し、冷徹にも日中関係の「私的フィクサー」としての田崎末松に、いわば〝御用済み〟を告げることになるのです。

田崎さんの証言は続きます。「私は周氏にすかさず「今度訪中するときは、国権を代表して参ります」と応じました。代議士になって中国にまた来ましょうと宣言したのです」。田崎は、それから一年八カ月後の総選挙、すなわち岸政権崩壊四カ月後（一九六〇年一一月）の衆議院選挙でその「国権」をもつべく再び兵庫県から立候補します。しかし田崎は、周恩来からだけでなく運命からも見放されたようです。落選したのです。

田崎さんはこう述懐します。「浅沼さんが亡くなる一〇日ほど前、私のところ（立候補予定の選挙区）に勝間田（清一）さんとともに来てくれました」。「共同の敵」以来浅沼の後ろ盾を得て「国権」獲得の選挙に打って出た田崎の野望は、しかし「浅沼暗殺」の凶事とともに打ち砕かれます。同氏は日中の政治舞台から静かに姿を消していくのです。

中国外交のリアリズム

周恩来だけでなく中国の外交は、何よりもまず徹底して現実主義です。彼らがよく唱える「原則」でさえ、現実を動かす一つの道具にすぎません。利用できるものは利用し、目的にとって不要となれば切り捨てる、これが中国外交の真髄です。一九七一年七月九日から一一日までの三日間、「ニクソン大統領訪中」準備のため周恩来と「延べ一七時間」、極秘裏に激しく渡り合ったキッシンジャー(大統領特別補佐官)は、こう回想します。「中国人は、冷血な権力政治の実行家であり、とても西側のインテリ層が想像しているようなロマンチックな人道主義者などではない」(H・キッシンジャー『キッシンジャー秘録③　北京へ飛ぶ』斎藤弥三郎他訳、小学館、一九八〇年)。

中国人のリアリズムに対するこのキッシンジャーの見方は、田崎さんにいわせればこうなります。「(中国が)一番ウェートを置くのは、イデオロギーのうえでは不可分の関係にある(日本)共産党だが、日本政局を動かすには、社会党はもっと上だから、これには多くのアプローチを要すると。さらにいまは敵であるけれども、永久の敵であるかどうか分からない日本、自民党に対しては、もっと大きなアプローチを試みなければならない。これが中国のやり方です」「(例えば社会党最左翼の)岡田春夫さんらが、「岸はダメです」といっても、彼ら(岡田春夫ら)がイデオロギーで

（物事を）割り切ることを中国は知っています。だから中国はこれ（岡田らの岸評）を参考にはするけれども、その政策形成への影響力は極めて小さい。あれほど岸を口では憎んでも、その裏で一番岸を重要視していたのは中国です」。

社会党内には、「いたいけないばかりに純情・殊勝な中国へのあつい思い入れ」（大竹啓介『幻の花（下）』楽游書房、一九八一年）があったことは事実です。しかし一方で、中国の冷たい現実主義を呑み込みつつ、水面下で中国の行動を動かした田崎末松のような黒衣《くろご》たちもまた、「理想主義」日本社会党には間違いなく存在していたといえましょう。

三　五五年体制崩壊から自社連立政権へ

――「非自民」山花貞夫・久保亘と「自社連立」村山富市・野坂浩賢

米ソ冷戦と国内政治

第二次大戦終了から今日までの七〇年は、これを国際政治の流れのなかに置きますと、大きく二つの時代に分けられます。米ソ冷戦時代とポスト冷戦時代です。前半の冷戦時代は、一九四五年の大戦終了前後から九〇年頃まで、およそ半世紀間続きました。そして後半のポスト冷戦時代は、冷戦終了の九〇年前後から四半世紀を経て今日に至る時期です。

前半の半世紀間、米ソはそれぞれみずからのイデオロギーの正当性と覇権の優越性を求めて相手側を打ち倒すための闘いに終始しました。イデオロギーの闘いは、アメリカの資本主義(政治的には民主主義)とソ連の社会主義ないし共産主義(政治的には一党独裁)とのいわば政治闘争といってよいでしょう。一方覇権のための闘いは、いってみれば世界地図での陣地争いでした。アメリカは太平洋側では日本をはじめ韓国、台湾、フィリピン、豪州などを、また大西洋側ではイギリス、フランス、西ドイツを含む西欧諸国を自陣営にまとめてソ連と敵対しました。一方ソ連はアジアで中国(一九六〇年頃まで)や北朝鮮を、ヨーロッパでは東ドイツや、ハンガリー、ポーランドなど東欧諸国を一つのブロックに収めてアメリカと激しく対決します。

しかし厄介なのは、イデオロギー闘争が単にイデオロギー闘争にとどまるのではなく、また覇権闘争が単に覇権闘争に終わるのではなかったということです。前者すなわち人間の生き方をめぐる思想闘争が、後者すなわち力と力の闘いに分かち難く結びついていただけに、米ソ間の確執は極めて深刻なものでした。しかも闘いの当事者である米ソが、それぞれ人類を何回も絶滅させるほどの核戦力をもっているとなれば、諸国民が日々全面核戦争の恐怖に苛《さいな》まれていたあの時代はやはり悪夢の時代であった、といわざるをえません。

しかも国際政治におけるこの米ソ対立の構図が、敗戦に沈んだアジアの大国日本に影響しないはずはありません。敗戦後早々にして日本は、アメリカ側と結ぶ保守陣営ないし保守政党（資本主義・自由主義を推進）と、ソ連・中国に親和性をもつ社会主義陣営とりわけ日本社会党（社会主義ないし共産主義を推進）とに二分されていくのです。

保守陣営の利益は、総じてアメリカ側のそれと重なるものでした。実権なき「象徴天皇」とはいえ、ともかくアメリカが天皇制残存を認めたことに多謝する反共保守陣営は、対日占領を従順に受け入れます。占領終了と同時に彼らはそして日本は、日米安保条約を結んでアメリカの対ソ冷戦政策に協力しつつ同国軍事力の傘に守られてきました。一方日本社会党を中心とする社会主義陣営は敗戦直後の片山内閣時を例外として、左派主導のもとに終始日米安保体制の廃棄を主張し、「反米」・「親中ソ」を貫いてきました。マルクス・レーニン主義と共振する左派優位の社会党と、吉田茂・鳩山一郎・岸信介等々をリーダーとする保守陣営とは、不倶戴天、氷炭相容れない関係にあったといえましょう。

大乱の始まり

ところが、驚くべきことが起こります。本章第一節の冒頭にも少し触れましたが、米ソ冷戦崩壊の数年後すなわち一九九四年(六月)、あの水火の関係であり続けた保守の自民党と社会主義の日本社会党が、突如として「連立政権」に合意するのです。新党さきがけを加えた「自社さ連立政権」(以後、「自社連立政権」ともいう)がそれです。資本主義陣営と社会主義(共産主義)陣営とを分けた米ソ冷戦が終わったのですから、保守・社会主義両陣営間の対立のありようが変わっても不思議ではありません。しかしそれにしても、米ソ冷戦終焉と「自社連立」とはどこでどう結びつくのか、いやその前に、「反体制」社会党がなぜどのようにして「体制」側と連立するに至ったのか、これらについて何のプロセスも国民にみえていなかったことは事実です。

そもそも「自社連立」へ向かう助走段階ともいうべき政治過程は、少なくとも現象面からこれをみる限り、九三年六月の宮沢喜一内閣不信任案の可決をもって始まったといえます。内閣不信任を受けて宮沢首相が打った解散・総選挙は、自民党の過半数割れすなわち同党の敗北に終わりました。そして五五年体制を支えた二大政党の片割れ日本社会党は、ある意味で自民党以上の大敗北を喫したのです。

つまり自民党は選挙前すでに、羽田孜《つとむ》・小沢一郎らのグループ(新生党)と武村正義らのグループ（新党さきがけ）がそれぞれ集団離党して過半数割れしていましたので（二三〇議席）、この総選挙で獲得した二二八議席はいわば現状維持にとどまったということになります。もちろん、単独政権を降りなければならなかったという意味では、自民党はやはり敗北ではありました。しかし社会党は前回選挙の一三九議席から今回七七議席へと半減したのですから、その惨敗ぶりは推して知るべしです。

当時社会党の委員長としてこの選挙を闘ったのは山花貞夫ですが、私は議員会館を訪ねて彼にインタビューする機会に恵まれました。折り目正しく語り口の丁寧な山花さんは、この選挙についてこう話します。「宮沢内閣への不信任案可決で、野党にとって総選挙の闘いの条件はベストでした。社会党では、これでいけるということでみんな全国の選挙区に散らばっていったのです」。

山花貞夫

ところが社会党には、重大な誤算がありました。結成されたばかりの新生党と新党さきがけのいわゆる「新党ブーム」が沸き起こったからです。山花さんはこう証言します。「思いがけなかったのは、総選挙直前新生党と新党さきがけが誕生したことによって、世論の関心は新しい人と党へ一挙に流れたことです。したがって（社会党は）負ける覚悟はしましたが、実はあそこまで負けるとは思ってもみなかった」。

いずれにしても、九三年七月のこの総選挙（「九三・七選挙」ともいう）は、五五年体制のなかでほぼ一貫して単独政権を担ってきた自民党をその地位から引きずり降ろし、しかも野党第一党の社会党に致命的な打撃を与えました。政治の大乱が始まったのです。

総選挙での自民党過半数割れが決定的になってまず最初に動いたのは、意外にも小党の指導者たちでした。細川護熙と武村正義です。わずか一年前（一九九二年五月）に結党したばかりの日本新党（「九三・七選挙」の結果三五議席）代表の細川と、総選挙直前（一九九三年六月）結党の新党さきがけ（同一三議席）代表の武村は、同選挙五日後（七月二三日）の記者会見で「政治改革政権」樹立を呼びかけます。両氏は同「政権」が、「小選挙区比例代表並立制」（小選挙区、比例代表を別々に投票してそれぞれの当選者を決める制度）を中核とする政治改革法案を「遅くとも本年中」に成立させることを提唱したのです。

当時社会党側から党外交渉に深くかかわっていたのは、副委員長の久保亘です。彼にお会いしたのは、一九九七年の梅雨時すなわち六月の下旬でした。久保氏は「自社連立」村山内閣の後継、すなわち第一次橋本内閣（一九九六年一月発足）では副総理兼大蔵大臣に就きますが、その国会答弁ぶりは、何やら一五年ほど前の大平正芳元首相を彷彿《ほうふつ》とさせます。言葉を慎重に選ぶためか、その語り口はトツトツとして、ときには聞きとりにくく、しかしそれを文章にすればそのまま論理が通っている久保の発言は、つい大平さんを想起させるものでした。その久保さんとのインタビューは参議院の議員会館で行われたのですが、向かい合って聞く彼の回顧談は、予想通りあくまでも冷静で筋道立ったものでした。

インタビューで久保さんは、細川・武村両者が提唱した「小選挙区比例代表並立制」についてこう回想します。「細川さんと武村さんが政党の名前ではなくて、個人の名前を連ねて、つまり党の印鑑ではなく二人の認めを押した文書をつくるんです。自民党を含む全党（共産党を除く）に向けて政治改革断行の政権をつくろうという呼びかけです。文書の一番中心になる選挙制度については、小選挙区二五〇（議席）と比例代表二五〇（議席）の並立制にするというものでした」。

運命の岐路が社会党を待ち構えていました。社会党が最も嫌っていた「小選挙区」（社会党はそれまでの中選挙区では、通常、労組の組織票などで最低一人は当選させることができたが、自民党と一騎打ちの小選挙区では不利になる）を呑んで細川・武村提案に乗るか、それとも一三九議席から七七議席へと凋落した社会党が政界再編の流れから孤立してそのまま奈落の底に沈んでいくのか、そのどちらかを選ばなければなりません。もちろんどちらの道を選んでも、「悪魔と手を組む」（山花貞夫）ことに変わりはないのです。

副委員長の久保がまずイニシアティブをとります。彼は山花委員長への説得に動きますが、これについてはみずから次のように証言します。「私は山花氏にこういいました。政治の大状況をみるに、仮にわれわれが「小選挙区比例代表並立制」にとことん反対しても、この主張に合意できるのは共産党だけ、（全議席五一一のうち）合わせて九〇（議席）ほどにしかならない。他の四二〇

（議席）が「賛成」でまとまってくれば、この制度はわれわれが反対しても通ってしまう。それならむしろ自分たちの主張を生かすためにも、また自民党の単独政権を終わらせて政治の新たな展開を図るためにも、これ（細川・武村提案）に応じるべきだ、ということです。それで、いろいろ皆で考えるわけです。山花氏もその方向で決断するんです」。

久保氏の説得を受けた山花さんは、こう述懐します。「この際思い切って政権を獲る方向に行くべきだということについては、（激しい議論にはなったが）党内を二分するほどにはならなかった」。つまりここから社会党は、久保が中心となって「非自民連立政権」に向けて他党と具体的な政権協議（政策協議）に入るわけです。しかしこうした社会党内の動きとは別に、実は自民党のほうにも細川・武村提案を受け入れる可能性があったことは注目されます。もともと細川・武村両者が、「非自民連立政権」のみを狙っていたわけではなかったからです。彼らは「自民党との連立」にも同じく意欲をもっていました。また、政権を離れることへの「恐怖」に支配されていた自民党も、「連立」への意欲にかけてはむしろ細川・武村以上のものがあったといえましょう。

しかし細川・武村側と自民党との間には、一点だけ合意できないものがありました。両氏が選挙制度を中心とする政治改革の断行を「本年中に」（一九九三年中に）と期限を切ったのに対して、自民党は「可及的速やかに」を主張したからです。自民党の消極性は明らかでした。細川・武村側が一気に「非自民」に傾いたのは、このときです。自民党がもし「本年中に」を呑んでいたなら、その瞬間、歴史の歯車は全く違った方向に回っていたかもしれません。

細川「非自民」政権に向けて

かくして「非自民」へ向けての社会党による政権協議は、いよいよ本格化します。社会党を代表してまず久保が選んだ交渉相手は、非自民では社会党に次ぐ第二党すなわち新生党（「九三・七選挙」の結果六〇議席）でした。新生党の党首は羽田孜ですが、実権は小沢一郎にありました。小沢がみずからは表面に出ず、陰にあって人を動かすその癖《へき》は有名ですが、このときも彼は腹心平野貞夫に久保との交渉を命じます。

久保さんはインタビューで、平野との政権協議をこう振り返ります。「平野氏は、一応こういうことでまとめたのでといって（政権協議書を）もってきました。私は直ちに、これは社会党の会議に諮るまでもない、お断りする、といったんです」。なぜ久保さんは、この「協議書」を拒んだのでしょう。「問題は二つあった」といいます。同氏によれば、一つ目はこうです。「「新しい政権は日本国憲法の理念と精神を尊重するが、その解釈はこれまでの政府の解釈に従う」と、（協議書には）こう書いていました。こんなものに僕が応じると思いますかといったら、平野さんが、じゃあどうしたらいいんですかと。私は「日本国憲法の理念と精神を尊重する、マル、以下なし」、これなら責任をもって応じられる、と答えました」。

久保 亘

「もう一つの問題」は、「『外交・防衛についてはこれまでの政策を継承する』とここで打ち止めになっているが、『世界の平和と軍縮に貢献する』ということを書き加えなければダメだ、といいました」。つまり将来、日米安保条約の軍事同盟的内容に再検討を加えるという含みをもたせたのです。そして久保氏は「実はもう一つ、三番目の論点があったんです」とのべて、こう続けます。「それは、『過去の戦争への反省と平和への決意を内外に向かって明らかにする』という文言挿入を私の方から要求しました」。この際社会党独自のアイデンティティを打ち出しておきたいという、同党の精一杯の自己主張がここにあります。

久保が驚いたのは、小沢の「大胆な」対応でした。平野が「すごく短い時間で」(久保亘)もってきた小沢の回答は、こうです。「久保さんのいわれる通りで結構です」。久保さんはこう語ります。「小沢氏っていうのを私はみてきてですね、大変な戦略家だと思いました。政権を自民党から奪い取るというその戦略に合わせて妥協できるものは一切妥協する。あのときは、社会党を逃すなという判断です」。

事態は進みます。いよいよ肝心の首班・議長人事を決めなければなりません。総選挙から一〇日ほど経た七月末(二九日)、非自民の七党(社会党・新生党・公明党・日本新党・民社党・新党さきがけ・社会民主連合)と参議院の一会派(民主改革連合)の党首会談が開かれます。ここで細川を首班候補として推薦したのが、新生党党首の羽田孜でした。満場一致、これに決着がつけられたのです。

羽田の提案が、小沢のものであったことは、いうまでもありません。久保さんはいいます。

「『細川首班』は小沢氏が決心してもち込んだ話です」。ただ、議会制民主主義の常道からいえば、首班は「非自民」第一党の社会党から出てもおかしくはありません。いや、社会党党首の山花が首班に擬せられて当然でしょう。しかし山花さんにいわせれば、こうです。「私は社会党の委員長だったけれど、選挙大敗の責任というか……社会党の委員長というのは、昔から飛鳥田さんも土井（たか子）さんも選挙に負けて辞めているんです。やっぱり党内的には、そう（首班になりたいと）いえる状況じゃなかった」。

社会党がこのように首班候補を出すことに消極的であるとなれば、与党第二党の新生党党首が「次期首班」として浮上するのは当然です。しかし小沢は敢えて「新生党首班」を同避します。彼は、政治家として未知数の魅力をもつだけに抵抗の少ない細川を首班に推したのです。前記党首会談での羽田の「細川首班」提案には、実はこうした背景があったというわけです。

社さ接近

九三年八月に誕生した細川政権は、しかしわずか八カ月で終わりました。なぜあれほどまでに短命だったのでしょう。最大の理由の一つは、要するに内輪もめでした。少し改まったいいかたをすれば、細川政権は権力のマネージメントに失敗したのです。せっかく与えられた権力を政策の立案・実行のために有効利用する以前に、権力そのものの分配・行使をめぐる確執をコントロールできなかったからです。リーダーたちの政治的未熟さが、政権の破綻を早めるという一つの典型がここにあります。

まず内閣発足早々から、官邸側の首相（細川護熙）・官房長官（武村正義）と、与党側の小沢一郎（新生党）・市川雄一（公明党）との間に軋轢が生まれます。「一・一ライン」と呼ばれる小沢・市川の与党側は、官邸側とりわけ武村官房長官の権力行使に反発を強めていくからです。最初は官房長官を意のままにできると踏んでいた小沢は、抵抗する武村に不信と憎悪を強めていくのです。

政権誕生から数カ月して、今度は官邸側の細川と武村の間に亀裂が入ります。首相が官房長官に「距離を置きだし」たのです（久保亘）。孤立した新党さきがけの武村が社会党に接近したのは、この頃です。とくに両者の接近が誰の目にも明らかになったのは、九三年一二月にもちあがった「内閣改造」問題です。自分に何かと楯突く官房長官を更迭したい小沢は、内閣改造を首相に迫り、小沢と「同じ気持ち」の首相もこれを受け入れようとします。

しかしここで動いたのが、武村本人です。彼は、すでに新しく（一九九三年九月に）社会党の委員長と書記長にそれぞれ就いていた村山・久保両者と「内閣改造」反対で一致します。久保の回想録によりますと、村山・久保は細川首相に次のように直談判します。「いよいよこれから予算案を提出して通常国会に臨もうというときに、内閣改造とは何ごとか！　まして官房長官更迭のための内閣改造というようなことは、社会党としては認め難い。もしあまり理不尽にやるなら、われわれとしても考えがある」（久保亘『連立政権の真実』読売新聞社、一九九八年）。かくして小沢・細川としては、「武村切り」を狙った内閣改造はこれを断念せざるを得なかった、というわけです。

武村正義の新党さきがけと社会党との接近を強めたもう一つの「事件」があります。いわゆる「国民福祉税」騒動です。消費税を現行の三％から七％に引き上げてこれを「国民福祉税」という名の目的税とする構想を、翌年二月三日、それも未明の記者会見で首相みずから闡明します。これまた小沢主導によるものであることは、いうまでもありません。これに反対の狼煙《のろし》を上げたのが、内閣の大黒柱である武村官房長官であり、武村と連携を強める社会党党首村山富市でした。

その村山さん（委員長）には、九七年六月、久保インタビューに前後してお会いしました。このときのインタビューで、彼はこう回顧します。「（福祉税についてのは）その夜（細川首相から）呼ばれて初めていわれた。そんなことはダメだ、どこで誰が決めたのか知らないが、消費税の名前を変えても中身は同じで、しかも七％に上げるなんて偽りだ、と反対したんだ。大内啓伍さん（厚生相）がそこにいたから、「あなたは（福祉税の）担当だが、この問題を知っていますか」と訊いたら、「初めてだ」っていうんだよ。……それくらい二重権力になっていて、小沢・市川君が政権を牛耳っていたんです」。

さてこの「国民福祉税」騒動は、結局のところ小沢・細川がさきがけ・社会党の抵抗に屈し、翌日「白紙撤回」を余儀なくされるという醜態をもって収束します。しかもこのドタバタは、武村の新党さきがけと社会党との連携を一層強めただけで終わったのです。「自社さ連立」の前に、すでに「社さ連立」の芽生えがみえていたことは重要です。

いずれにしても、「内閣改造」問題に続くこの「国民福祉税」の失敗は、ただでさえ衰弱していた細川内閣に致命的な損傷を与えました。これに追い打ちをかけるように、もう一つの難題が細川内閣を襲います。カネをめぐるスキャンダルです。細川首相は「佐川急便」事件(一九八二年佐川急便から細川が借りた一億円についての疑惑)などを国会で追及され、急速に政権意欲を失って退陣表明をすることになるのです。

細川の辞め方といいますか、その引き際は、何となく彼の母方の祖父、すなわち近衛文麿元首相のそれに相通じるものがあるように思います。少なくとも第三者の目には、いともあっさり政権を投げ出す細川のその淡白さが、近衛と重なるのです。権力に恋々としてそれにしがみつくことと、みずからの信念を押し通すために権力に執着して責任を果たすこととは、紙一重です。細川がそのどちらでもなく、さりとて一つの歴史的課題をやり遂げたあと潔く舞台から去り行くということでもなかった。むしろ敵方からの批判・重圧に耐えかねて安易に首相の重責から逃れたというのが、細川退陣劇であったといえましょう。

この突然の細川内閣崩壊を一番喜んだのは、もちろん野党の自民党です。後に村山内閣の自治大臣となる自民党の野中広務《ひろむ》は、細川退陣についてこう述懐します。「これで政権は戻ってくると思った」(御厨貴・牧原出編『聞き書 野中広務回顧録』岩波書店、二〇一二年)。自民党側が、後述のごとく、「自社連立」に絡めて社会党それも左派に接近したのは、まさにこのときだった、と野中さんは証言します。そして、彼はこうもいいます。「自民党があと一年、極端に言えばあと半年でも野党のままだったら、いまの自民党はなかったと思います。……連日人で賑わっていた自民党本部は閑古鳥が鳴くような状態になった。蛭《ひる》に塩をかけたような状態で、沈んでいくのが目に見えました」(同書)。

社会党左派と自民党の密議

三八年間の五五年体制、すなわち三八年間の自民党支配体制を打ち崩すその執念に燃えてみずから内閣をつくったはずの細川が、意図せざるところとはいえ、今度は瀕死のこの自民党を一気に蘇らせる〝主役〟に転じたのですから、歴史は皮肉です。

細川の後任として新しく政権に就いたのは、新生党党首羽田孜です。しかし羽田政権発足直後、大きな波乱が起きます。久保さんによれば、小沢一郎の「判断の誤り」があったというのです。久保さんはインタビューでこう回想します。「(小沢氏にとっては)何かにつけて与党第一党を誇示する社会党の存在は困る。この際羽田政権のもとで社会党を第一党にしないためにどうしたらいいか、ということになる。そこで(小沢氏は)社会党を除いて(最大会派の)「改新」(国会議員一三〇人。公明党は友党だがこれには参加していない)をつくったんです」。

院内会派「改新」の結成は、確かに小沢の「勝算」を誤算に変えてしまいました。事あるごとに小沢と対立していた社会党委員長の村山が、みずから「推挙する」という形にしてまで新生党羽田孜を首班にしたその途端、社会党排除のしかも秘密裏の新会派結成がなされたとなれば、社会党にとってこれ以上の屈辱はありません。久保によりますと、このとき村山委員長はこう吐き捨てたといいます。「久保さん、もう政権は離脱だ。組閣には関係せんでええ」（前掲『連立政権の真実』）。

かくして社会党は、政権から離脱しました。少数与党となった羽田政権が記録的な短命内閣に終わるであろうことは、この瞬間誰もが悟ったことです。果たして在任六五日間（戦後三番目の短命内閣）、羽田政権は露と消えました。問題は、同政権崩壊後です。社会党には二つの動きがありました。一つは右派の久保を中心とする、更なる「非自民連立政権」への動きです。いま一つは、「自社さ連立政権」へのそれでした。前者は、自民党を含む全党（共産党を除く）との政権協議を必ずしも否定するものではないが、しかし、あくまでもその重心を「非自民」再構築に置いて行動するという表舞台の路線です。一方後者は、村山に近い左派の一部が隠密裏にさきがけと呼吸を合わせながら自民党との連携を探る、いわば裏舞台の動きです。

前者について、当の久保氏はインタビューでこう話します。「自民党は政策協議をやろうと何回も申し入れてきた。しかし私は、「非自民」を組んできた政党との協議を優先するということで、その協議決着までは自民党との協議は困難だとして応じなかった」。「ところが」と久保氏は続けます。「外側というか水面下の協議は、いろいろなところで進んでいるわけです」。この「水面下の協議」こそ、実は後者の動きすなわち久保が「本当に不明にして」知らなかったと悔やんだ、あの社会党左派・自民党間の「工作」だったのです（前掲『連立政権の真実』）。しかもこの「工作」は、党の機関と機関の交渉ではなく、私的な人間関係のレベルから始まっているところにその特徴があります。

久保さんは「あとからいろいろなことが出てきたのだが」としたうえで、この「工作」における社会党側の中心人物が、村山側近の野坂浩賢（国対委員長）や山下八州夫《やすお》（国対副委員長）らであった、とのべています。村山・野坂・山下三者とも、いわゆる国対族といわれる人たちです。久保さんはこう続けます。「意外なことに、自民党は自分たちと激しく闘ってきた（社会党の）左派の人たちに接近します。大変うまいやり方だ。右の方に接近したら、左が反発してこんなものまとまるはずがない。だから最も困難な部分から攻めてくる。（自民党は）野中（広務）、亀井（静香《しずか》）、それから梶山（静六）さんもその一人かな。結局、国対（国会対策委員会）における人脈というものが有効に役割を果たした」。

久保証言に出てくる「野中広務」ですが、この野中氏の回想でも、「連立」の中心は自民党側では「亀井さんとか梶山さん、塚原俊平さん」だったというのです。なかでも亀井が社会党の野坂浩賢にアプローチしていくその関係は重要です。野中さんはこういいます。「亀井さんが鳥取の警察に警務部長で行っていたときに、県会議員をしていたのが野坂浩賢さんで、野坂浩賢さんとは知り合いだった。……私は野党のときに仲良くなった山口鶴男さん（社会党国対委員長）とか、いろいろな人たちを頼って、村山富市さん（を首相にということ）で行こうじゃないか、という動きをしました」（前掲『聞き書　野中広務回顧録』）。

つまり「自社連立」への動きには、最初から「社会党首班」すなわち党委員長の村山を首班にするという暗黙の合意らしきものがあったのかもしれません。しかも最も早くからこれを推進したのが、さきがけの武村正義だったのです。そして「政権を離れては生きられない」自民党もまた、まずは「首班」を相手方に譲ってまでも権力奪還を最優先にしていたことは事実です。

自民党の対社会党工作は、続きます。野中さんは、こう振り返ります。「梶山さんと村山さんは国対委員長が一緒で、非常に親しい間柄でした」「村山さんは意外と竹下登さんと親しかったですから、竹下さんや梶山さんには(「自社連立」について)相談したんじゃないかな」(同書)。

こうみてくると、自社両党間の親密な人間関係が五五年体制のなかで育っていたことが分かります。五五年体制が不倶戴天の自社対決に彩られていたことは確かだとしても、一方では気脈相通じて、ときに自社「馴れ合い政治」でもあったという側面は否定できません。村山委員長の前任者山花貞夫は、この両党の「馴れ合い政治」をこうみています。「(社会党は)どっぷりと五五年体制のなかに浸かって、野党のうま味を、いわゆる権益ですね、既成政党の権益を野党なりに身につけてですね……その延長線上で五五年体制下における国対政治、取引型政治を行なった」。

五五年体制のすべての時期にわたって政権から離れていた社会党は、一方で政権与党と激しい対立をみせつつも、他方でいわゆる国対型の取引と権益配分の政治に安住していたことは、どうやら真実のようです。実は「自社連立」・「村山首班」の芽は、両党「馴れ合い政治」のこの土壌から萌え出たともいえましょう。

五五年体制のなかで密かに育っていた「自社連立」のこの萌芽が、さてどのようにその姿を地表に現わすのか、これが党書記長久保亘にさえみえていなかったことは、前述の通りです。しかし、久保書記長が意図した「非自民連立政権」続行のための政権協議、とくに民社党・日本新党との協議が進むかにみえたまさにそのとき、またもや新生党小沢一郎の密計が事態を混乱させます。小沢が自民党から元首相の海部俊樹を密かに引き抜いて「次期首班」に押し立てて、これがテレビで報道されたのです。しかも、「非自民」再構築へ向けて再び小沢と組もうとしていた当の久保が、「海部首班」を知ったのはこのテレビ報道であった、というのですから驚きです。久保の「非自民連立」工作が万事休す、となったことはいうまでもありません。「海部首班」擁立をテレビニュースで知った久保は、こう呟きます。「これで終わったな」（前掲『連立政権の真実』）。

それにしても、政権獲りに必死の自民党と、これに呼応する社会党左派との密議は、順調に運ばれたようです。書記長の久保には「わからなかった」ことも、同じ執行部にいた左派の山下八州夫や渡辺嘉蔵《かぞう》らは「すでに知っていました」。しかも、「別働隊」の田《でん》英夫・秋葉忠利・伊東秀子らの（左派）グループが、「自民党の白川（勝彦）グループと自社共闘路線の話し合いを進めて」いたのですから（同書）、社会党書記長久保亘はもちろんのこと、村山グループ以外とりわけ右派の人々は、完全に蚊帳の外に置かれていたというわけです。

異例の首班指名選挙

とまれ、久保が「これで終わったな」と呟いたその瞬間、政治の舞台は新たにもう一つ転回します。首班指名の国会です。しかし異常なことですが、首班指名を目前に控えても、社会党はどの党と連立を組むのか、誰を首班にするのかについて何も決まっていなかったのです。一方、自民党は違いました。久保によれば、自民党は「議員総会を持ち、村山さんを首班に指名することをすでに決めて」いました。つまり「村山首班」について自民党は、「社会党のなかの村山さんのグループとの間には合意が成立していた」というのです(同書)。

翻って、党として「何も決まっていなかった」社会党では、久保書記長が首班候補を決めるべき両院議員総会を前に三役会議を開きます。久保から重大提案が発せられたのは、この三役会議においてです。「村山首班」についての自民・村山グループ間「合意」を知らない久保は、「村山首班」への投票を次のように呼びかけたのです。「(これまでに)どこの党とも政権協議は成立していない。わずかにさきがけとの間に合意があるのみだ。それならば、首班指名選挙は、この際社会党としてはみずからの党首にしよう。それ以外に方法はない。両院議員総会に対して私の方から、一致して党首に投票するよう申し上げて同意を得たい」。

三役会議で承認されたこの「村山首班」は、両院議員総会にもち込まれます。久保が「村山首班」を諮ろうとしたそのとき、極めて印象的な発言が飛び出します。久保さんによれば、右派で前書記長の赤松広隆がこう発言したのです。「書記長、よもや自社連立ということはないでしょうね」。「村山さんが首班指名を受けるその瞬間まで自社連立というものを考えたこともなかった」久保は、赤松のこの「念押し」に、「率直な気持ち」で「そのようなことはございません」

というだけで精一杯でした。

しかし赤松の「よもや」がまさに現実になったことは、それから一時間後の首班指名投票によって証明されます。「一致して党首に投票する」ことでまとまった社会党ではありますが、実際の投票では、同党は完全に割れました。社会党票のおよそ三割が白票になったり「海部首班」に流れたからです。一方自民党も、かなりの票が「海部首班」(二六票)と白票(五票)に流れたとはいえ、大勢が「村山首班」に投じたことはいうまでもありません。

いずれにしても、参議院のほうは、第一回投票で「村山首班」を決めたのですが、衆議院の第一回投票では、村山・海部両候補とも過半数を得るには至りませんでした。各党の党議決定に反した造反者が衆参両院合わせて九〇人弱(白票・棄権を含む)になり、その大半が自社両党から出たということは、この首班指名選挙が最後の最後までいかに混乱していたかを物語っています。

第二回投票、すなわち決選投票までの休憩時間に開かれた社会党両院議員総会は、最初から険悪な空気に包まれます。衆議院での第一回投票の結果が炙り出した「自社連立」という紛れもない現実に直面して、議員たちとりわけ右派の人びとは怒り苛立っていたからです。そこで立ち上がったのが、それまで「自社連立」を秘密工作していた野坂国対委員長です。

私が野坂さんにインタビューしたのは、一九九八年五月のことです。野坂さんにお会いするまでには、ずいぶん時間がかかりました。体調がすぐれないということで郷里に引っ込んでおられたからです。所用で上京の折、ようやくインタビューが実現しました。小さな古びた喫茶店でし

野坂浩賢

たが、そこで野坂さんが例のガラガラ声で、しかも淡々と語り出したその光景は、いまも鮮やかに蘇ります。

その野坂さんが、両院議員総会における「険悪な空気」のなか発言に立ったのです。彼はインタビューでこう語ります。「そのとき（衆議院での投票で）確かに一五人（正確には一六人）白票を投じた人がいたんです。それから海部に入れた人も八人ほどいた。（白票の）一五人（一六人）が誰かは、記名投票ですから、分かっていた。だから私は、三〇分間の休憩だったので、時間一杯かけて、いま村山が（首相を）やるべきだ、やらなければ、われわれはいつまでも冷や飯を食わねばならん。大変だろうが、政権を奪取して社会党の政府を考えねばならんということを、一五人（一六人）の顔をみながら、よく覚えていますけど、きちんと目を合わせて演説したんですよ。……質問があると混乱しますから、三〇分間の時間切れまでしゃべりっ放しでした」。

この野坂演説がどの程度功を奏したかは分かりませんが、二回目の首班指名投票は、「自社連立」すなわち「村山首班」が過半数を得ました（村山富市二六一票、海部俊樹二一四票）。片山内閣（一九四七年成立）以来およそ半世紀ぶりの社会党連立政権の誕生ではありました。

「政権協議もないまま……」

しかしここで一点、どうしても見逃してはならない問題があります。「自社連立」には事前の政権協議がなかった、ということです。これまでの話からも明らかなように、首班指名投票で村山が選ばれたこと自体、それが党の機関と機関の「合意」によってではなく、秘密裏にしかも個人レベルのいわば私議による部分が多かったのです。もっとも、首班指名が近づきますと、自社の党首会談が公然ともたれたことは事実です。河野洋平(自民党総裁)が「村山首班」を村山自身にもちかけて「自社連立」を迫るという場面もありました。しかし、「村山首班」を実現した中心人物の一人野坂さんは、インタビューで自社間の事前の政権協議については「しませんでした。やっていません」と断言します。久保さんもいいます。「(政権協議は)自民党とはなかった」。

久保さんはさらにこうもいいます。「少なくともそのとき社会党の国会議員団のまとまった意思として自社連立を選ぶというわけではなかったのですから、それにはかなり反発がありました。

村山富市

そういうなかで政権協議もないまま「村山首班」を受けたということに対して、私が責任をとるべき立場にあるという思いはあった」。首班に指名された村山さんも、「安保・自衛隊の問題は、それほど深く考えてはいなかった。そのときは、正直いいますと」とのべています。このことは、「自社連立」のための政策協議については、首相となる村山もあまり厳しく考えてはいなかったことを示しています。

しかし、いやしくも公党と公党の「連立政権」となれば、つまり公党間で国家を共同経営するとなれば、当たり前のことですが、事前の政策合意は避けて通れない道です。久保氏はこう述懐します。「そこはさすが老練な自民党の諸君は、（政権協議を）やっておかないと大変なことになることは分かっているから、（首班指名の翌六月三〇日未明の）一時頃（連立三党の党首が）集まって政策合意を決めるのです」。それが、「新しい連立政権の樹立に関する合意事項」です。

この「合意事項」の内容は、細川政権誕生時の「合意事項」（一九九三年七月）および羽田政権実現のための「確認事項」（一九九四年四月）とそれほどの違いはありません。ただここで重要なのは、「自衛隊と日米安保条約を維持」するという文言が、この三党「合意事項」に書き込まれていた、ということです。

いずれにしても同「合意事項」は全体として具体性に乏しく、「俄《にわ》かづくり」の感は否定できません。久保さんはこういいます。「政権をつくることが優先していて、私も政権協議をして駄目押しをしたり議論したりする余裕もなければ、そういう気持ちにもならなかった」。

このように自社両党間の政権構想は、首班決定・連立政権成立のあととはいえ、ともかく合意されました。しかし、繰り返しになりますが、もともと両党間には、「体制」対「反体制」といわれるほどに政策の本質的な相違があります。憲法はもちろん安全保障政策等々で、全く相容れない部分があったことは、厳然たる事実です。ただし、わずかに社会党側が、その理念・政策において近年自民党に近づいていく兆候をみせていたことも、これまた事実です。「九三年宣言」は、そのことを象徴的に表わすものでした。

この「九三年宣言」は、時代の波に激しく揺さぶられて苦悩する社会党が、九三年六月すなわち「九三・七選挙」直前に打ち出した新しい政策宣言です。ソ連型社会主義から、いわば西欧型社民主義へと政策転換を図ろうとしたのが、この「宣言」だったのです。例えば安全保障政策についてですが、「宣言」は、「固有の自衛権に基づく最小限の自衛力と日米安保条約を許容する」と謳っていますが、これ一つとってみても、社会党が死中に活を求めて大転換を図ろうとする姿がみてとれます。ですから、羽田連立政権を発足させるにあたって、安保条約「堅持」を主張する新生党小沢一郎に対して、社会党久保亘がギリギリ安保条約「維持」にまで妥協できたのは、やはりこの「九三年宣言」がものをいったといえましょう。

しかしここで重要なのは、この「九三年宣言」が、実は当時左派の猛反対で先送りされていたということです。同「宣言」は幻の宣言、つまり党の正式決定を経ていないのです。そこへもってきて、今回の自社連立政権の出現です。「九三年宣言」をお蔵入りにしてしまった旧態依然の社会党、それも同「宣言」潰しの中心にあった左派、その左派主導の「自社連立」が、そもそも事前の政権協議をすること自体、少なくとも論理的には難しいことです。「連立」の握手をするには、両党間を隔てる政策の〝川幅〟はあまりにも広かったからです。それでもなお両党を国家の共同経営者としたその原動力は、国対族を中心とする人脈といいますか、政策レベルとは別次元の、いわば情で結ばれた人間関係であったり、権力分有への強烈な渇望であったということでしょう。

社会党の終焉

ここで問題は、政策と政策の擦り合わせをしないまま出来上がった自社連立政権が、いざ具体的な政策課題や事案に直面したとき、どう対応するかということです。仮に自民党側が安全保障問題等で政策変更することになれば、その変更自体が戦後連綿と続いてきた政治外交路線の変更を意味します。九三年誕生の「非自民連立政権」でさえ、結局はそれまでの自民党政府の安全保障政策を踏襲しているのです。

戦後一貫して保守の自民党が築いてきた日米安保体制の変更を迫ることが、いかに至難の業であるかは自明です。しかも、事前の政策協議を経ずに巨大な自民党(二二八議席)に抱き込まれて国家権力共有に至った弱小社会党(七七議席)とその党首である村山首相が、自民党路線で固められた歴史の「現実」にやがて突き当たるのは、これまた自明というわけです。

果たして、早くも自社連立政権発足の三週間後(七月二〇日)、社会党の村山首相は衆議院本会議で、いわゆる「政策大転換」を表明します。自民党が積み上げてきた「体制」のなかで国家行政を総攬《そうらん》する総理大臣、この総理大臣がいまや「体制」を打ち破ることができないとなれば、「体制」に自身を合わせずして一日も総理職にあることはできません。「社会党委員長村山富市」

を脇に置いて、「首相村山富市」を生かすほかはないのです。事前の政権協議がなかったそのツケは、早くも回ってきたのです。村山さんはこのとき、「(「政策大転換」をするにあたって)二晩眠れなかった」として私にこう漏らしています。「これでいいのか、これでいいのか、と自分で何度も反芻《はんすう》しながらやっていたんだ」。確かに苦しんだ末の決断だったのでしょう。

それもそのはず村山首相は、戦後一貫してみずからの党が掲げてきた「党是」ともいうべき根本政策を一気に打ち崩したのです。彼が衆議院本会議でのべたその要旨はこうです。第一に日米安保体制はアジア太平洋地域の平和・繁栄を促進するために「不可欠」であること、第二に自衛隊は「憲法の認めるもの」であること、第三に「日の丸」が国旗であり「君が代」が国歌であること、加えて翌日の参議院本会議では、第四に「非武装中立」は冷戦構造崩壊とともに「その政策的役割を終えた」こと、以上です。

議会制民主主義においては、政党が政策変更するときは、しかもそれが大変更であればなおのこと、まずは党内合意を得てそれを国民に示さなければなりません。村山首相の「政策大転換」は、そうではありませんでした。彼はインタビューでこう振り返ります。

「僕が残念なのは、事前に党内で(「政策大転換」を)議論してもらってね、そして党で決めたうえで、僕がそれを(国会で)答弁したほうがよかったということだね。(実際には)あとで党が追認するという格好になった。(党の承認を)待てなかったんです。(国会で)質問があったときに、それはまだ決めていませんから、なんて総理として答弁できないよ。それからまた、従来通り(自衛隊を）違憲だといえば、それは（自衛隊を）否定することになるからね。つまり内閣を投げ出すということだ」。いや、村山さんは「内閣を投げ出す」どころか、首相就任の四カ月後、「自衛隊合憲」へとみずから踏み切ったその自衛隊をオープンカーから颯爽《さっそう》と閲兵《えっぺい》したのです。車上での村山首相は、このときどんな心模様であの山高帽を胸に当てていたのでしょうか。

「政策大転換」から一〇カ月後すなわち翌九五年五月、遅ればせながら社会党は、いわゆる「九五年宣言」によって村山首相のこの「大転換」を追認します。しかし同党は、その二カ月後（一九九五年七月）の参議院選挙で大敗を喫した（改選議席数四一から当選議席数一六へと減少）のに続いて、さらにその一五カ月後（一九九六年一〇月）の衆議院選挙（初の「小選挙区比例代表並立制選挙」）では、前回選挙での七七議席に比べてわずか一五議席しか獲得できませんでした。壊滅的惨敗です。結党半世紀にして、日本社会党は事実上その党史を閉じることになるのです。

オーラル・ヒストリーの出典

本書で引用ないし参考にした、筆者によるオーラル・ヒストリーは、以下これを章・節ごとに列挙する（括弧内は生没年および主要経歴。年月日はインタビューの実施日）。

第一章

一

① 高橋通敏（一九一四―八九、外務省条約局長）
一九八〇年四月一〇日

② 東郷文彦（一九一五―八五、外務事務次官）
一九八〇年一二月二日

③ 山中貞則（一九二一―二〇〇四、防衛庁長官）
一九八六年五月二七日

④ 中曽根康弘（一九一八―　首相）
二〇〇四年一月二七日

⑤ 鈴木市蔵（一九一〇―二〇〇六、日本共産党中央委員会幹部会員）
一九八七年七月三〇日

⑥ 春日一幸（一九一〇―八九、民社党委員長）
一九八七年四月一七日

⑦ 山田久就（一九〇七―八七、外務事務次官）
一九八一年一〇月一四日

第二章

一

① 岸信介（一八九六―一九八七、首相）
一九八〇年一二月八日

② 『岸信介証言録』（原彬久編、中公文庫、二〇一四年）

③ 岸仲子（一九二四―　岸信和氏夫人）
一九八九年一〇月二四日
一九九三年一一月九日

二

① 前掲『岸信介証言録』

② 岡田春夫（一九一四―九一、日本社会党衆議院議員、衆議院副議長）
一九八一年九月九日

第三章

一

① 中村長芳（一九二四―二〇〇七、首相秘書官）
一九八三年八月二四日
一九八三年九月一四日

② 矢次一夫（一八九九―一九八三、国策研究会代表常任理事）
一九八一年六月二九日

③ 石田博英（一九一四―九三、労相）
一九八四年二月一〇日

④ 岩井章（一九二二―九七、総評事務局長）
一九八七年七月二〇日

⑤ 福田赳夫（一九〇五―九五、首相）
一九八三年九月一七日

⑥ 宮沢喜一（一九一九―二〇〇七、首相）
一九八五年九月二五日

⑦ 前掲『岸信介証言録』

二

① 藤山愛一郎（一八九七―一九八五、外相）
一九八〇年九月一日
一九八〇年九月三日
一九八〇年九月六日
一九八〇年一二月二日
一九八一年二月二三日
一九八一年三月三日
一九八一年六月一〇日
一九八一年六月三〇日

② 飛鳥田一雄（一九一五―九〇、日本社会党委員長）
一九八四年六月一一日
一九八四年六月一八日

③ 下田武三（一九〇七―九五、外務事務次官）
一九八一年七月二二日

④ 前掲『岸信介証言録』

三

① 福田赳夫
一九八三年九月一七日

② 前掲『岸信介証言録』

③ 宮沢喜一
一九八五年九月二五日

④ 鈴木市蔵
一九八七年七月三〇日

四

① 赤城宗徳（一九〇四―九三、防衛庁長官）
一九八四年八月二二日

②前掲『岸信介証言録』
③柏村信雄(一九〇七―八九、警察庁長官)
一九八五年五月二一日
④加藤陽三(一九一〇―八九、防衛事務次官)
一九八一年六月八日
一九八一年一二月二三日
⑤中村長芳
一九八二年八月二四日
⑥太田薫(一九一二―九八、総評議長)
一九八六年九月三日

五

①三木武夫(一九〇七―八八、首相)
一九八二年五月二六日
②前掲『岸信介証言録』
③山田久就
一九八一年一〇月一四日
④下田武三
一九八一年八月一七日

六

①下田武三
一九八一年七月二三日
一九八一年八月一七日

---

②安川壮(一九一四―二〇〇〇、駐米大使)
一九八三年一二月五日
一九八三年一二月一二日
③前掲『岸信介証言録』
④高橋通敏
一九八一年一月一三日
一九八一年五月二六日
一九八一年八月五日
⑤東郷文彦
一九八一年三月三一日
一九八一年六月二日
一九八一年一一月二六日
⑥藤崎万里(一九一四―二〇〇六、外務省条約局長)
一九八五年二月一八日
⑦井川克一(一九一七―　外務省条約局長)
一九八二年二月二三日

第四章

一

①岡田春夫
一九八一年九月九日
一九八一年一〇月一九日
一九八二年七月二二日

一九八四年一〇月一日
②飛鳥田一雄
一九八四年六月一一日
一九八四年六月一二日
一九八四年六月一八日
③前掲『岸信介証言録』

二

①福田赳夫
一九八二年九月一七日
②山口房雄(一九一八―二〇〇五、日本社会党書記局国際部長)
一九八一年一一月一八日
③広沢賢一(一九一九―二〇〇三、日本社会党書記局政策審議会企画室長、衆議院議員)
一九八五年一二月一一日
④田崎末松(一九一二―二〇〇四、アジア農業交流協会事務局長)
一九九六年四月二〇日
一九八二年六月一四日
一九八二年八月一三日
⑤板井庄作(一九一七―二〇〇三、風見訪中団団長秘書)
一九八六年二月二六日
⑥田中稔男(一九〇二―九三、日本社会党衆議院議員)
一九八二年七月二二日

三

①山花貞夫(一九三六―九九、日本社会党委員長、国務相)
一九九五年五月二六日
②久保亘(一九二九―二〇〇三、日本社会党書記長、蔵相)
一九九七年六月二五日
③村山富市(一九二四― 日本社会党委員長、首相)
一九九七年六月二日
④野坂浩賢(一九二四―二〇〇四、日本社会党国会対策委員長、官房長官)
一九九八年五月二六日

おわりに

米ソ冷戦が終わって四半世紀になります。その間《かん》、国際政治は劇的に変容しました。冷戦時代、超大国のアメリカ・ソ連はそれぞれ強大な核戦力を背景にイデオロギーの勝利と覇権を賭けて死力を尽くしました。およそ半世紀続いた冷戦は、全面核戦争の「恐怖」と同義であったといってよいでしょう。

これに対して、ベルリンの壁崩壊(一九八九年)、東欧市民革命(一九八九年)、ソ連邦消滅(一九九一年)を経てポスト冷戦時代になりますと、中国の経済・軍事大国化、そしてそれに押されるかのようなアメリカの相対的退潮が、私たちの視線を明確に捉えています。世界秩序の弛緩《しかん》・混迷は必至です。冷戦時代、世界のあらゆる問題・紛争は米ソ二極構造に照らして分析されましたが、多元化する冷戦後の国際政治においては、これを構造的に説明する手立てをみつけるのはなかなか難しいことです。

日本に目を向けてみましょう。敗戦後いち早く固められた日米安保体制は、冷戦後大きく変質しました。もっぱらアメリカの庇護を当てにしてきた冷戦時代の日本が、近年一転して国際紛争への関与を強めて対米支援に打って出ようとするのは、その一例です。国内政治も、これまた冷戦後サマ変わりしました。米ソ冷戦の国内版ともいうべき五五年体制、すなわち自民党・社会党間の体制対反体制の政治闘争は、本書でみたように、一九九〇年代に入りますと突如「連立内閣」結成へと豹変します。冷戦が崩壊したとはいえ、国民への事前の明示もなく、それどころか事前の政権協議もないまま国家権力の担い手が変わったのです。

日本政治の本質の一端がここにあります。戦後七〇年、国民の意思を汲みとった主要政党が、議会制の枠内で安定的かつ透明性をもって政権交代していくシステムは、今日に至るも健全に作動しているようにはみえません。形は議会制民主主義でも、その内実をわがものにする術《すべ》において、戦後政治は果たして成熟のプロセスにあるのでしょうか。

本書は主として「六〇年安保」、すなわち岸内閣の「安保改定」時代を真ん中に置いて、しかもその前後に話題を広げています。私が試みたインタビューの語り手による各種証言が、戦後政治の姿をどのように映し出しているのか、これを多少とも覗いてみようというのが、本書の目的です。

つまり本書は、敗戦国日本の骨格ともいうべき日米安保体制をめぐって戦後政治がどんな姿態をみせたか、その一断面を主としてオーラル・ヒストリーに依拠しつつ描き出そうとするものです。転変する国際政治のなかで、とりわけ日本の戦後政治、いや日本の議会制民主主義が那辺で変わりあるいは変わらなかったのか、そしてそのことがわれわれ日本人にとって何を意味しているのか、本書はこうした問題にも関心を向けて書き下ろしたものです。

本書に登場する証言者たちは、今日その大半が鬼籍に入られています。故岸信介氏をはじめ、生前インタビューに応じていただいた方々、そしていまなおご健在の方々を含めてすべての証言者諸氏に深謝します。

本書収載の写真等を提供していただいた関係諸機関、その他種々ご協力くださった方々に謝意を表します。また鈴木恵理子氏には資料の整理等でご助力いただきました。感謝します。岩波書店第二編集部の伊藤耕太郎氏には、こうして上梓されるまでの各局面で貴重な助言に与りました。お礼申し上げます。

二〇一五年大暑　七〇回目の敗戦記念日を控えて

原　彬　久

原 彬久

1939年北海道釧路市生まれ．早稲田大学第一政経学部政治学科卒業．現在，東京国際大学名誉教授．法学博士（一橋大学）．この間，1977-78年プリンストン大学客員研究員．専攻は国際政治学，日本政治外交史．
著書に『戦後日本と国際政治――安保改定の政治力学』（中央公論社），『日米関係の構図――安保改定を検証する』（NHKブックス），『岸信介――権勢の政治家』（岩波新書），『戦後史のなかの日本社会党』（中公新書），『吉田茂――尊皇の政治家』（岩波新書），『岸信介証言録』（中公文庫）など．訳書に『モーゲンソー 国際政治』（上・中・下，監訳，岩波文庫），E. H. カー『危機の二十年』（岩波文庫）など．

戦後政治の証言者たち――オーラル・ヒストリーを往く

2015年8月26日 第1刷発行

著 者 原《はら》 彬久《よしひさ》

発行者 岡本 厚

発行所 株式会社 岩波書店
〒101-8002 東京都千代田区一ツ橋2-5-5
電話案内 03-5210-4000
http://www.iwanami.co.jp/

印刷・精興社 製本・牧製本

ISBN 978-4-00-061064-3 Printed in Japan

戦後70年を考える

不確かな正義——BC級戦犯裁判の軌跡　戸谷由麻
平和研究の未来責任　坂本義和
狙撃手、前へ！——ある父島移民の戦争　瀬戸山玄
生きて帰ってきた男——ある日本兵の戦争と戦後〔岩波新書〕小熊英二
戦争と検閲——石川達三を読み直す〔岩波新書〕河原理子
沖縄のこころ——沖縄戦と私〔岩波新書復刊〕大田昌秀
ひとり暮しの戦後史——戦中世代の婦人たち〔岩波新書復刊〕塩沢美代子・島田とみ子
歴史問題ハンドブック〔岩波現代全書〕東郷和彦・波多野澄雄 編
原典でよむ 20世紀の平和思想〔岩波現代全書〕小菅信子 編
ヴァイマル憲法とヒトラー——戦後民主主義からファシズムへ〔岩波現代全書〕池田浩士
風にそよぐ葦 上下〔岩波現代文庫〕石川達三

遺骨 戦没者三一〇万人の戦後史〔岩波新書〕栗原俊雄
1960年 5月19日〔岩波新書復刊〕日高六郎 編
太平洋戦争陸戦概史〔岩波新書復刊〕林三郎
戦間期国際政治史〔岩波現代文庫〕斉藤孝
平和は「退屈」ですか——元ひめゆり学徒と若者たちの五〇〇日〔岩波現代文庫〕下嶋哲朗
九州大学生体解剖事件——七〇年目の真実　熊野以素
フォトストーリー 沖縄の70年〔岩波新書〕石川文洋
暗い谷間の労働運動——大正・昭和（戦前）〔岩波新書復刊〕大河内一男
歌い来しかた——わが短歌戦後史〔岩波新書復刊〕近藤芳美
差別の日本近現代史——包摂と排除のはざまで〔岩波現代全書〕黒川みどり・藤野豊
抗う島のシュプレヒコール——OKINAWAのフェンスから　山城博明
ニュルンベルク裁判　芝健介

学校の戦後史〔岩波新書〕木村元
アホウドリを追った日本人——一攫千金の夢と南洋進出〔岩波新書〕平岡昭利
ナグネ 中国朝鮮族の友と日本〔岩波新書〕最相葉月
自分たちで生命を守った村〔岩波新書復刊〕菊地武雄
「成田」とは何か——戦後日本の悲劇〔岩波新書復刊〕宇沢弘文
決定版 機密を開示せよ——裁かれた沖縄密約　西山太吉
近代日本の「南進」と沖縄〔岩波現代全書〕後藤乾一
対米依存の起源——アメリカのソフト・パワー戦略〔岩波現代全書〕松田武
少年たちの戦争　徳永徹
私は中国の指導者の通訳だった——中日外交最後の証言　周斌／加藤千洋・鹿雪瑩 訳
朝鮮と日本に生きる〔岩波新書〕金時鐘
ある小学校長の回想〔岩波新書復刊〕金沢嘉市
戦中用語集〔岩波新書復刊〕三國一朗

（2015年6月末日現在）

戦後70年を考える

戦後70年を考える

戦後責任——アジアのまなざしに応えて　内海愛子・大沼保昭　田中宏・加藤陽子
昭和の演藝 二〇講　矢野誠一
時代を読む——「民族」「人権」再考〔岩波現代文庫〕加藤周一・樋口陽一
医学者は公害事件で何をしてきたのか〔岩波現代文庫〕津田敏秀
ブラック・プロパガンダ——謀略のラジオ　山本武利
亡国の安保政策——安倍政権と「積極的平和主義」の罠　柳澤協二
大平正芳 理念と外交〔岩波現代全書〕服部龍二
伊東正義 総理のイスを蹴飛ばした男——自民党政治の「終わり」の始まり　国正武重
統治構造の憲法論　毛利透
抵抗のモダンガール 作曲家・吉田隆子　田中伸尚
限界にっぽん——悲鳴をあげる雇用と経済　朝日新聞経済部

焼跡からのデモクラシー——草の根の占領期体験 上下〔岩波現代全書〕吉見義明
日本外交史講義 新版　井上寿一
私の記録映画人生〔岩波現代文庫〕羽田澄子
都立朝鮮人学校の日本人教師——1950—1955〔岩波現代文庫〕梶井陟
放浪記〔岩波文庫〕林芙美子
茨木のり子詩集〔岩波文庫〕谷川俊太郎選
憲法読本 第4版〔岩波ジュニア新書〕杉原泰雄
自分史ときどき昭和史　山藤章二
ハルモニの唄——在日女性の戦中・戦後　川田文子
東北を聴く——民謡の原点を訪ねて〔岩波新書〕佐々木幹郎
政治の世界 他十篇〔岩波文庫〕丸山眞男／松本礼二 編注
多文化であることとは——新しい市民社会の条件〔岩波現代全書〕宮島喬
憎しみに未来はない——中日関係新思考　馬立誠／及川淳子 訳
教養としての冤罪論　森炎

ベアテ・シロタと日本国憲法——父と娘の物語〔岩波ブックレット〕ナスリーン・アジミ　ミッシェル・ワッセルマン　／小泉直子 訳
比較のなかの改憲論——日本国憲法の位置〔岩波新書〕辻村みよ子
日本の社会主義——原爆反対・原発推進の論理〔岩波現代全書〕加藤哲郎
科学をいまどう語るか——啓蒙から批評へ〔岩波現代全書〕尾関章
一〇一年目の孤独——希望の場所を求めて　高橋源一郎
憲法と、生きる　東京新聞社会部 編
日韓 歴史問題をどう解くか——次の100年のために　和田春樹・内海愛子　金泳鎬・李泰鎮 編
非核芸術案内——核はどう描かれてきたか〔岩波ブックレット〕岡村幸宣
ヘイト・スピーチとは何か〔岩波新書〕師岡康子
植民地朝鮮と日本〔岩波新書〕趙景達

（2015年6月末日現在）

戦後70年を考える

米軍と農民――沖縄県伊江島 〔岩波新書復刊〕 阿波根昌鴻
異邦人は君ヶ代丸に乗って――朝鮮人街猪飼野の形成史 〔岩波新書復刊〕 金賛汀
アンパンマンの遺書 〔岩波現代文庫〕 やなせたかし
「平和国家」日本の再検討 〔岩波現代文庫〕 古関彰一
猪飼野詩集 〔岩波現代文庫〕 金時鐘
荒野渺茫 第I・II部 内橋克人
99歳一日一言 〔岩波新書〕 むのたけじ
歌右衛門の六十年――ひとつの昭和歌舞伎史 〔岩波新書復刊〕 中村歌右衛門、山川静夫
新編 綴方教室 〔岩波文庫〕 豊田正子／山住正己 編
歌舞伎座五代 木挽町風雲録 石山俊彦
戦後歴程――平和憲法を持つ国の経済人として 品川正治
テレビジョンは状況である――劇的テレビマンユニオン史 重延浩
安全保障とは何か――国家から人間へ 古関彰一

あたらしい憲法のはなし 他二篇――付 英文対訳日本国憲法 〔岩波現代文庫〕 高見勝利 編
忘却のしかた、記憶のしかた――日本・アメリカ・戦争 ジョン・W・ダワー／外岡秀俊 訳
沖縄の自立と日本――「復帰」四〇年の問いかけ 大田昌秀・新川明 稲嶺惠一・新崎盛暉
動員時代――海へ 小川国夫
いまを生きるための政治学 〔岩波現代全書〕 山口二郎
自由と国家――いま「憲法」のもつ意味 〔岩波新書復刊〕 樋口陽一
原典でよむ 日本デモクラシー論集 〔岩波現代全書〕 堀真清 編
GHQの検閲・諜報・宣伝工作 〔岩波現代全書〕 山本武利
「大東亜戦争」期 出版異聞――「印度資源論」の謎を追って 小谷汪之
岩波写真文庫アーカイヴス 立ち上がるヒロシマ1952 岩波書店編集部 編

二院制議会の比較政治学――上院の役割を中心に 岩崎美紀子
憲法は誰のもの？――自民党改憲案の検証 〔岩波ブックレット〕 伊藤真
人間と政治 〔岩波新書復刊〕 南原繁
太平洋海戦史 改訂版 〔岩波新書復刊〕 高木惣吉
憲法九条の戦後史 〔岩波新書復刊〕 田中伸尚
田中正造――未来を紡ぐ思想人 〔岩波現代文庫〕 小松裕
瀬戸内少年野球団 〔岩波現代文庫〕 阿久悠
虚妄の三国同盟――発掘・日米開戦前夜 外交秘史 渡辺延志
寛容と人権――憲法の「現場」からの問いなおし 中川明
戦争とたたかう――憲法学者・久田栄正のルソン戦体験 〔岩波現代文庫〕 水島朝穂
昭和三十年代 演習 関川夏央
吉本隆明がぼくたちに遺したもの 加藤典洋・高橋源一郎
改憲の何が問題か 奥平康弘・愛敬浩二・青井未帆 編

（2015年6月末日現在）

戦後70年を考える

いま、「憲法改正」をどう考えるか――「戦後日本」を「保守」することの意味　樋口陽一

憲法の円環　長谷部恭男

対話集　原田正純の遺言　朝日新聞西部本社　編

加藤周一――二十世紀を問う　〔岩波新書〕海老坂武

綾瀬はるか「戦争」を聞く　〔ジュニア新書〕TBSテレビ「NEWS23クロス」取材班　編

被爆アオギリと生きる――語り部・沼田鈴子の伝言　〔ジュニア新書〕広岩近広

友好の井戸を掘った人たち　佐高信

橋本龍太郎外交回顧録　五百旗頭真・宮城大蔵　編

戦後日本の国家保守主義――内務・自治官僚の軌跡　中野晃一

思想の不良たち――1950年代もう一つの精神史　上野俊哉

徴兵制　〔岩波新書復刊〕大江志乃夫

百年の手紙　〔岩波新書〕梯久美子

現代日中関係史年表　1950–1978　現代日中関係史年表編集委員会　編

戦後米国の沖縄文化戦略――琉球大学とミシガン・ミッション　小川忠

戦没農民兵士の手紙　〔岩波新書復刊〕岩手県農村文化懇談会　編

岸信介――権勢の政治家　〔岩波新書復刊〕原彬久

現代日本思想論――歴史意識とイデオロギー　〔岩波現代文庫〕安丸良夫

アジア女性交流史　昭和期篇　山崎朋子

昭和という時代を生きて　氏家齊一郎／聞き書き　塩野米松

排日移民法と日米関係　蓑原俊洋

総動員帝国――満州と戦時帝国主義の文化　ルイーズ・ヤング／加藤陽子　訳

戦時戦後体制論　雨宮昭一

記憶のエチカ――戦争・哲学・アウシュヴィッツ　高橋哲哉

ナショナリズムとジェンダー　新版　〔岩波現代文庫〕上野千鶴子

戦後責任　アジアのまなざしに応えて　内海愛子・大沼保昭・田中宏・加藤陽子

シリーズ戦後日本社会の歴史1　変わる社会、変わる人びと　安田常雄　編集

シリーズ戦後日本社会の歴史2　社会を消費する人びと　安田常雄　編集

シリーズ戦後日本社会の歴史3　社会を問う人びと　安田常雄　編集

シリーズ戦後日本社会の歴史4　社会の境界を生きる人びと　安田常雄　編集

資源の戦争――「大東亜共栄圏」の人流・物流　倉沢愛子

水俣病は終っていない　〔岩波新書復刊〕原田正純

白い道　〔岩波現代文庫〕吉村昭

東南アジア占領と日本人――帝国・日本の解体　中野聡

年表　昭和・平成史　1926–2011　〔岩波ブックレット〕中村政則・森武麿　編

コロニアリズムと文化財――近代日本と朝鮮から考える　〔岩波新書〕荒井信一

未来からの遺言――ある被爆者体験の伝記　〔岩波現代文庫〕伊藤明彦

聞き書　野中広務回顧録　御厨貴・牧原出　編

ヒトラーの国民国家――強奪・人種戦争・国民的社会主義　ゲッツ・アリー／芝健介　訳

（2015年6月末日現在）

戦後70年を考える

村山富市回顧録　薬師寺克行 編

非業の生者たち——集団自決 サイパンから満洲へ　下嶋哲朗

東南アジアから見た近現代日本——「南進」・占領・脱植民地化をめぐる歴史認識　後藤乾一

特高警察〔岩波新書〕荻野富士夫

村で病気とたたかう〔岩波新書復刊〕若月俊一

ドキュメント 沖縄経済処分——密約とドル回収　軽部謙介

北朝鮮現代史〔岩波新書〕和田春樹

ルポ 良心と義務——「日の丸・君が代」に抗う人びと〔岩波新書〕田中伸尚

日の丸・君が代の戦後史〔岩波新書復刊〕田中伸尚

朝鮮人強制連行〔岩波新書〕外村大

記録・沖縄「集団自決」裁判　岩波書店 編

冷戦構造の変容と日本の対中外交——二つの秩序観 1960—1972　神田豊隆

新・日本文壇史 全10巻　川西政明

外交証言録 日米安保・沖縄返還・天安門事件　中島敏次郎／井上正也・中島琢磨・服部龍二 編

日本占領管理体制の成立——比較占領史序説　豊下楢彦

未来に語り継ぐ戦争〔岩波ブックレット〕東京新聞社会部 編

ディアスポラを生きる詩人 金時鐘　細見和之

歌集 小さな抵抗——殺戮を拒んだ日本兵〔岩波現代文庫〕渡部良三

日本冷戦史——帝国の崩壊から55年体制へ　下斗米伸夫

第五福竜丸から「3・11」後へ 被爆者 大石又七の旅路〔岩波ブックレット〕小沢節子

父さんの手紙はぜんぶおぼえた　タミ・シェム＝トヴ／母袋夏生 訳

沖縄の戦後思想を考える　鹿野政直

新版 匠の時代 全6冊〔岩波現代文庫〕内橋克人

希望は絶望のど真ん中に〔岩波新書〕むのたけじ

「中国残留婦人」を知っていますか〔岩波ジュニア新書〕東志津

創作ノート 一枚のハガキ　新藤兼人

兵士たちの戦後史　吉田裕

原爆に夫を奪われて——広島の農婦たちの証言〔岩波新書復刊〕神田三亀男 編

被爆を生きて——作品と生涯を語る〔岩波ブックレット〕林京子／島村輝 聞き手

中国朝鮮族を生きる 旧満洲の記憶　戸田郁子

非常事態宣言1948——在日朝鮮人を襲った闇　金賛汀

シベリア抑留は「過去」なのか〔岩波ブックレット〕栗原俊雄

聞き書 武村正義回顧録　御厨貴・牧原出 編

パル判事——インド・ナショナリズムと東京裁判〔岩波新書〕中里成章

過ぎ去らぬ過去との取り組み 日本とドイツ　佐藤健生、ノルベルト・フライ 編

普天間基地問題から何が見えてきたか　宮本憲一・西谷修・遠藤誠治 編

(2015年6月末日現在)